Manfred Gührs und Claus Nowak

Training Gesprächsführung

Manfred Gührs und Claus Nowak

Training Gesprächsführung

Ein Übungsbuch

zum Konstruktiven Gespräch

4. überarbeitete und erweiterte Auflage

Gührs, M. / Nowak, C.
Training Gesprächsführung
Ein Übungsbuch zum Konstruktiven Gespräch
1. Auflage Meezen: Verlag Christa Limmer 2003
2. überarbeitete Auflage 2008
3. unveränderte Auflage 2013
4. überarbeitete und erweiterte Auflage 2018

Entwurf für den Umschlag: Svenja Schlüter
Satz und Grafik: Jan Jensen

Gesamtherstellung: Druckzentrum Neumünster

ISBN 3-928922-04-1

INHALTSVERZEICHNIS

Kapitel 6
Zur Nachhaltigkeit von Trainings

Anhang

Vorwort zur 4. Auflage

Vor 27 Jahren haben wir die erste Auflage unseres „Konstruktiven Gesprächs" veröffentlicht. Unser Anliegen war es, einen praktikablen Leitfaden für eine zielorientierte, konstruktive Gesprächsführung mit Konzepten der Transaktionsanalyse zur Verfügung zu stellen.

Inzwischen liegt dieser Leitfaden in einer aktualisierten, stark erweiterten siebten Auflage vor. Soweit wir sehen, hat sich unser Anliegen keineswegs erledigt. In Deutschland hat sich im Blick auf Mitarbeiterführung, Beratung und Unterricht ein Einstellungswandel vollzogen. Viele Organisationen und Unternehmen haben realisiert, dass eine professionelle Kommunikation ein zentraler Erfolgsfaktor ist.

In vielen beruflichen Feldern ist die Erwartung gestiegen, dass die Mitarbeiterinnen über eine fundierte Kompetenz für Gesprächsführung verfügen. Teams kompetent leiten, Mitarbeiter fordern und fördern, Konflikte moderieren, gehirngerechtes Lernen gestalten und kundenorientiert beraten – das sind zentrale Schlagworte in jungen Unternehmen wie in etablierten Institutionen. Dadurch ist ein enormer Trainingsbedarf in Sachen Gesprächsführung entstanden.

Diesen Bedarf will das vorliegende Übungsbuch abdecken. Sie finden Trainingsmaterialien sowohl zu den Grundregeln für die Gesprächsführung wie auch zu den Gesprächsregeln mit TA-Konzepten unseres Leitfadens. Neu in dieser Auflage sind Übungen zu den Strategiekapiteln „Gute Fragen", „Schlagfertigkeit", „Konstruktiv verhandeln", „Umgang mit Widerstand" und „Zielvereinbarungsgespräche". Die aktualisierten Arbeitsbögen, Tests und Theorie-Inputs können Sie von der Verlags-Homepage herunterladen.

In diesem Übungsbuch geht es uns um mehr als nur um Methoden oder Tricks für eine geschickte Gesprächsführung. Ein auf Nachhaltigkeit angelegtes Konzept muss – so meinen wir – darauf bedacht sein, ein humanes Menschenbild und eine wertorientierte Grundhaltung zu vermitteln. Deshalb enthält das Buch viele Selbstreflexionsimpulse, die neben dem verhaltensorientierten Training auch die Veränderung von Einstellungen und Haltungen anstoßen wollen. Konzepte, mit denen Sie arbeiten, sollten Sie an sich selbst erlebt haben. Das schafft eine gute Basis, um andere Menschen in ihren Prägungen und Einstellungen besser zu verstehen. Eine von Wertschätzung getragene Haltung wird nachhaltiger wirken als eine nur methodisch gekonnte Handhabung von Übungen.

Das Übungsbuch richtet sich an

- **professionelle Trainerinnen,**
  die Anregungen für die Vermittlung von TA-orientierten Methoden der Gesprächsführung suchen oder sich einfach über Trainingsideen zur Ergänzung ihrer vorhandenen Kompetenz freuen.
- **organisationsinterne Trainer,**
  die ihr psychologisch-pädagogisches Know-How vertiefen wollen und praxiserprobte Übungen und Anleitungen zum Gesprächsführungstraining suchen.
- **Teamcoaches und Supervisorinnen,**
  die ihre Arbeit mit Teams und Organisationen durch die Vermittlung einer plausiblen Meta-Sprache ergänzen wollen.
- **TA-Ausbilder,**
  die dem wachsenden Trainingsbedarf für die Arbeit in nichtklinischen Feldern entsprechen wollen.
- **Dozenten, Lehrerinnen und (Sozial-) Pädagogen,**
  die den Wunsch haben, in ihren Gruppen eine von allen gemeinsam getragene konstruktive Gesprächskultur herzustellen.
- **Leserinnen unseres Buches „Das konstruktive Gespräch",**
  die mit den Anregungen zur Selbstreflexion gute Erfahrungen gemacht haben und diesen Weg des Selbsttrainings mit neuen Anregungen weiter gehen wollen.

Wir freuen uns nach wie vor auf einen regen Erfahrungsaustausch zu den Konzepten dieses Übungsbuchs. Dazu können Sie uns gern Rückmeldung geben: entweder über den Verlag oder direkt an uns Autoren.

Wir wünschen Ihnen Erfolg und Spaß bei der Arbeit mit dem Buch.

Meezen und Eutin im September 2018

Einführung

Überblick über den Inhalt

Im **1. Kapitel** finden Sie praktische Hinweise zu den grundlegenden Methoden und Sozialformen der Trainings- und Supervisionsarbeit. Erfahrenen Trainern wird das meiste davon vertraut sein. Vielleicht finden Sie dennoch Anregungen, um die Effizienz Ihrer Trainingskonzepte zu optimieren.

Kapitel 2 ist gegliedert nach den Grundregeln für die Gesprächsführung des „Konstruktiven Gesprächs". Zu allen dort genannten Regeln finden Sie eine oder mehrere Übungen.

In **Kapitel 3** finden Sie Übungen zu den 15 TA-Aspekten, mit denen der zweite Teil des Gesprächsführungsbuchs abschließt.

In **Kapitel 4** stellen wir einige komplexe Trainingseinheiten vor, die sich nicht einem einzelnen Trainingsaspekt zuordnen lassen.

In **Kapitel 5** finden Sie Übungen zu den Gesprächs-Strategien, die wir in der 7. Auflage des „Konstruktiven Gesprächs" vorgestellt haben.

Das **6. Kapitel** ist dem Thema Nachhaltigkeit gewidmet, dem erfreulicherweise immer mehr an Aufmerksamkeit gewidmet wird.

Aufbau der Übungen

Die Übungen sind in der Regel nach folgendem Muster aufgebaut:

- **Name der Übung**
  mit einer Kurzbeschreibung von Thema und Zielsetzung
- **Theorie-Input**
  Kurzfassungen von Konzepten, die z. T. als Handout für die Teilnehmenden zu verwenden sind.
- **Durchführung**
  Hinweise zur Durchführung und Auswertung, bisweilen auch Varianten und Weiterführungen der Übung. Oftmals auch Handouts mit Arbeitsmaterial für die Teilnehmenden.
- **Praxishinweise**
  Hier finden Sie in vielen Fällen spezielle Hinweise und Erfahrungen für die praktische Anwendung der entsprechenden Übung.

Wir haben darauf verzichtet, bei jeder Übung detaillierte Angaben zu Zeitbedarf, Material, Medien etc. zu machen. Welche Rahmenbedingungen Sie benötigen, hängt von Ihren Erfahrungen sowie davon ab, wie Sie mit den Übungsvorschlägen im Einzelnen umgehen wollen.

Handhabung der Übungen

Für alle Übungen gilt die Devise: Es geht um die Aneignung einer wertschätzenden Haltung in der Gesprächsführung. Technik und Methoden sind Mittel dazu. Natürlich sind nicht alle Übungen für jede Zielgruppe und jeden Kontext geeignet. Das gilt besonders für biografische und körperorientierte Übungen.

Biografische Verfahren

Biografische Übungen haben in der Regel einen starken Selbsterfahrungsgehalt. Sie müssen einschätzen, ob eine Übung für Ihre Gruppe geeignet ist und ob Sie mit den möglicherweise angestoßenen persönlichen Themen gut umgehen können. Wenn Sie biografisch arbeiten, ist es wichtig, die Tiefe des Prozesses bewusst zu steuern. Eine gelenkte Phantasie bewirkt eine erheblich stärkere Tiefung als die Ausgabe eines Handouts oder eine sachliche Arbeitsanweisung.

Die Fokussierung auf Themen und Personen des Hier und Jetzt gewährleistet, dass die Teilnehmenden mit ihrer Kompetenz als Erwachsene in Kontakt bleiben. Die Aufforderung, gedanklich oder gefühlsmäßig in eine frühere Szene, möglicherweise aus der Kindheit, hinein zu gehen, bringt die Teilnehmenden unter Umständen in Kontakt mit emotional belastenden Themen. Und es macht hierbei einen großen Unterschied, ob Sie zu einer Plenumsrunde oder zu einem stillen Resümee auffordern.

Entscheiden Sie deshalb bewusst, worauf Sie den Fokus setzen:

- auf das Hier und Jetzt oder eine frühere Szene,
- auf das Denken, Fühlen oder Verhalten,
- auf die Reflexion einer Situation aus beobachtender Distanz oder auf das Erleben einer Situation von innen her,

auf einen begrenzten Aspekt, der gut verarbeitbar erscheint, oder auf eine Vielzahl von Aspekten, die manche Teilnehmenden überfordern können.

Körperorientierte Verfahren

Auch bei körperorientierten Übungen gilt es abzuschätzen, ob sie in der jeweiligen Zielgruppe produktiv wirken werden. Körpererfahrung einzubeziehen kann dem Prozess mehr Dichte verleihen und kognitive Aspekte konkret erlebbar machen. Wenn die Gruppe dafür nicht aufgeschlossen ist, kann aber die Abwehr verstärkt und ein fruchtbarer Prozess verhindert werden: *Müssen wir solchen Kinderkram mitmachen?*

Folgende Voraussetzungen sollten für den Einsatz körperorientierter Übungen gegeben sein:

- In der Gruppe muss ein ausreichendes Maß an Offenheit und Vertrauen vorhanden sein.
- Die Gruppe muss neugierig und aufgeschlossen sein, mit ungewöhnlichen Erfahrungen zu experimentieren.
- Der Sinnzusammenhang zwischen der Körpererfahrung und dem Seminarthema muss transparent gemacht werden.
- Bei einem Training mit Teilnehmenden aus einer Organisation sollten keine unterschiedlichen Hierarchie-Ebenen vertreten sein.

Insgesamt ist es wichtig, dass Sie als Trainerin in allen Arbeitsphasen mit besonderem Tiefgang oder hohem experimentellen Gehalt die Prinzipien von Freiwilligkeit und Schutz gewährleisten.

Gestaltungsarbeit

Viele Übungen in diesem Buch sind eher verbal ausgerichtet und kognitiv wirksam. Um die Themen facettenreicher und tiefer zu erschließen, schlagen wir Ihnen manchmal einen Zugang durch Gestaltungsübungen mit Malen oder Modellieren vor. Leider wird bei vielen Menschen eine innere Zensur wach gerufen, wenn sie zum Malen oder Modellieren aufgefordert werden, da sie in der Schule erlebt haben, dass jeder kreative Ausdruck einer Bewertung unterworfen wurde. Die Folge sind dann oft Unbehagen, Angst und Abwehr: *Ich kann nicht malen.*

Bei jeder Art von Gestaltungsübung sollten Sie darauf achten, dass die Gruppenmitglieder behutsam und wertschätzend mit den Beiträgen der anderen umgehen. Weisen Sie darauf hin, dass es nicht um gut oder schlecht, falsch oder richtig geht, sondern dass jedes Ergebnis aus dem subjektiven Erleben des Einzelnen heraus interessant und „richtig" ist. Wenn die Teilnehmerinnen sich dafür öffnen, werden sie auch den Aussagewert von Gestaltungsübungen erkennen und schätzen lernen.

Bei der Auswertung gestalterischer Produkte kann die Gruppe wertvolle Hilfen leisten. Auf der Grundlage einfühlsamen Verstehens können die Autoren auf Aspekte hingewiesen werden, die ihnen selbst beim Malen oder Modellieren nicht bewusst gewesen sind. Da wir uns mit einer Gestaltungsarbeit auch mit unseren unbewussten Anteilen präsentieren, ist es allerdings besonders wichtig, für Schutz vor unangemessenen Deutungen oder gar Abwertungen zu sorgen.

Achten Sie darauf, dass bei der Besprechung gestalterischer Produkte folgende Ebenen des Feedbacks von den Teilnehmenden sauber unterschieden werden:

1. Ich nehme wahr ...
2. Das löst in mir aus ...
3. Mir fällt dazu ein ...
4. Ich vermute ...
5. Ich denke, das könnte bedeuten ...

Methodisch-didaktische Prinzipien

Für eine erfolgreiche Arbeit mit diesem Übungsbuch ist die Einhaltung bestimmter methodisch-didaktischer Prinzipien wichtig. Sie orientieren sich an den ethischen Grundlagen der Humanistischen Psychologie wie Respekt, Selbstverantwortung und Ganzheitlichkeit. Methodisch ist das Konzept der Themenzentrierten Interaktion nach Ruth Cohn unser Leitfaden. Ziel ist eine flexible Balance zwischen den Erfordernissen des Themas, den Bedürfnissen der Einzelnen und einer stimmigen Interaktion untereinander.

Auf einen Nenner gebracht lassen sich diese methodisch-didaktischen Prinzipien unter den Begriffen Teilnehmerzentriertheit und Prozessorientierung zusammenfassen.

Teilnehmerzentriertheit

Das Lernen mit diesem Übungsbuch ist interaktionell und erfahrungsorientiert gestaltet. Die Lernangebote sollen zur Selbstreflexion und Interaktion anregen und interessante Erfahrungen mit sich selbst und anderen ermöglichen. Die Aktivität liegt dabei überwiegend bei den Teilnehmenden und nicht so sehr beim Trainer.

Die Übungen sind so konzipiert, dass die Teilnehmenden in aller Regel erfolgreich sein werden. Doch gehören zum Lernen auch Misserfolge sowie die Überwindung von partieller Irritation und Frustration. Die Rolle des Trainers ist die eines Lernbegleiters: Er moderiert diesen Lernprozess, hilft Erfahrungen zu verarbeiten, gibt Verständnishilfen und sorgt, wie bereits erwähnt, für ein geschütztes und abwertungsfreies Lernumfeld.

Teilnehmerzentriert zu arbeiten bedeutet auch, die Lernbedürfnisse der Teilnehmenden sowie ihre individuellen Stärken und Schwächen zu identifizieren. Stärken werden gefördert und ausgebaut, Schwächen werden weder übergangen noch beschönigt, sondern konstruktiv bearbeitet im Blick darauf, was für den Einzelnen hilfreich, zumutbar und situativ möglich ist.

Vertraut man den Untersuchungen über die Wirksamkeit von Unterricht, Training und Beratung, so kommt der Persönlichkeit und Glaubwürdigkeit des Vermittelnden eine zentrale Bedeutung zu. Bezogen auf das Gesprächsführungstraining bedeutet es, die Prinzipien einer konstruktiven Gesprächsführung selbst konsequent zu praktizieren. Ich kann nicht die Bedeutung der produktiven Ichzustände hervorheben, selbst aber aus dem kritischen Eltern-Ich zurechtweisen oder abwerten, einem destruktiven Teilnehmer oder Hierarchen ängstlich-angepasst Raum geben oder rebellisch reagieren, wenn meine Vorschläge nicht angenommen werden.

Prozessorientierung

Auch wenn Sie sich wortwörtlich an unsere Vorgaben halten, ist der Erfolg keineswegs garantiert. Eine noch so gute Vorbereitung wird sich als nichtig erweisen, wenn das, was Sie sich überlegt haben, nicht zur Gruppe und ihrem Prozess passt. So haben wir selbst uns frühzeitig angewöhnt, selten über das erste Viertel eines Trainings hinaus zu planen. Sinnvoller ist es, ein grobes Raster für Inhalte und Verlauf zu entwickeln, verbunden mit alternativen Vorgehensweisen. Wir haben das prozessorientierte Vorgehen immer auch als Herausforderung an unsere Flexibilität und Kreativität betrachtet. Der schlimmste Fall ist ein „perfekt" vorbereitetes Seminarmodul, das nicht zum Gruppenprozess passt, und ein Trainer, der es der Gruppe persönlich übel nimmt, wenn diese sich nicht auf sein „wunderbares" Konzept einlässt.

Prozessorientiert zu arbeiten heißt, den Gruppenprozess zu beobachten und regelmäßig die Stimmigkeit des eigenen Vorgehens zu überprüfen. Sie können unsere Übungen als erprobte und bewährte Vorschläge betrachten, sollten sich jedoch die Freiheit nehmen, sie gegebenenfalls abzuwandeln oder zu ergänzen. Trauen Sie sich, von einem einmal festgelegten Programm abzuweichen und dem Gruppenprozess sein Recht zu geben – er holt es sich ohnehin.

Ich selbst bin mein wichtigstes Handwerkszeug lautet eine der wichtigsten Botschaften von Ruth Cohn an Gruppenleiter. Das bedeutet in erster Linie: Arbeit an sich selbst als zentrale Quelle für Professionalität. Sie ist wichtiger als die vermeintlich perfekte Aneignung von Methoden und Rezepten. Denn alle noch so guten Instrumente und Methoden versagen, wenn die Entwicklung der eigenen Person als wichtigstes Handwerkszeug vernachlässigt wird oder der Stil, mit dem Sie arbeiten, nicht – oder noch nicht – zu den angewendeten Verfahren passt. Eine gute Trainerin wird auch mit unzureichenden Materialien eine professionelle Arbeit abliefern, während ein schlechter Trainer das Gold der ausgefeiltesten Übungen womöglich zu Stroh spinnen wird.

Es ist das vielleicht schönste Feedback, das Sie als Trainerin bekommen können, wenn die Teilnehmenden am Ende eines Trainings sagen, dass ihre Bedürfnisse ernst genommen und flexibel aufgegriffen wurden, ohne dass dabei der rote Faden eines schlüssigen Gesamtkonzepts verloren ging.

Kapitel 1

Grundlegende Verfahren der Trainings- und Supervisionsarbeit

1. Einzelarbeit

Ein Training zur Gesprächsführung hat seinen Schwerpunkt natürlicherweise in Übungssituationen zu zweit, zu dritt oder in größeren Kleingruppen. Gleichwohl spielt Einzelarbeit eine wichtige Rolle. Da alle Teilnehmenden gleichzeitig ihre persönlichen Erfahrungen für sich reflektieren können, ist Einzelarbeit die zeiteffektivste Arbeitsform. Eine gut eingeleitete Einzelarbeit lädt dazu ein, in den Dialog mit dem inneren Ratgeber zu treten, und bietet dadurch die Chance, die wertvollsten persönlichen Ressourcen eines jeden Einzelnen in die gemeinsame Arbeit einzubeziehen.

Vorteile der Einzelarbeit

- Die Trainingsthemen können mit Aspekten der eigenen Biografie sowie mit den privaten und beruflichen Erfahrungen der Einzelnen verknüpft werden.
- Einzelarbeit bietet den größten Schutz. Jede Person kann die Erkundungstiefe eigenständig steuern und das Maß der Selbstoffenbarung gegenüber anderen frei wählen.
- Der Anpassungsdruck ist am geringsten. Jede Person hat Gelegenheit, unabhängig von anderen mit ihren persönlichen Erfahrungen in Kontakt zu kommen, ihren eigenen Standpunkt zu finden und ihn – wenn sie mag – in die gemeinsame Diskussion einzubringen.

Nachteile der Einzelarbeit

- Es bestehen wenig Rückfragemöglichkeiten.
- Als Leiterin erfahren Sie nichts oder nur wenig über die inneren Prozesse der Teilnehmenden.
- Es besteht keine Feedbackmöglichkeit.
- Die Dynamik der Trainingsgruppe wird reduziert

Betten Sie deshalb jede Einzelarbeit so in den Ablauf ein, dass die Vorteile zur Geltung kommen und die Nachteile durch andere Sozialformen ausgeglichen werden.

Praktische Hinweise

Einzelarbeit als Einstieg in ein neues Thema

Dies kann ein Impuls zu einer Plenumseinheit sein, der die Gruppenmitglieder auffordert, ihren eigenen Bezug zum aktuellen Thema zu finden, z. B.: *Wählen Sie sich in Gedanken ein Beispiel aus, etwa eine schwierige Gesprächssituation, die Sie erlebt haben, und beziehen Sie die Informationen, die ich Ihnen gebe, auf dieses Beispiel.* Den Impuls können Sie auch durch einen Arbeitsbogen, eine gelenkte Reflexion oder eine kurze Phantasiereise geben, um die Teilnehmenden mit dem aktuellen Thema in persönlichen Kontakt zu bringen.

Einzelarbeit in Kombination mit kreativen Arbeitsformen

Kreative Methoden können den Teilnehmenden einen guten Zugang eröffnen, um mit einem Thema tiefer und persönlicher in Kontakt zu kommen. Sie können ein Bild zum Thema malen lassen, eine Gestaltungsaufgabe oder einen Impuls zu kreativem Schreiben geben, z. B. einen Dialog, eine Geschichte oder ein Gedicht schreiben lassen.

Stilles Resümee

Einzelarbeit kann dazu dienen, einen Prozess als Ergebnissicherung durch eine persönliche Bilanzierung abzuschließen. Dies muss nicht unbedingt in eine Plenumsrunde münden, sondern kann – insbesondere bei eher persönlichen Themen – auch als stilles Resümee erfolgen.

Weiterführung im Plenum

Um den Teilnehmenden die Möglichkeit zu geben, die Tiefe ihrer Selbsterkundung zu steuern, ist es ratsam, eine geplante Weiterführung im Plenum oder in einer Kleingruppe vorher anzukündigen.

Freie Entscheidung

Die Entscheidung, ob jemand die Ergebnisse der Einzelarbeit im Plenum mitteilen will, muss immer frei getroffen werden können.

Vertrauensklima

Gleichwohl ist es wichtig, das Klima so zu gestalten, dass möglichst Viele bereit sind, ihre persönlichen Erfahrungen in der Gesamtgruppe mitzuteilen. Ansonsten kann eine Schieflage zwischen einer dichten, intensiven Arbeit in Einzel- und Kleingruppen und einer abwartenden, übervorsichtigen Atmosphäre in der Gesamtgruppe entstehen.

2. Dyaden (Partnerübungen)

Die Arbeit in Dyaden empfiehlt sich immer dann, wenn ein sehr persönliches Thema oder eine heikle Trainingsaufgabe in einem geschützten Raum mit Erfahrungsaustausch und Feedback kombiniert werden soll. Die Dyade ist die intensivste Form der Begegnung mit anderen: Soziale Angst und Anpassungsdruck sind normalerweise gering.

Als Trainingsform bietet sich die Dyade bei Aufgaben an, bei denen auf Beobachtung und Feedback durch eine dritte Person verzichtet werden kann, sowie bei Übungen mit einem hohen experimentellen Gehalt, da die Angst vor Blamage in einer selbst gewählten Dyade am geringsten ist. Dazu gehören vor allem Wahrnehmungs- und Körperübungen.

Im übrigen ist eine Dyade immer dann sinnvoll, wenn bei der Erarbeitung eines persönlichen Themas die Begleitung durch ein aufmerksam-kritisches Gegenüber wünschenswert ist. Sie können die Teilnehmenden auch gezielt dazu anregen, sich in der Dyade durch hilfreiches Nachfragen gegenseitig zu „coachen".

Folgende Phasen sollten in der Arbeit mit Dyaden gewährleistet sein:

- Instruktion mit kurzer Besinnungsmöglichkeit für beide,
- Übungs- oder Austauschphase,
- Rollenwechsel,
- Reflexion in der Dyade, nachdem beide in beiden Rollen waren,
- Möglichkeit zur Mitteilung oder Nachfrage im Plenum.

3. Marktplatz mit wechselnden Dyaden

Eine sehr lebendige und vielfältig nutzbare Trainingsmöglichkeit besteht darin, eine Sequenz von wechselnden kurzen Dyaden mit aufeinander aufbauenden Themenimpulsen zu komponieren. Schritt für Schritt können die Teilnehmenden mit jeweils neuen Partnern verschiedene Aspekte eines Themas oder Trainingsbereichs erkunden. Sie lernen vielfältige Facetten eines Themas kennen bzw. erproben sich an der Trainingsaufgabe in mehreren Stufen. Zugleich kommen sie mit verschiedenen Teilnehmenden in Kontakt.

Ausgangspunkt sollte ein „Marktplatz" sein: Die Teilnehmenden gehen im Seminarraum umher und suchen sich eine Person aus, mit der sie im Augenblick gern zusammenarbeiten möchten. Den Wechsel und die Bildung neuer Dyaden können Sie wie folgt strukturieren: Die ersten Paare entscheiden sich, wer A und wer B ist. Nach einigen Minuten fordern Sie alle A's auf, sich einen neuen B als Partner zu suchen, in der nächsten Runde wählen alle B´s einen neuen A etc.

Eine interessante Sonderform: Konzentrische Kreise

Eine besonders interessante Form der Arbeit mit wechselnden Dyaden ist das Übungsmuster „Konzentrische Kreise". Die Hälfte der Teilnehmenden setzt oder stellt sich in der Mitte zu einem Kreis zusammen, und zwar so, dass alle das Gesicht nach außen wenden. Die andere Hälfte der Teilnehmenden bildet um den inneren Kreis herum einen Außenkreis, so dass je eine Person aus dem Außen- und Innenkreis ein Gesprächspaar bilden. Als Trainerin geben Sie der ersten Dyade einen Gesprächsimpuls, verbunden mit dem Hinweis, ob die Personen im Außen- oder Innenkreis beginnen sollen. Nach einigen Minuten lassen Sie den Außenkreis um eine Position weiter rücken, so dass jede Person eine neue Gesprächspartnerin bekommt, und geben den nächsten Impuls. Nach fünf bis acht Impulsen erfolgt eine Reflexion im Plenum.

Diese Struktur ist gut geeignet für die Einstiegsphase einer Gruppe. Sie bringt die Teilnehmenden sowohl miteinander als auch mit dem Thema rasch und intensiv in Kontakt. In schon bestehenden Gruppen ist sie geeignet, eingespielte Beziehungen zu erweitern und weniger vertraute Personen miteinander in Kontakt zu bringen.

In der Abfolge der Themenimpulse können Sie einen Bogen spannen von „leichteren" zu „schwereren" Aspekten. Wir nennen Ihnen als Beispiel die Impulse, mit denen Sie ein Gesprächsführungstraining einleiten könnten:

- Auf dem Weg zu diesem Training habe ich gedacht ...
- Ein Gespräch aus der letzten Zeit, das für mich wichtig war ...
- Wenn jemand mit mir ein Gespräch führt, hilft es mir, wenn ...
- Wenn ich Gespräche mit anderen führe, ist es meine Stärke ...
- In der Gesprächsführung tue ich mich schwer damit ...
- Mein Ziel für dieses Training ist ...
- Das Training wird sich für mich gelohnt haben, wenn ich ...
- Während dieser Übung ist mir deutlich geworden ...

4. Triaden

Die Gesprächstriade mit drei definierten Rollen – Beraterin, Klient und Beobachter – ist ein klassisches Muster aus dem Training der nondirektiven Gesprächsführung. Die drei Rollen werden wie folgt definiert:

A ist Klient

Er äußert ein tatsächliches oder erdachtes Problem und zeigt ein dazu passendes Verhalten.

B ist Beraterin

Sie bekommt eine Aufgabe, wie z. B. zuzuhören, zu beraten, zu klären, zu konfrontieren, einen Vertrag zu vereinbaren etc.

C ist Beobachterin

Sie beobachtet das Gesprächsverhalten und gibt beiden, insbesondere der Beraterin, Rückmeldung über den Gesprächsverlauf und wichtige verbale und nonverbale Aspekte, die ihr aufgefallen sind – entweder offen und umfassend oder fokussiert auf eine begrenzte Beobachtungsaufgabe.

Instruierte Triaden

Eine Variante, die wir gern einsetzen, sind instruierte Triaden. Die Klienten und / oder Berater bekommen spezielle Instruktionen, die ihnen getrennt mitgeteilt werden, so dass die jeweils anderen Personen in der Triade die Instruktion nicht kennen und sich spontan darauf einstellen müssen. Die Klienten werden instruiert, ein problematisches Verhalten oder ein bestimmtes „Störungsmuster" darzustellen. Sie können dafür eine fiktive Situation wählen oder sich an einem authentischen, ihnen bekannten Fall orientieren.

Die Berater haben die Aufgabe, zunächst das Verhalten des Klienten zu beobachten zu diagnostizieren: *Was fällt mir auf? Welche Reaktion spüre ich bei mir? Welchem „Störungsmuster" entspricht das?* Darauf hin sollen sie eine angemessene Gesprächsstrategie anwenden, um mit dem gezeigten Verhalten konstruktiv umzugehen.

Anschließend hilft die Beobachterin, den Gesprächsverlauf zu analysieren und die Wirksamkeit der Interventionen zu überprüfen. Der Fokus liegt darauf, dem Berater konstruktive Rückmeldung zu geben.

Ein Vorteil dieser Vorgehensweise besteht darin, dass die anschließende Auswertung im Plenum vor einem vergleichbaren Erfahrungshintergrund erfolgen kann. Die Triaden berichten über ihren vermutlich unterschiedlichen Umgang mit derselben Ausgangssituation, was die Vielfalt möglicher Gesprächsverläufe und Interventionen deutlich werden lässt.

Die Klienten, die ein bestimmtes Problem darstellen oder ein störendes Verhalten spielen, haben nicht die Aufgabe, ihre Beraterin durch rigides Verharren im instruierten Verhalten zu frustrieren. Vielmehr sollen sie ein Gefühl dafür entwickeln, wann die Beraterin eine produktive Intervention macht, und darauf angemessen reagieren. Die Übungsthemen sollten daher begrenzt sein und die Möglichkeit eines Erfolges für die Beraterin wahrscheinlich machen.

5. Kleingruppen

Kleingruppen, die zahlenmäßig über Triaden hinausgehen (vier bis sieben Personen), spielen in unserer Trainingsarbeit eine geringere Rolle.

Sie eignen sich für

- die Vorbereitung von Rollenspielen mit mehreren Rollen,
- thematische Vertiefung, wenn Vielfalt und Kreativität mit Überschaubarkeit und Ergebnisorientierung verbunden werden sollen,
- den Austausch nach Phasen der Einzelarbeit,
- die Vorbereitung einer Präsentation für das Plenum.

Gegenüber der zeiteffektiveren Arbeitsform der Triaden ist abzuwägen, ob gute Gründe dafür sprechen, eine Kleingruppenarbeit anzusetzen.

6. Plenum

Das Plenum stellt naturgemäß die effektivste Möglichkeit dar, Informationen zu vermitteln, Modelle vorzustellen, Fragen zu diskutieren, gemeinsame Klärungen herbei zu führen und Verabredungen zu treffen. Es bietet die größte Vielfalt an Meinungen und Standpunkten und gibt dadurch dem Einzelnen die meisten Anregungen, eigene Sichtweisen zu überprüfen. Allerdings ist im Plenum die Chance der Gruppenmitglieder auf aktive Beteiligung und Selbstverwirklichung am geringsten. Zudem wird die Selbstoffenbarung als besonders risikoreich erlebt. Viele Menschen scheuen es, ihre persönlichen Gedanken oder gar Gefühle im Plenum mitzuteilen.

Um die Vorteile des Plenums zur Geltung zu bringen, ist es daher besonders wichtig, eine Atmosphäre von Vertrauen und Offenheit herzustellen. Die in Einzelarbeit, Dyaden, Triaden und Kleingruppen erlebten Lernprozesse brauchen die Ergänzung durch das Plenum. Es ist allerdings zu empfehlen, Plenumsphasen situationsadäquat, sparsam und zeitlich begrenzt anzusetzen.

Das Blitzlicht

Beim Blitzlicht handelt es sich um eine konzentrierte, zügig durchgeführte Runde ohne jede Diskussion zu klar begrenzten Themen wie:

- Mein momentanes Gefühl ...
- Mein wichtigster Gedanke im Augenblick ...
- Ich wünsche mir für die nächste Trainingseinheit ...

Die Teilnehmenden werden gebeten, ihr Statement auf ein Wort oder maximal einen Satz zu begrenzen. Der gekonnte Einsatz eines Blitzlichts hilft in unklaren Situationen, eine rasche Orientierung zu finden. Die Situation der Gruppe kann „blitzlichtartig“ ausgeleuchtet werden, um danach (!) über Konsequenzen nachzudenken und eine Entscheidung zu treffen.

Die Runde

Jedes Gruppenmitglied äußert sich kurz zu einer Frage oder zur vorangegangenen Trainingseinheit. Mögliche Impulse:

- Meine wichtigste Erkenntnis ...
- Ein Problem, auf das ich gestoßen bin ...
- Was ich noch üben bzw. vertiefen möchte ...
- Was ich sonst noch sagen möchte ...

Bei einem Plenum nach einer Trainingsphase ist es günstig, die Auswertung durch eine solche Fragestellung zu fokussieren, um langatmigen Einzel- oder Gruppenberichten vorzubeugen.

Plenum mit Beobachtungsaufgaben

Eine hervorragende Trainingsmöglichkeit bietet die Verteilung von Beobachtungsaufgaben für Rollenspiele oder Übungsaufgaben, bei denen wenige Gruppenmitglieder im Plenum aktiv sind. Die nicht beteiligten Gruppenmitglieder üben sich darin, die Konzepte, die sie kennengelernt haben, durch fokussierte Beobachtung und Feedback selbst anzuwenden.

Aufgaben können – bezogen auf TA-Aspekte – sein:

- Welchen Vertrag haben die Beteiligten?
- Welche Ichzustände benutzen die Personen vorzugsweise?
- Was erfahren wir über den Bezugsrahmen der Personen?
- Ist Antreiber-Verhalten zu beobachten?
- Ist passives Denken oder Verhalten erkennbar?
- Gibt es eine „Spieleinladung"?
- Agieren die Personen im Dramadreieck?

Durch die Vielfalt der Beobachtungen ergibt sich ein differenziertes Feedback zum dargestellten Fall. Die Beobachtungen und Hypothesen müssen allerdings mit Respekt für die Personen, die im Mittelpunkt standen, eingebracht werden. Maßgeblich ist, was diese tatsächlich annehmen und produktiv verarbeiten können.

Einzelheiten zu dieser Methode finden Sie auf den Seiten 180 bis 182.

7. Fishbowl

Ein Fishbowl eignet sich sehr gut zur Auswertung und Diskussion von Arbeitsergebnissen. Einige Gruppenmitglieder begeben sich in den Innenkreis, in dem das Gespräch geführt wird, während der Außenkreis zuhört. Zwischen Innen- und Außenkreis findet in dieser Phase keine Kommunikation statt. Erst wenn der Innenkreis sein Gespräch unterbrochen oder beendet hat, dürfen die im Außenkreis Sitzenden nachfragen oder ihre Eindrücke und Kommentare mitteilen.

Eine Variante: Im Innenkreis kann ein freier Stuhl vorgehalten werden, auf den sich für kurze Zeit jemand aus dem Außenkreis setzen kann, um ein ergänzendes Statement einzubringen.

Im Innenkreis können sitzen:

- Arbeitsgruppen, die ihre Ergebnisse vorstellen,
- Gruppen, die eine Trainingseinheit durchführen,
- ein Reflecting Team (siehe unten),
- Moderatorinnen aus einer vorausgegangenen Gruppenphase,
- nacheinander jeweils die Berater, Klientinnen und Beobachter aus einer vorausgegangenen Übungstriade,
- alle Frauen, Männer, Trainer, Lehrer ... , die zu einer bestimmten Frage Stellung nehmen wollen,
- Freiwillige, die ein bestimmtes Thema diskutieren.

Im letztgenannten Fall können Mitglieder des Außenkreises auf Wunsch mit einem Mitglied des Innenkreises den Platz tauschen.

Meist führt diese Methode zu einer Verdichtung der Diskussion. Die Gruppe wird für eine begrenzte Zeit eindeutig in aktive und passive Teilnehmerinnen geteilt. Jedes Gruppenmitglied hat die Freiheit, sich für die eine oder andere Seite zu entscheiden.

8. Reflecting Team

Die Methode des Reflecting Team ist Bestandteil vieler Beratungskonzepte. Der Fallbringer wählt sich zwei bis vier Personen als Beraterinnen aus und schildert ein authentisches Problem bzw. Supervisionsanliegen. Authentisch bedeutet: Er hat ein echtes Interesse am vorgestellten Problem und bislang noch keine Lösung gefunden.

Die Beraterinnen, das Reflecting Team, kreisen zunächst durch Informationsfragen das Problem genauer ein. Anschließend diskutieren sie, während der Fallbringer zuhört, jedoch ohne ihn anzusprechen, das geschilderte Problem. Sie tauschen Eindrücke aus, erörtern Hypothesen und ziehen schließlich verschiedene Handlungsalternativen in Betracht. Es ist nicht erforderlich, dass sie sich auf eine einheitliche Sichtweise des Problems einigen. Im Gegenteil: Unterschiedliche Äußerungen bieten dem Fallbringer umso mehr Anregungen. Er ist Ohrenzeuge der Diskussion und kann sich Notizen machen.

Das Team bestimmt das Ende der Diskussion selbst. Danach äußert sich der Fallbringer dazu, was für ihn deutlich geworden ist, was er als anregend oder hilfreich empfindet und wie er dies für die Lösung seines Problems nutzen kann.

Das beschriebene Verfahren ist verhältnismäßig konfrontativ und verleitet unerfahrene Fallbringer dazu, sich für ihr Verhalten rechtfertigen oder Äußerungen des Reflecting Team richtig stellen zu wollen. In einem solchen Fall sollten Sie intervenieren und auf die Feedbackregel „3 Z" beim Empfangen von Feedback (zuhören, zuhören, zuhören!) hinweisen. Unbedingt stoppen sollten Sie den Fallbringer, falls er die Beiträge der Beraterinnen quasi benotet bzw. abqualifiziert. Ein verbreiteter Fehler besteht auch darin, dass die Mitglieder des Reflecting Team den Fallbringer direkt ansprechen.

Die Methode eignet sich besonders gut für erfahrene Gruppen. Sie unterstützt und nutzt die Kompetenz der Teilnehmenden und fördert die Autonomie einer Gruppe. Sie kann auch mit der Zielsetzung trainiert werden, die Teilnehmenden mit einer Methode kollegialer Beratung für die Anwendung in der beruflichen Praxis vertraut zu machen.

9. Rollenspiel

Das Rollenspiel ist ein im Gesprächsführungstraining unverzichtbares Verfahren. Meist ist es unproblematisch in der Anwendung, sofern man gewisse Regeln beachtet (siehe unten). Komplizierter ist der Einsatz von Rollenspielen in der Supervision von Praxisfällen, die bisweilen auch in Seminaren zur Gesprächführung Thema werden können. Sie sollten in diesem Fall über eine supervisorische Qualifikation verfügen.

Unbehagen entsteht bei den Fallbringern vor allem dann, wenn Sie als Leiterin zu wenig Schutz gewähren und / oder die Ebenen – das Rollenerleben der Beteiligten, die verschiedenen Identifikationen seitens der Zuschauer, die Ausfüllung der Rollen, die durch die Spielszene ausgelösten Betroffenheiten – nicht sauber voneinander trennen.

So kann es passieren, dass einige Teilnehmer noch dabei sind, sich aus den Rollen zu lösen, während andere schon von eigenen Erfahrungen berichten und wieder andere bereits die Ergebnisse diskutieren oder gar die spielerischen Leistungen bewerten, wobei letzteres in der Auswertung von Rollenspielen generell nichts zu suchen hat.

Für die klare Trennung der Auswertungsphasen von Rollenspielen greifen wir auf die Methodik des Psychodramas zurück, die aus unserer Sicht am geeignetsten ist. Wir stellen Ihnen zunächst eine ausführliche

Fassung für supervisorische Fallarbeit vor, gefolgt von einer Kurzfassung zum Einsatz in Trainings.

Vorbereitung

Zu Beginn wird kurz die Situation beschrieben. Danach werden die Rollen verteilt, in der Regel durch den Fallbringer. Das Setting wird aufgebaut, gefolgt von Instruktionen über Rollen, Kontext und Zeitrahmen. Vor Beginn sollten Sie klären, wer das Spiel beenden bzw. unterbrechen darf – in der Regel Sie als Leiterin oder der Fallbringer.

Spielphase

Fallbringer oder Leiterin signalisieren deutlich den Spielbeginn. Von diesem Augenblick an wird nur noch in der Identifikation mit den Rollen und in Ich-Form gesprochen. Wenn ein Spieler aus der Rolle fällt, indem er die Identifikation verlässt und anfängt, **über** das Thema zu sprechen, unterbrechen Sie und klären die Situation, um alsbald das Spiel fortzusetzen. Achten Sie darauf, dass die Grenze zwischen Spiel und Reflexion nicht verschwimmt! Markieren Sie auch das Spielende durch ein deutliches Signal! Die Spieler werden – in der Regel vom Fallbringer – aus den Rollen entlassen und wieder mit ihrem richtigen Namen angeredet.

Sharing

Das Sharing dient – wie der Name sagt – dem Teilen der Erfahrungen mit dem Fallbringer. Die Zuschauer äußern ihre Gedanken und Gefühle, die zu Aspekten des Spiels in ihnen angeklungen sind. Lassen Sie in dieser Phase keine Interpretationen und Bewertungen zu. Das Rollenspiel selbst ist in dieser Phase noch nicht Gegenstand der Auswertung.

Rollenfeedback

Nach dem Sharing berichten die Spielerinnen, was sie in ihren Rollen gedacht, empfunden und erlebt haben. Lassen Sie dabei keine Kommentare der Zuschauer zu! Die Aussagen sollten mit den Worten eingeleitet werden: *Ich als (Rollenname) habe in der ... Situation folgendes gedacht und gefühlt ...* Die Spielerinnen können gegen Ende dieser Phase auch äußern, wie leicht oder schwer es ihnen gefallen ist, ihre Rollen auszufüllen. Dies ist dann bereits die Überleitung zur nächsten Phase.

Identifikationsfeedback

Die Zuschauer haben Gelegenheit, sich dazu äußern, in welcher Situation sie sich in welche Rolle besonders gut oder schlecht hineinversetzen konnten. Das Identifikationsfeedback kann auch mit dem Sharing zusammengezogen werden.

Ein für Trainingszwecke verkürztes Verfahren

Vorbereitung

Es werden Spielgruppen gebildet, die Rollen werden gewählt oder vorgegeben. Danach erfolgt die Instruktion.

Spielphase

Umsetzung des Trainingsauftrags

Rollenfeedback

Die Akteure beschreiben ihr Erleben in den Rollen.

Beobachterfeedback

Die Beobachtenden teilen – bezogen auf den Trainingsauftrag – ihre Wahrnehmungen und Eindrücke mit.

Sharing

Die Gruppe tauscht sich über die Frage aus: Wo habe ich in meinem beruflichen oder privaten Alltag ähnliche Situationen erlebt?

Teilnehmende neigen mitunter dazu, die Rollenspielebene zu verlassen und „darüber" zu diskutieren. Ebenso kommt es vor, dass Beobachter – aus Gedankenlosigkeit oder auch hoch engagiert – beratend oder kommentierend in das Rollenspiel eingreifen.

Deshalb kann es hilfreich sein, vor dem ersten Rollenspiel einen Bogen mit Spielregeln zu verteilen und zu erläutern. Mit folgenden Spielregeln haben wir gute Erfahrungen gemacht:

Handout 1: Ablauf und Regeln für Rollenspiele

1. Thema, Aufgabenstellung und Ziel benennen.
2. Die Rollen vergeben und die Mitwirkenden instruieren.
3. Den Spielbeginn deutlich markieren.
4. Die Akteure agieren in den Rollen und sprechen in Ich-Form. Falls sie ihre Rollen verlassen, unterbricht die Leiterin und erinnert an die Regel, greift ansonsten aber nicht in das Geschehen ein.
5. Das Spiel wird durch ein klares Signal beendet: von den Akteuren, wenn der Trainingsauftrag erledigt ist, von der Leiterin, wenn die vorgegebene Zeit überschritten wird.
6. Die Akteure äußern sich zu ihrem Erleben in den Rollen.
7. Die Beobachtenden geben ihre Rückmeldung.
8. Abschließend werden die Gedanken und Gefühle, die beim Rollenspiel und bei der Auswertung angeklungen sind, besprochen.

10. Lernpartnerschaften

Um den Transfer in die Praxis zu unterstützen, greifen wir, insbesondere bei einer Sequenz mehrerer Veranstaltungen, gern auf das Instrument der Lernpartnerschaft zurück. Zwei bis drei Teilnehmende treffen eine Vereinbarung darüber, was sie konkret umsetzen wollen. Sie beschreiben ihr Vorhaben und nennen einen Zeitpunkt für die Umsetzung des Gelernten, möglichst innerhalb der folgenden zwei Wochen.

Nach Ablauf der vereinbarten Frist findet eine Rückkopplung zwischen den Lernpartnern statt. Dabei werden die Erfahrungen reflektiert und gegebenenfalls neue Absprachen getroffen. Die Vorteile von Lernpartnerschaften liegen auf der Hand:

- Transfer in die Praxis bzw. Vertiefung des Gelernten
- Stärkung der Verbindlichkeit
- Erfahrungsaustausch mit einer vertrauten Person
- Ermutigung, Neues auszuprobieren
- Bildung und Unterstützung eines Netzwerks

Handout 2: Anleitung zur Lernpartnerschaft

Wählen Sie sich eine Partnerin nach einem der folgenden Kriterien aus:

- räumliche Nähe
- intakte Beziehung
- ähnliches Arbeitsfeld

Entscheiden Sie sich für ein konkretes Vorhaben (Handeln, keine Einstellungsveränderung) und arbeiten Sie es – zunächst für sich – nach folgenden Kriterien aus:

- positiv formuliert (nicht: *Ich möchte nicht mehr ...*).
- in die Zukunft gerichtet (*Ich werde ...*)
- in der eigenen Verantwortung liegend

Weiteres Vorgehen:

- Stellen Sie das Vorhaben Ihrer Lernpartnerin vor.
- Coachen Sie sich gegenseitig, um das Vorhaben nach den obigen Kriterien zu verfeinern und zu festigen.
- Vereinbaren Sie mit Ihrer Partnerin einen Termin zur Bilanzierung innerhalb der nächsten zwei bis maximal vier Wochen.
- Optional: Stellen Sie Ihr Vorhaben im Plenum vor und bitten Sie – falls erwünscht – um weiterführendes, stärkendes Feedback.

Kapitel 2

Grundregeln der Gesprächsführung

Grundsätzliches zur menschlichen Kommunikation

In jedem Gespräch stehen mir drei Betrachtungsebenen zur Verfügung:

1. die Beobachtung des interaktionellen Geschehens (verbal / nonverbal),
2. die Selbstbeobachtung und Selbstreflexion,
3. die Interpretation des Verhaltens meines Gegenübers.

Für das Gelingen eines Gesprächs ist es wichtig, diese Ebenen in Gesprächen auseinanderhalten zu können, da jede Vermischung zu Kommunikationsstörungen führen kann, z.B. wenn ich

- nur noch höre, was ich hören will,
- meine Interpretationen für wahr halte,
- meinem Gegenüber Impulse unterstelle, die meine eigenen sind
- oder ihm Worte in den Mund lege, die er nicht gesagt hat.

Entsprechend kann ich zu einem konstruktiven Gespräch beitragen, indem ich

- mich auf das interaktionelle Geschehen im Hier und Jetzt beziehe und benenne, wenn ich etwas relevant finde: *Mir fällt auf, dass Sie / wir …*
- mich selbst beobachte und beschreibe, was sich gedanklich und emotional in mir abspielt: *Ich möchte Ihnen mitteilen, wie es mir gerade geht …*
- eine Vermutung zu Gedanken und Gefühlen meines Gegenüber anstelle und behutsam eine Interpretation zum Verstehen seines Verhaltens anbiete: *Kann es sein, dass Sie…?*

Der Beziehungsraum

Wenn wir mit einem anderen Menschen kommunizieren, entsteht eine Schnittstelle zwischen unseren Wirklichkeiten. Zunächst ist sie noch recht klein und vermutlich angefüllt mit Smalltalk. Wenn wir in gutem Kontakt miteinander sind, geben wir allmählich mehr von uns preis, so dass ein „Beziehungsraum“ zwischen uns entsteht, den wir mit gemeinsamen Interessen, Werten, Überzeugungen und Bedürfnissen füllen. Vielleicht ist dieser Raum bald so attraktiv, dass wir uns häufiger darin begegnen wollen, und womöglich entwickelt sich eine Freundschaft zwischen uns. Ab jetzt füllen wir beide den Raum mit gemeinsamen Erlebnissen und tragen damit zu seiner Vergrößerung und Festigung bei.

Wenn ein solcher Beziehungsraum leben und Freude machen soll, muss er wie eine gemeinsame Wohnung von beiden Seiten gestaltet und belebt werden. Wird er nur einseitig aufrecht erhalten und gepflegt, so wird dies früher oder später zu seiner Auflösung führen.

1 Reflektierter Dialog

Dieses kleine Experiment bietet Gelegenheit, sich die drei Betrachtungsebenen in einer Gesprächssituation bewusst zu machen.

Durchführung

Die Teilnehmenden erhalten eine kurze Einführung in das Konzept der drei Betrachtungsebenen. Sie bekommen einen Stift und Papier für Notizen. Sie bilden Dyaden und verabreden ein beide Seiten interessierendes Gesprächsthema, das sie auch persönlich berührt.

Nach ca. 10 Minuten werden die Gespräche mit 1-minütiger Vorankündigung beendet. Jetzt haben die Dyadenpartner Zeit, jeder für sich zu folgenden Fragen Notizen zu machen:

- Wie haben wir miteinander kommuniziert? Wie habe ich die Interaktion zwischen uns wahrgenommen?
- Welche Gedanken, Gefühle und Impulse habe ich im Verlaufe des Gesprächs an mir selbst beobachtet?
- Welche Vermutungen und Hypothesen hatte ich an welchen Stellen über den inneren Prozess meines Gesprächspartners?

Auswertung

Zunächst tauschen sich die Dyadenpartner anhand ihrer Notizen aus. Dabei gilt das Augenmerk vor allem zwei Fragen:

- Wie weit stimmen die Beschreibungen der Interaktion überein?
- Gibt es Kongruenzen zwischen den Notizen zur Selbstbeobachtung und den Vermutungen des Dyadenpartners darüber?

Anschließend findet Im Plenum ein Austausch darüber statt, wie es den Teilnehmenden gelungen ist, im Gespräch Zugang zu den drei Betrachtungsebenen zu finden und sie klar zu unterscheiden.

Praxishinweis

Da die Übung ein gewisses Maß an Selbstoffenbarung erfordert, sollten Sie die Teilnehmenden auf das Prinzip der selektiven Authentizität hinweisen: *Nicht alles, was wahr ist, muss ich sagen, aber alles, was ich sage, sollte wahr sein.*

2 Interventionsebenen

In dieser Übung können die Teilnehmenden anhand der drei Betrachtungsebenen ihr Interventionsrepertoire für professionelle Gespräche erweitern.

Durchführung

Kleingruppen mit 3 bis 4 Teilnehmenden bekommen die Aufgabe, Beispiele für Interventionen auf Basis der drei Betrachtungsebenen zu entwerfen, und zwar möglichst in wörtlicher Rede. Anschließend werden die Beispiele im Plenum zusammengetragen und diskutiert.

In einem nächsten Schritt können anhand einzelner Interventionen kurze Rollenspiele durchgeführt oder konkrete Praxisfälle durchgespielt werden.

3 Meinen Beziehungsraum gestalten

Anhand des Bildes vom Beziehungsraum werden konkrete berufliche oder private Beziehungen graphisch dargestellt und reflektiert.

Durchführung

Jeder Teilnehmer wählt sich eine berufliche oder private Beziehung aus, die ihm wichtig ist und die er sich einmal genauer anschauen möchte. Enge Familienangehörige sollten ausgenommen werden.

Die Aufgabe ist, in Einzelarbeit innerhalb von 20 bis 30 Minuten auf einem Bogen Papier (mindestens DIN-A 3) mit zwei unterschiedlich farbigen Wachsmalkreiden den mit der gewählten Person bestehenden Beziehungsraum darzustellen. Dabei sollen keine Wörter, sondern nur Farben und Symbole verwendet werden. Eine der beiden Farben steht für die Person selbst und die andere für den Beziehungspartner.

Es wird intuitiv, ohne weitere Vorgaben gemalt. Wenn die Bilder fertiggestellt sind, geben Sie als Trainerin einige Impulse zur Reflexion des entstandenen Bildes ein (siehe unten).

Folgende Fragen oder eine Auswahl daraus können Sie als Impulse für die Reflexion und Auswertung der Bilder für alle sichtbar auf einem Flipchart-Bogen aushängen:

- Was ist mein Beitrag zum Beziehungsraum?
- Was trägt der andere dazu bei?
- Wofür stehen unsere beiden Farben?
- Wie steht es um die regelmäßige Pflege des Raumes?
- Wer ergreift auf welche Weise die Initiative?
- Wie ausgefüllt ist der Raum?
- Gibt es etwas, das ich vermisse?

Anschließend findet ein Austausch in Triaden statt. Danach können die Bilder unter der Fragestellung *„Wo sehe ich künftige Gestaltungsmöglichkeiten?“* ergänzt werden.

Nach dieser meist recht intensiven Erfahrung sollte eine Plenumsrunde zu folgenden Fragen durchgeführt werden:

- Was ist mir deutlich geworden und was gilt es zu tun?
- Habe ich einen wichtigen Beziehungsraum, den ich mir als nächsten anschauen möchte?

Mich auf ein Gespräch vorbereiten

Mit einer guten Vorbereitung steht und fällt der Gesprächserfolg und damit die eigene Zufriedenheit. Falls Sie dazu Gelegenheit haben, sollten Sie bei heiklen Gesprächen eine unbefangene Person hinzuziehen.

4 Gesprächsvorbereitung

Ziel ist es, eine Struktur für eine gute Gesprächsvorbereitung einzuüben. Eine gute Vorbereitung, insbesondere die Formulierung eines stimmigen Ziels hilft, eine klare Struktur und einen roten Faden für das Gespräch zu finden.

Theorie-Input

Wenn wir von Zielen sprechen, meinen wir konkrete, positiv formulierte, in unserer eigenen Macht und Verantwortung stehende Verhaltens- und Reaktionsweisen.

Eigene Ziele in diesem Sinn sind etwas anderes als Wünsche und Erwartungen, bei denen es häufig darum geht, dass andere Menschen doch bitte anders denken, fühlen oder handeln sollen. Zwar ist es verständlich und wohl jedem vertraut, Wünsche an eine Person, an der uns etwas liegt, zu haben. Nur ist es wichtig, sich den Unterschied zwischen eigenen Zielen und Wünschen an eine andere Person bewusst zu machen, schon um Enttäuschungen vorzubeugen. Gegenstand realistischer Ziele kann nur das eigene Denken, Fühlen und Verhalten sein.

Im Übrigen beziehen sich die Ziele, um die es hier geht, auf das bevorstehende Gespräch und nicht auf die Gesamtbeziehung zu der jeweiligen Gesprächspartnerin.

Durchführung

Die Teilnehmerinnen entscheiden sich für ein wichtiges Gespräch, das sie in naher Zukunft führen müssen oder wollen, und bilden Dyaden. Ziel ist es, mit Hilfe einiger Fragen und der Unterstützung durch die Dyaden-Partnerin die Chancen und Klippen des Gesprächs zu klären.

Die Fragen sind:

- Was ist der Gesprächsanlass?
- Wer hat welches Interesse an dem Gespräch?
- Wieviel Zeit und Energie will ich in dieses Gespräch investieren?

- Auf welche Rahmenbedingungen lege ich Wert?
- Wenn der Gesprächswunsch von mir ausging: Wie lautet mein Ziel? (Schriftlich formulieren!)
- Wenn der Gesprächswunsch von der anderen Person ausging: Weiß ich, was sie von mir will? In wie weit kann bzw. möchte ich dem entsprechen?
- In welche – auch selbst gestellten – Fallen könnte ich geraten? Wie kann ich es vermeiden, hinein zu tappen?
- Was sind meine Stärken? Wie kann ich sie zur Geltung bringen?

Praxishinweis

Der Part des Dyadenpartners besteht darin, konkret nachzufragen, wenn er den Eindruck hat, dass der Gesprächspartner die Fragen nicht klar und eindeutig beantwortet hat.

Anderen mit Respekt begegnen

Von entscheidender Bedeutung für eine wirkungsvolle Gesprächsführung ist es, mit welcher Einstellung ich anderen Menschen begegne. Es ist wichtig, dass ich

- den anderen wahrnehmen, wie er ist,
- seine Individualität – auch sein Anderssein – respektiere,
- davon ausgehe, dass er an einem positivem Kontakt interessiert ist,
- ihm die Fähigkeit zuspreche, selbstverantwortlich zu handeln.

Diese Einstellung ist bedeutsam, wann immer ich in Kontakt mit anderen Menschen trete – ganz besonders aber dann, wenn die Beziehung zu meinem Gesprächspartner in eine Schieflage zu geraten droht, wenn ich zunehmende Unlust bei mir verspüre oder ich ihn gar „zum Teufel wünsche".

Im Grunde können wir hier nicht von einer Gesprächsregel reden. Es geht um etwas anderes, als um ein trainierbares Verhalten: eine grundlegende innere Haltung. Es gilt, den Trainingsteilnehmern verständlich zu machen, wie sehr es von ihrer inneren Einstellung gegenüber anderen Menschen abhängt, ob es ihnen gelingt, eine tragfähige Beziehung aufzubauen. Und eben dies lässt sich nicht wirklich „trainieren".

Durch Training können wir ein erwünschtes Verhalten einüben. Eine Einstellungsveränderung ist nur möglich, wenn wir uns für Feedback zu unserer Person und unseren blinden Flecken öffnen und bereit sind zur Selbstreflexion. Am wichtigsten ist in dieser Hinsicht, dass Sie selbst ein glaubhaftes Modell vorleben.

5 Anerkennen

In dieser Selbstreflexionsaufgabe geht es darum, auch in störendem Verhalten ein konstruktives Anliegen zu erkennen.

Theorie-Input

Wir gehen davon aus, dass jedes Verhalten, so problematisch es aktuell erscheint, ursprünglich eine sinnvolle Absicht hatte. Häufig ging es darum, sich vor etwas zu schützen, was als bedrohlich erlebt wurde. Sich das bewusst zu machen hilft, die betreffende Person zu respektieren, auch wenn wir ihr aktuelles Verhalten als problematisch erleben.

Wenn wir anderen Menschen mit dieser Einstellung begegnen, wird dies oftmals eine starke Wirkung haben. Das Gefühl, geachtet oder jedenfalls ernst genommen zu werden, weckt bei anderen die Bereitschaft für konstruktive Lösungen.

Unsere innere (!) Einstellung zu anderen drückt sich unmerklich aus in

- **nonverbalen Zeichen**: Worauf reagieren wir, worauf nicht? Zeigen wir in Haltung und Mimik Interesse oder Langeweile, Achtung oder Missachtung?
- **Wertungen**, die kaum merklich in unsere sprachlichen Äußerungen einfließen,
- der **Energie**, die wir in den Kontakt einbringen.

Zahlreiche Untersuchungen belegen, dass unbewusste, nonverbal übermittelte Botschaften oft bedeutsamer sind als die bewusst intendierten verbalen Äußerungen.

Durchführung

Leiten Sie die Teilnehmenden zu einer gelenkten Reflexion an. Die Anleitung kann lauten:

Denken Sie an eine Person, die Sie als schwierig empfinden. Welcher Gedanke schießt Ihnen durch den Kopf und was fühlen Sie, wenn Sie an die Person denken?

Wenn Sie sich Ihr Bild von dieser Person genauer vergegenwärtigen:

Was genau tut die Person, was Sie als störend erleben?

Welche negative Auswirkung hat dieses Verhalten?

Welche positive Absicht könnte dem Verhalten zugrunde liegen?

Neben dem, was Sie störend finden: Entdecken Sie auch etwas Schätzenswertes an dieser Person? Was ist es konkret?

Ändert sich durch diese Überlegungen an Ihrer Sichtweise etwas?

Welches Gefühl haben Sie jetzt der Person gegenüber?

Wie können Sie sich ihr gegenüber künftig anders verhalten?

Möglich ist danach ein stilles Resümee, eine Austausch-Dyade oder ein Plenumsgespräch zur Frage: Was ist mir deutlich geworden?

6 Die andere Seite

Die folgende Übung bietet Gelegenheit, sich bewusst zu machen, welche Rolle die eigene Grundeinstellung in Beziehungen zu anderen spielt.

Durchführung

Laden Sie wie in der vorigen Übung zu einer gelenkten Reflexion ein:

Denken Sie an eine Person, der gegenüber Sie momentan Ablehnung verspüren. Machen Sie sich Notizen zu folgenden Aspekten:

Was ist es, was Sie besonders stört?

Wie bewerten Sie die (berufliche) Kompetenz der Person?

Was fühlen Sie, wenn Sie in dieser Weise an die Person denken?

Was würden Sie der Person am liebsten einmal offen sagen?

Jetzt stellen Sie sich vor, Sie könnten wie durch den Wechsel einer Brille die negativen Seiten ausblenden und nur die positiven Aspekte dieser Person wahrnehmen:

Erinnern Sie sich an Situationen, in denen das störende Verhalten nicht vorhanden war?

Welche schätzenswerten Aspekte entdecken Sie?

Wozu ist die Person positiv in der Lage?

Wenn Sie dem inneren Kind der Person zuhören könnten, was mag es sich wünschen?

Was könnte helfen, zu der Person einen guten „Draht" zu finden?

Welche konkreten Anknüpfungspunkte fallen Ihnen dazu ein?

Notieren Sie sich auch das, was Ihnen zu diesen Fragen eingefallen ist, und vergleichen Sie Ihre Notizen zu beiden Phasen.

Welche neuen Aspekte haben Sie entdeckt?

Hat sich Ihre gefühlsmäßige Einstellung verändert?

Was mag es mit Ihnen selbst zu tun haben, dass Sie so stark auf die negativen Aspekte dieser Person reagieren?

Was könnten Sie im Kontakt mit der Person künftig anders machen?

Tauschen Sie sich jetzt 10 Minuten mit einer Person Ihrer Wahl aus.

Auswertung im Plenum

- Was habe ich über die andere Person, was über mich erfahren?
- Was bedeutet dies für meinen künftigen Kontakt mit ihr?

7 Projektionen und Übertragungen

Die folgende Übung bietet Gelegenheit, die Einstellung zu einer Person zu überprüfen, gegenüber der wir ein starkes Unbehagen oder gar Ablehnung spüren. Sie kann helfen, Projektionen und Übertragungen aufzudecken, die hinderlich für eine gute Kommunikation sind.

Theorie-Input

Nahezu alle Menschen kennen Beziehungs-Konstellationen, in denen sie sich mit jemandem besonders schwer tun und manchmal auf eine sehr heftige und geradezu irrationale, schwer nachvollziehbare Weise reagieren. Erfahrungsgemäß spielen dabei Übertragungen und Projektionen eine zentrale Rolle:

Übertragung

Wir werden (unbewusst) erinnert an eine Person aus unserem Leben, die wir nicht gemocht haben oder die uns übel mitgespielt hat, ohne dass wir uns angemessen dagegen wehren konnten. Wenn diese Erfahrung noch ungeklärt und unverarbeitet ist, neigen wir dazu, das Bild dieser Person einer anderen Person, die etwas Ähnliches an sich hat, überzuhängen, lehnen sie ab oder bekämpfen sie sogar, als wenn wir uns vor einer vermeintlichen Gefahr schützen wollen. Wir begehen sozusagen einen Irrtum in Bezug auf Zeit, Ort und Person.

Projektion

Wir nehmen an einer anderen Person einen ungeliebten Aspekt unseres eigenen Verhaltens wahr, den wir – da wir ihn an uns nicht leiden können und nicht wahr haben wollen – abgespalten haben, damit wir ihn als nicht zu uns gehörend betrachten können. Wenn wir ihn bei jemand anderem identifizieren, können wir unsere psychische Energie darauf konzentrieren, diesen Aspekt an der anderen Person zu bekämpfen. Dadurch verschaffen wir uns das Gefühl, wir seien von diesem „schlimmen" Verhalten meilenweit entfernt. Wir sehen den „Splitter" im Auge des anderen, jedoch nicht den „Balken" im eigenen Auge.

Durchführung

Fordern Sie die Teilnehmenden auf, an eine Person zu denken, mit der sie große Schwierigkeiten haben und der sie momentan eher ablehnend gegenüber stehen.

Rufen Sie sich ein Bild von dieser Person in Erinnerung bzw. eine Situation, in der Sie dieses Unbehagen gespürt haben.

Vergegenwärtigen Sie sich, wie die Person aussieht, wie sie sich bewegt, wie sie Kontakt aufnimmt und mit anderen spricht.

Erinnert Sie diese Person an jemanden, der Ihnen in Ihrem Leben begegnet ist und vielleicht eine wichtige Rolle gespielt hat?
(Möglichkeit der Übertragung)

Wenn ja: Wer war diese Person? Wie hat sie sich Ihnen gegenüber verhalten? Wie standen Sie zu ihr?

Schließen Sie diese Gedanken ab. Rufen Sie sich noch einmal in Erinnerung, was Sie an der „schwierigen" Person besonders stört:

Kennen Sie dieses oder ein ähnliches Verhalten bei sich selbst? Oder kam es früher einmal bei Ihnen selbst vor?
(Möglichkeit der Projektion)

Wenn ja: Wie stehen oder standen Sie selbst zu diesem Verhalten?

Welche Reaktionen und Botschaften haben Sie als Kind zu diesem Verhalten von wichtigen Bezugspersonen bekommen?

An dieser Stelle ist es sinnvoll, den Teilnehmenden eine kurze Erläuterung zu den Begriffen Projektion und Übertragung (siehe Theorie-Input) zu geben.

Lassen Sie dann Dyaden bilden, in denen sich die Teilnehmenden über die Aspekte austauschen, die Ihnen zu der „schwierigen" Person eingefallen sind. Leitfragen:

Ist Ihnen eine Person aus Ihrem Leben eingefallen, die ihr in bestimmten Aspekten ähnelt? (Übertragung)

Haben Sie Aspekte des störenden Verhaltens bei sich selbst entdeckt? (Projektion)

Wenn ja: Wie verändert sich durch diese Erkenntnisse Ihre gefühlsmäßige Einstellung zu der Person? Was bedeutet das für Ihren künftigen Kontakt mit ihr?

Es folgt ein kurzer Austausch im Plenum.

Praxishinweise zu den Übungen 5, 6 und 7

Die beiden ersten Übungen sind besonders geeignet für den Beginn eines Gesprächführungstrainings oder im Zusammenhang mit dem Thema „Umgang mit schwierigen Gesprächspartnern".

Die dritte Übung ist eher für Fortgeschrittene gedacht, die bereit sind, ihr Verhalten vor dem Hintergrund der persönlichen Biografie zu betrachten. Dies kann bei den Teilnehmenden wichtige „Aha-Erlebnisse" bewirken. Kommt man allerdings zu früh auf Projektionen und Übertragungen zu sprechen, fühlen sich die Angesprochenen möglicherweise in Frage gestellt und reagieren leicht mit Widerstand.

Kontakt herstellen

In Kon-Takt mit einer anderen Person zu sein bedeutet im ursprünglichen Wortsinn, sich „im gleichen Rhythmus" zu befinden. Dies gilt für verbale wie für nonverbale Erlebnisebenen. Vielleicht haben Sie auch schon beobachtet, dass Menschen, die sich in gutem Kontakt miteinander befinden, sich in Körperhaltung, Atemrhythmus, Sprachgeschwindigkeit, Lautstärke und sogar im Sprachstil einander angleichen. So geht es in den folgenden Experimenten um eine genaue Selbst- und Fremdwahrnehmung als Voraussetzung für einen guten Kontakt.

8 Blickkontakt

Das Ziel dieser Übung besteht darin, Blickkontakt (aus-) halten zu lernen. Dabei geht es nicht darum, künftige „Blickkontakt-Kämpfe" bestehen, sondern einen guten Kontakt mit Aufmerksamkeit und Präsenz gestalten zu können.

Durchführung

Es werden Dyaden gebildet, die sich anschließend zu konzentrischen Kreisen anordnen.

Die einander gegenüber sitzenden Partner haben die Aufgabe, sich auf ein Signal hin eine Minute lang in die Augen zu blicken, nur betrachtend und ohne innerlich zu bewerten. Dann findet ein kurzer Austausch in den Dyaden statt. Danach rückt der Außenkreis einen Platz nach rechts, damit neue Paarungen entstehen. Diese Prozedur wird 3 bis maximal 5 Mal wiederholt.

Anschließend erfolgt eine Auswertung der Erfahrungen im Plenum.

Praxishinweis

Es handelt sich um eine klassische Übung aus dem Gesprächsführungstraining. Sie wird immer wieder als aufregend erlebt und erzeugt verschiedentlich auch Widerstand, da es im normalen Umgang miteinander eher ungewöhnlich ist, sich so lange unverwandt in die Augen zu blicken. Weisen Sie die Teilnehmenden auf den experimentellen Charakter und den Trainingseffekt dieser Übung hin.

9 Gemalter Dialog

Diese Übung vermittelt eine differenzierte und intensive Erfahrung in nonverbaler Kommunikation. Über die Kontaktaufnahme hinaus kann zwischen den Partnern ein dichtes nonverbales „Gespräch" und eine authentische, sehr persönliche Begegnung entstehen.

Durchführung

Die Teilnehmerinnen finden sich zu Dyaden zusammen und legen zwischen sich einen Bogen Papier (mindestens in der Größe Din A3). Dann sucht sich jede Person eine Malkreide eigener Wahl aus.

Die beiden Personen haben 15 Minuten Zeit, ein gemeinsames Bild zu malen, ohne miteinander zu sprechen oder sich mit Gesten oder Zeichen zu verständigen. Für den Malprozess gilt folgende Regel: Ein Partner fängt an. Wenn er den Stift zum ersten Mal absetzt, ist der andere an der Reihe. Wenn dieser den Stift absetzt, wieder der erste etc.

Anschließend werten die Dyaden ihre Erfahrungen unter folgenden Fragestellungen aus:

- Was habe ich während des Prozesses mit mir und dir erlebt?
- Wessen Bild ist es geworden? Zu wem hin ist es orientiert?
- Was war meine Rolle im Prozess?
- Wie habe ich mich in Bezug auf Führen oder Folgen erlebt?
- Wo fand echte Begegnung statt?
- Wo gab es Distanz, Irritation und Auseinandersetzung?

Die Übung schließt ab mit einem Austausch im Plenum zur Frage: Was habe ich in diesem nonverbalen Dialog über mich erfahren?

Praxishinweis

Diese Übung eignet sich vor allem zum Beginn von Treffen in Langzeitgruppen sowie im Anschluss an längere verbal dominierte Trainingsphasen.

10 Rücken an Rücken

In dieser nonverbalen Übung geht es um Achtsamkeit im Kontakt mit einer anderen Person und um das Thema Führen und Folgen.

Durchführung

Es werden Dyaden gebildet, die sich Rücken an Rücken stellen und sich dabei berühren. Die Paare haben die Aufgabe, sich im Raum zu bewegen, ohne zu sprechen und unter unbedingter Beibehaltung des Rückenkontakts.

Nach 3 bis 5 Minuten findet ein Austausch in den Dyaden statt.

Leitfragen für die Auswertung:

- Wie waren Führen und Folgen verteilt?
- Mit Hilfe welcher Signale haben wir uns verständigt?
- Wie leicht bzw. schwer fiel es uns, den Kontakt beizubehalten?
- Wer hat dafür die Hauptverantwortung übernommen?
- Welche Verhaltensmuster erkenne ich bei mir wieder?
- Gab es aus unserer Sicht geschlechtstypische Verhaltensmuster?

Es folgt ein kurzer Erfahrungsaustausch im Plenum.

Weiterführung

Es werden neue Dyaden gebildet. Sie bekommen die gleiche Anweisung, mit dem Unterschied, dass sie ein ihnen nicht vertrautes Verhaltensmuster ausprobieren sollen. Die Auswertungsfrage lautet: Welches Muster hat die andere Person ausprobiert?

Praxishinweise

Die Übung macht den Teilnehmern ihre individuellen Muster der Kontaktaufnahme deutlich, wie z. B. Abwarten, Losgehen, Kontakt halten, sich auf einen Partner einstellen, selbst die Führung übernehmen etc. Ein ruhiges klassisches Musikstück während dieser Übung wird von den Teilnehmenden häufig als angenehm empfunden.

Bei vertrauten Gruppen kann eine gegengeschlechtliche Zusammensetzung der Dyaden interessant sein. Sie ermöglicht in besonderer Weise das Erkennen geschlechtstypischer Verhaltensweisen.

11 Ein-Wort-Dialog

Die Übung ist gut geeignet, komplexe Kommunikation zu reduzieren und besser beobachtbar zu machen.

Theorie-Input

Ein guter Kontakt zwischen Menschen äußert sich auch darin, ob sie ähnliche Sprachbilder verwenden und ob sie den verwendeten Wörtern eine übereinstimmende oder jedenfalls ähnliche Bedeutung geben. Wenn das der Fall ist, kann ein Gleichklang entstehen, der nicht durch provozierende Gegensätze oder gravierende Decodierungsprobleme gestört wird.

Durchführung

Es werden Triaden gebildet, bestehend aus zwei Gesprächspartnern und einer Beobachterin. Die Gesprächspartner setzen sich auf Stühlen Rücken an Rücken und führen einen Dialog, der ausschließlich aus abwechselnd geäußerten einzelnen Wörtern besteht. Die Beobachterin führt ein Protokoll über die Wortfolge.

Die Auswertung erfolgt in den Triaden unter diesen Fragestellungen:

- Was waren die Themen des Dialogs?
- In welchen Phasen bestand Kontakt? In welchen nicht?
- Welche Wortfolgen haben zu Kontakt bzw. Distanz geführt?

Beim Austausch im Plenum können Kriterien für einen guten Kontakt zusammengetragen werden.

Praxishinweis

Ein-Wort-Dialoge eignen sich hervorragend zur Bearbeitung festgefahrener oder emotional eskalierter Konflikte. Es werden verbale Ungleichgewichte ausbalanciert, und die Beteiligten verwenden ihre „kostbaren" Worte nicht dazu, sich gegenseitig zu beschimpfen, sondern einander das ihnen Wesentliche mitzuteilen. So wird unter anderem deutlich, worum es den Konfliktparteien tatsächlich geht, wie sie aufeinander zugehen bzw. sich voneinander entfernen. In aller Regel wird eine anschließende Konfliktklärung dadurch wesentlich erleichtert.

Erwartungen klären

Damit ein Gespräch für beide Seiten befriedigend verläuft, müssen die Erwartungen und Aufgaben beiderseitig geklärt und mit einer grundsätzlichen Ebenbürtigkeit der Gesprächspartner in Einklang gebracht werden. Voraussetzung dafür ist es, dass die Erwartungen von beiden Seiten deutlich benannt und die Themen des Gesprächs übereinstimmend vereinbart werden. Diese scheinbare Selbstverständlichkeit wird in der Gesprächsführung oft sträflich missachtet. Das Ergebnis sind eine ungleiche Verteilung von Aktivität, Missverständnisse und gegenseitige Vorwürfe.

Die folgende Übung macht bewusst, welche Bedeutung die Klärung der Erwartungen hat und welche Aspekte dabei zu beachten sind.

12 Erwartungen abgleichen

Die Übung dient dem präzisen Abgleichen der Erwartungen eines Ratsuchenden an eine Beraterin.

Durchführung:

Es werden Dyaden gebildet. Sie haben folgende Aufgabe: A überlegt sich ein reales Problem, B ist die Beraterin. A benennt das Thema bzw. Problem, um das es ihm geht. B fragt nach, welche Erwartungen A in Bezug auf die Bearbeitung des Problems an B hat.

Wenn B glaubt, die Erwartungen von A verstanden zu haben, schreiben beide unabhängig voneinander diese Erwartungen so genau wie möglich auf. Danach vergleichen sie ihre Notizen unter folgenden Aspekten:

- Haben beide die Erwartungen von A übereinstimmend formuliert?
- Wenn ja: Wie stimmig ist die Erwartung von A in Bezug auf
  - Aktivität und Passivität,
  - Selbstverantwortung,
  - Machbarkeit,
  - Lösungsorientierung.
- Wenn nein: Greift die von B gehörte Erwartung weiter oder kürzer, als A es wollte? Welchen der oben genannten Aspekte betrifft das?

13 Erwartungsklärung in Triaden

Die Übung dient der Klärung einer ausgewogenen Erwartungshaltung zu Beginn einer Beratung.

Theorie-Input

Auf der bewussten Ebene wünschen wir uns ein Gegenüber, das uns hilft, aus einem Problem heraus zu kommen, in dem wir fest stecken. Unbewusst jedoch neigen wir häufig dazu, die Beratung so zu gestalten, dass wir den Gesprächspartner im Netz unserer eigenen Wirklichkeitskonstruktionen verstricken. So legen wir es beispielsweise darauf an,

- dem Berater die Hauptaktivität abzuverlangen,
- ihm die Verantwortung für die Lösung zuzuschieben,
- ihm zunächst übertriebene Avancen zu machen,
- ihn dann aber für die Bestätigung der Unlösbarkeit des Problems zu vereinnahmen.

Wenn dies gelingt, haben wir den Berater so in unseren Bezugsrahmen eingebunden, dass keine weiterführende Lösung mehr möglich ist. Deshalb ist es wichtig, die folgende Fragen zur Erwartungsklärung im Auge zu behalten:

1. Was erwarten Sie von mir bei der Arbeit an Ihrem Problem?
2. Auf welche Weise könnte ich Ihnen konkret am besten helfen?
3. Inwiefern würde Ihnen das nützen, Ihr Problem zu lösen?
4. Was können Sie selbst dabei übernehmen?

Durchführung

Es werden Triaden gebildet. A schildert ein authentisches Problem. B fragt nach, welche Erwartungen A hat. Dabei greift B auf die oben genannten Fragen zur Erwartungsklärung zurück. Ist die Klärung zwischen A und B beendet, gibt C Rückmeldung, ob und wodurch eine stimmige Erwartungsklärung erreicht wurde.

Anschließend erfolgen zwei weitere Runden mit Rollenwechsel, bis alle in jeder Rolle agiert haben.

Vergleichen Sie zu diesem Abschnitt auch die Übungen zum Thema „Mit Verträgen arbeiten“ auf den Seiten 83 bis 88.

Informationen zum Thema einholen

In der Einstiegsphase eines Beratungs- oder Sachgesprächs ist es wichtig, sich eine differenzierte Problembeschreibung geben zu lassen und die dafür notwendigen Informationen einzuholen. Es ist jedoch – unter ratgebenden Freunden und bisweilen auch unter professionellen Beratern – ebenso verbreitet wie unproduktiv, mit raschen Lösungsvorschlägen aufzuwarten, bevor überhaupt klar ist, um welches konkrete Problem es eigentlich genau geht.

Besonders abträglich sind in einer frühen Gesprächsphase

- wertende Kommentare,
- Dramatisieren oder Bagatellisieren,
- überstrukturierende und einengende geschlossene Fragen.

14 Der Nutzen konstruktiver W-Fragen

Die folgende Übung dient dazu, die ungünstige Wirkung bestimmter Interventionen und die Nützlichkeit offener, konstruktiver W-Fragen deutlich zu machen.

Theorie-Input

In der Anfangsphase von Gesprächen werden oft bestimmte Interventionen benutzt, die aus scheinbar wohl meinenden Motiven erwachsen:

Bagatellisieren	Motiv: Trösten, erleichtern
Dramatisieren	Motiv: Anteilnahme
Wertungen	Motiv: Engagierte Beteiligung
Ratschläge	Motiv: Hilfestellung

Diese weit verbreiteten Interventionen wirken oft blockierend. Sie sind auf der verdeckten Ebene vom Eltern-Ich an das Kindheits-Ich gerichtet. Sie enthalten Botschaften wie zum Beispiel:

Bagatellisieren	*Wie du übertreibst! Wenn's weiter nichts ist ...*
Dramatisieren	*Das ist ja schrecklich, wie hältst du das nur aus.*
Wertungen	*Ich sage dir, wie du das zu sehen hast.*
Ratschläge	*Ich sage dir, wie man solche Probleme löst.*

Auch Ratschläge gehen nur scheinbar vom Erwachsenen-Ich (ER) aus.

Sie aktivieren nicht das ER, sondern locken das angepasste Kind der Ratsuchenden.

Konstruktive W-Fragen dagegen stimulieren das ER. Die Energie der Rat suchenden Person wird aktiviert. Sie findet die ausgeblendeten oder unbeachteten Aspekte selbst und gewinnt oft allein dadurch eine neue Sichtweise und manchmal sogar die Lösung des Problems.

Zwei W-Fragen gehören allerdings absolut nicht in das empfehlenswerte Repertoire zur Gesprächsführung: „Wieso?“ und „Warum?“. Diese ausforschenden und oft verdeckt vorwurfsvollen Fragen stimulieren nicht das ER, sondern das angepasste oder rebellische Kind, das sich angegriffen fühlt.

Durchführung

Die Gruppe wird zunächst in A's und B's aufgeteilt. Alle A's überlegen sich ein Beratungsanliegen. Dieses Anliegen werden sie nacheinander in sechs Runden mit wechselnden Gesprächspartnern besprechen.

Die B's erhalten das Handout (siehe unten) und machen sich mit den unproduktiven Interventionen und offenen W-Fragen vertraut. Danach erhalten sie – ohne dass die A's mithören – die folgende Instruktion:

„Sie werden in wechselnden Dyaden mit sechs Gesprächspartnern deren Anliegen erörtern. In der ersten Runde bagatellisieren Sie das Anliegen Ihres Gesprächspartners. Nach 2 bis 3 Minuten wechseln Sie auf mein Signal hin zum nächsten Gesprächspartner. Dann dramatisieren Sie sein Anliegen. In der nächsten Runde werten Sie ... etc. Runde für Runde reagieren Sie auf das Anliegen Ihres Gesprächspartners mit den im Handout beschriebenen Reaktionsmustern, und zwar ohne unrealistische Übertreibung. In der fünften Runde verwenden Sie ausschließlich offene W-Fragen.“

Auswertung

Fordern Sie die Gesprächspartner der letzten Dyade zum Austausch auf, wie die A's das Verhalten der BeraterInnen in den verschiedenen Runden erlebt haben. Wie haben sie innerlich (gedanklich und emotional) und äußerlich (in ihrem Gesprächsverhalten) reagiert? Ist ihnen deutlich geworden, welche Interventionen die BeraterInnen angewendet haben? Anschließend werden im Plenum die wesentlichen Erkenntnisse aus den Gesprächen zusammen getragen.

Handout 3: Unproduktive Interventionen

1. Runde: Bagatellisieren

Das kenne ich auch. Das passiert vielen.
Das ist nicht so schlimm, wie man zuerst denkt.
Warte mal ab, das gibt sich schon wieder!
Das wird er/sie nicht so gemeint haben.
Es gibt Schlimmeres. Da kommst du schon durch.

2. Runde: Dramatisieren

Das ist ja eine Katastrophe! Wie hältst du das nur aus?
Ich an deiner Stelle wüsste nicht mehr ein noch aus.
Wie kann er/sie sich nur so furchtbar verhalten?
Das muss ja schrecklich für dich gewesen sein.
Ob das man gut geht.

3. Runde: Wertungen

Wie konntest du das nur tun?
Es ist wirklich unmöglich, wie ... sich verhalten hat.
Das darfst du dir nicht gefallen lassen.
Ich finde ganz schlimm, wie ....
Da darfst du dich aber auch nicht wundern, wenn du ...

4. Runde: (verdeckte) Ratschläge

Hast du schon mal versucht ...?
Als mir das passierte, habe ich ...
Da gibt es nur eines: ...
Da solltest du auf jeden Fall ...
Warum hast du nicht ... gemacht?

5. Runde: Offene, konstruktive W-Fragen

Woran merkst du das?
In welchen Situationen passiert es so?
Wo, wie, wie oft, wann, mit wem, wer, was ...?
Wie geht es dir dann?
Was tust du dann?

15 Lamentieren

In dieser Übung können die Teilnehmenden lernen, produktive von unproduktiven Reaktionen auf Probleme zu unterscheiden.

Durchführung

In Einzelarbeit oder Kleingruppen wird der folgenden Bogen ausgefüllt.

Handout 4: Mir geht es gar nicht gut

Gesprächs-eröffnungen	Wertungen Ratschläge	Alternative Fragen	Öffnende Fragen
Mir geht es heute gar nicht gut.			
Ich fühle mich oft so ausgelaugt.			
Mein Chef hackt ständig auf mir rum.			
Ich weiß nicht, wie ich es anpacken soll.			

Auswertung

Häufig wird den Teilnehmenden die Wirkungsweise der verschiedenen Reaktionen durch das bloße Ausfüllen des Bogens deutlich. Es macht allerdings auch Spaß, einige Ergebnisse im Plenum vorzulesen.

Im Hier & Jetzt arbeiten

Insbesondere in Konfliktgesprächen kommt es vor, dass die Betreffenden ihre Energie nicht für eine Lösung im Hier und Jetzt investieren, sondern „alte Kamellen" aufwärmen und sich hartnäckig daran festbeißen. Klassische Einleitungen lauten: *Was ich dir eigentlich schon lange mal sagen wollte ...* oder *Über das ... werde ich niemals hinweg kommen ...* Wir neigen in unterschiedlichem Ausmaß dazu, alte unerledigte Geschichten auszugraben, um sie anderen Menschen immer wieder vorzuhalten oder besser: hinterher zu tragen.

Das Abdriften aus dem Hier und Jetzt hin zum Dort und Damals behindert die authentische Begegnung mit den realen Personen. Die Gefahr von Übertragungen sowie die Tendenz, Gefühls-Rabattmarken einzulösen, nehmen zu. Die Auseinandersetzung mit der Gegenwart tritt in den Hintergrund zugunsten einer rechthaberischen Rekonstruktion der Vergangenheit.

Um den Blick für ein derartig unproduktives Gesprächsverhalten zu schärfen, ist es sinnvoll, sich zunächst die eigenen „alten Kamellen" anzuschauen.

16 Panorama meiner „alten Kamellen"

Diese Übung zeigt die Gefahr der Trübung durch alte unerledigte Geschichten und fördert die Fokussierung auf Gegenwart und Zukunft.

Theorie-Input

Wenn wir an alten Ereignissen festhalten, ist ein beträchtlicher Teil unserer psychischen Energie gebunden. Im Bild gesprochen: Nach-tragend zu sein bedeutet, eine Last zu tragen. Indem wir sie anderen vor-halten, sind unsere Hände nicht frei für Neues. Motive für das Festhalten an alten Geschichten sind häufig:

- nachträglich Recht zu bekommen,
- anderen Schuldgefühle zu machen,
- von eigener Unzulänglichkeit oder eigenen Fehlern abzulenken,
- nicht an Gegenwart und Zukunft zu denken,
- Gefühls-Rabattmarken immer wieder zur Entlastung einzulösen.

Durchführung

Die Teilnehmer bearbeiten in Einzelarbeit folgende Fragen:

1. Welche Geschichten wärme ich gerne auf? Wem gegenüber?
2. In welchen Situationen hole ich gern „alte Kamellen" hervor?
3. Welche Gefühle erlebe ich dabei?
4. Was habe ich davon?
5. Was vermeide ich dadurch?
6. Was brauche ich, um die alten Geschichten abzuschließen?
7. Was kann ich selbst dafür tun?
8. Welchen konkreten Schritt werde ich tun?

Auswertung

Anschließend findet ein Austausch in Dyaden statt, wobei sich die Partner gegenseitig darin unterstützen sollen, den unter 8. genannten Schritt konkret anzugehen.

„Ich" statt „Man" und „Wir" verwenden

Es hat sich herum gesprochen, dass Ich-Botschaften in der Gesprächsführung von großem Vorteil sind. Gleichwohl ist der Gebrauch von „Man"-, „Wir"- und „Du"-Botschaften so verbreitet, dass es sich lohnt, in jedem Training zu diesem Komplex eine Übung zu platzieren. Sie führt meist auf erheiternde Weise zu einer erhellenden Erkenntnis.

Um das Gefühl für die Wirkung der verschiedenen Redeweisen zu stärken, wird für begrenzte Zeit eine humorvolle (!) Übertreibung verordnet, die deutlich macht, worin der Sinn und Unsinn der Redeweisen liegt. Der Focus sollte darauf liegen, dass Ich-Botschaften die Kommunikation lebendiger, echter und beziehungsreicher machen. Ich-Botschaften zu benutzen heißt, in persönlicher Verantwortung zu reden – in Bezug auf eigenes Denken, Fühlen und Verhalten.

17 In persönlicher Verantwortung reden

Die Teilnehmenden erfahren in kurzen Gesprächsequenzen den Charakter und die Wirkung der verschiedenen Aussageformen.

Durchführung

Zunächst werden Triaden gebildet. Die Teilnehmenden überlegen sich ein Thema, über das sie sich unterhalten wollen (Familie und Arbeit, politisches Engagement, Frauen, Gleichberechtigung, Rauchen u. ä.). Dann führen sie das Gespräch in vier Phasen von 2 bis 3 Minuten Dauer nach folgenden Regeln:

1. Phase: Nur MAN-Aussagen

2. Phase: Nur WIR-Aussagen

3. Phase: Nur DU- oder SIE-Aussagen

4. Phase: Nur ICH-Aussagen

Signalisieren Sie als Leiterin Beginn und Ende jeder Runde.

Auswertung

Erfahrungsaustausch in den Triaden zu den drei Gesprächsrunden. Anschließend werden im Plenum die wesentlichen Erkenntnisse zusammen gefasst. Ergänzend können Sie das folgende Handout verteilen.

Handout 5: Man-, Wir-, Du-, Ich-Botschaften

Man-Botschaften

- setzen Normen, ohne die Gründe zu nennen,
- dienen als Ausflüchte und zum Versteckspielen,
- verwischen klare Beziehungen,
- wirken als Killer einer prägnanten, lebendigen Kommunikation.

Wir-Botschaften

- suggerieren Gemeinsamkeiten, die vielleicht gar nicht da sind,
- schieben etwas unter und wirken vereinnahmend,
- verwischen die Intention und Verantwortlichkeit,
- rufen Anpassung oder Widerstand hervor.

Du-Botschaften

- werden leicht als bedrängend und fordernd erlebt,
- sind oftmals Zuschreibungen oder Rat-Schläge,
- provozieren Verteidigungsreaktionen,
- können auf der Basis von Ich-Botschaften als Türöffner wirken.

Ich-Botschaften

- sind offen und kalkulierbar,
- benennen eigene Bedürfnisse und Verantwortlichkeiten,
- öffnen die Tür zur emotionalen Ebene,
- sind konfrontierend, ohne anzugreifen.

Wichtige Inhalte paraphrasieren

Vielleicht kennen Sie aus eigener Erfahrung die folgende Situation: Zwei oder mehrere Menschen monologisieren aneinander vorbei, ohne im Geringsten aufeinander Bezug zu nehmen. Oder Sie haben das Gefühl, Sie und Ihre Gesprächspartnerin reden von verschiedenen Dingen und somit vollständig aneinander vorbei. Oder Sie äußern Kritik und bekommen als Reaktion einen sofortigen Gegenvorwurf.

In all diesen Fällen fehlt das Signal, dass Sie mit Ihrem Anliegen gehört, verstanden und vielleicht sogar akzeptiert worden sind. Der weitere Verlauf ist dann meist durch eine hohe Neigung zur Eskalation gekennzeichnet. Die Auseinandersetzung erhält eine existentielle Grundnote. Es geht nicht mehr um das ursprüngliche Anliegen, sondern es entwickelt sich ein Kampf darum, als Person wahrgenommen zu werden und die eigenen Position zu behaupten.

Theorie-Input

Die Voraussetzung für einen echten Dialog besteht darin, dass ich verstehe, worum es meinem Gegenüber tatsächlich geht, und dass ich sicher bin, selbst gehört und verstanden zu werden. Dafür hilft nichts so gut wie das Paraphrasieren: das Wiedergeben der Aussagen meiner Gesprächspartnerin mit eigenen Worten, so dass sie überprüfen kann, ob ich ihr Anliegen richtig verstanden habe.

Das Paraphrasieren

- erfüllt das Bedürfnis, wahrgenommen und akzeptiert zu werden,
- gewährleistet gegenseitiges Verstehen,
- regt zur Selbstreflexion an,
- hilft, in schwierigen Gesprächsverläufen Zeit zu gewinnen.

Die Herausforderung beim Paraphrasieren besteht darin, mit der Aufmerksamkeit bei meiner Gesprächspartnerin zu sein, ohne mich beim Zuhören schon von eigenen Vermutungen, Interpretationen und Gefühlen ablenken zu lassen. Meine Aufgabe ist es, die Essenz des Gehörten zusammenzufassen, ohne dabei den Inhalt zu verfremden. Wenn meine Gesprächspartnerin mir signalisiert, dass sie sich verstanden weiß, kann ein echter Dialog beginnen.

Mit den folgenden Übungen greifen wir auf bewährte Trainingsverfahren aus der nondirektiven Gesprächsführung zurück.

18 Paraphrasieren

Ziel ist es, den Gesprächspartner richtig zu verstehen, ohne eigene Anteile oder Interpretationen mit hinein zu mischen.

Durchführung

Die Teilnehmenden werden aufgefordert, sich ein Thema auszusuchen, das sie real beschäftigt. Danach werden Triaden gebildet.

- A teilt B mit, was ihn beschäftigt, und berücksichtigt dabei Aspekte des Denkens, Fühlens und Verhaltens.
- B hört zu, ohne zu unterbrechen.
- Wenn A fertig ist, paraphrasiert B den Bericht von A.
- A hört zu und bestätigt oder korrigiert die Paraphrase von B.
- B muss die korrigierten Passagen so lange paraphrasieren, bis A voll und ganz zustimmt.
- C gibt Feedback zum Gesprächsverlauf.

Es werden zwei weitere Runden durchgeführt: C paraphrasiert B und A paraphrasiert C. Anschließend findet in der Triade ein Austausch statt, was besonders schwer oder leicht gefallen ist. Im Plenum werden die Ergebnisse vorgestellt und besprochen.

Weiterführung: der kontrollierte Dialog

In dieser komplexeren Übung findet ein mehrschrittiger Dialog nach den Regeln des Paraphrasierens statt:

Nachdem A sein Anliegen mitgeteilt und die Paraphrase von B bestätigt hat, ist B an der Reihe, mit einer eigenen Aussage fortzufahren, worauf hin A paraphrasiert, was sie von B verstanden hat, und so fort.

Praxishinweis

Unschärfen entstehen im Paraphrasieren häufig dadurch, dass bewertet oder verdeckt interpretiert wird, dass die mitgeteilten Gefühle nicht benannt werden oder die eigene Sicht der Dinge mit hinein „gemogelt" wird. Für ungeübte Gruppen ist die Übung recht schwer, da ihnen die genannten Unschärfen zunächst nicht auffallen. In diesem Fall ist es günstig, wenn Sie als Trainer ein Beispiel im Plenum vorspielen lassen und dabei selbst eine der beiden Rollen einnehmen.

Häufig berichten die Teilnehmenden, dass Sie der Informationsflut nicht gewachsen waren und Mühe hatten, sämtliche Inhalte zu behalten. Wir weisen dann darauf hin, dass es erlaubt und bisweilen sogar wichtig ist, den Redefluss zu unterbrechen und zunächst einmal bis dahin zu paraphrasieren. Denn wenn einer der Gesprächspartner durch den zu langen Redefluss genervt ist und auf „Durchzug" stellt, geht er aus dem Kontakt heraus und verabschiedet sich aus dem Dialog.

19 Aktives Zuhören

Die Grundstruktur dieser Übung entspricht dem Paraphrasieren, nur geht es jetzt darum, nicht nur den Gesprächsinhalt, sondern zusätzlich die unausgesprochenen Gefühlsinhalte wiederzugeben. Dahinter steht die Erfahrung, dass es häufig die nicht verbal geäußerten Gefühle sind, die den Schlüssel zum tieferen Verständnis einer Problemlage beinhalten. (Siehe auch die Ausführungen zum 3-Ebenen-Modell auf Seite 212.)

Praxishinweis

Paraphrasieren und aktives Zuhören erfordern in hohem Maße, von sich selbst abzusehen und mit der eigenen Aufmerksamkeit ganz bei der anderen Person zu sein, mit der ausschließlichen Absicht, diese mit allen Nuancen zu verstehen. Aus diesem Grund ist es angemessener, eher von einer Haltung als von einer Gesprächstechnik zu sprechen.

Besonders beim aktiven Zuhören besteht durch den höheren interpretatorischen Anteil (das Benennen der nicht ausgesprochenen Gefühle) die Gefahr des – wie wir es nennen – „Para-Frisierens", d. h. der allmählichen Durchmischung des Wahrgenommenen mit eigenen Anteilen durch unmerkliches Redefinieren. Ein sicherer Hinweis dafür liegt dann vor, wenn sich meine Gesprächspartnerin zunehmend genötigt sieht, mein „einfühlsames" Paraphrasieren zu korrigieren.

Körperausdruck und Gefühlsinhalte beachten

Jegliche Kommunikation ist begleitet von emotionaler Gestimmtheit, die sich in Mimik und Gestik ausdrückt. Eine genaue Wahrnehmung von Körpersignalen ist von großer Bedeutung für eine stimmige Kommunikation. Wir stellen Ihnen zwei Übungen vor, die geeignet sind, die Wahrnehmungsfähigkeit in diesen Bereichen zu üben.

20 Arm bewegen

In dieser Übung können die Teilnehmenden lernen, sich anzuvertrauen und zugleich ihre Selbst- und Fremdwahrnehmung zu verfeinern.

Durchführung

Es werden Dyaden gebildet. A setzt sich auf einen Stuhl, B stellt sich daneben. B hat die Aufgabe, den rechten Arm von A langsam zu bewegen: zunächst nur die Finger, dann das Handgelenk, gefolgt vom Ellenbogengelenk, und schließlich wird der ganze Arm angehoben und unter Einbeziehung des Schultergelenks behutsam bewegt. Der Arm muss dabei immer sicher gehalten werden. Die Bewegungen dürfen auf keinen Fall schmerzhaft sein. Während der Übung soll nicht gesprochen werden. Dauer eines Durchgangs: mindestens 5 Minuten. Danach findet in den Dyaden ein Austausch statt:

- Wie leicht fiel es mir, mich anzuvertrauen?
- Wo habe ich Spannungen und Widerstand gespürt?
- Hat einer der Partner Widerstand oder Kontrollbedürfnis wahrgenommen (Festhalten oder vorauseilenden Gehorsam)?

Nach dem Austausch werden die Rollen gewechselt.

Praxishinweis

Die Art des Widerstands spiegelt in verblüffender Weise das Kontrollbedürfnis der Betreffenden in Kommunikationssituationen wider. Drei Varianten des Widerstands bzw. der Kontrolle sind zu beobachten:

1. Widerstand bzw. Kontrolle durch Anspannen und Festhalten
2. Widerstand bzw. Kontrolle durch vorauseilenden Gehorsam
3. Überlassen des Armes bei gleichzeitiger Gefühllosigkeit

21 Ich male, was ich höre

Die Übung unterstützt ein einfühlsames, ganzheitliches Erfassen von Gesprächsinhalten durch Übertragung in eine andere Erlebnisebene.

Durchführung

Es werden Dyaden gebildet. Jede Dyade enthält zwei halbe Flipchartbögen und einen Kasten Wachsmalstifte.

A und B setzen sich seitlich oder mit den Rücken zueinander, so dass sie sich während der Übung nicht anschauen. A beginnt und erzählt B von einer Begebenheit, die ihn in jüngster Zeit beschäftigt hat. B hört zu und malt während des Zuhörens ein Bild, das seinem Eindruck nach die von A mitgeteilten Inhalte und Empfindungen wiedergibt.

Nach 10 bis 15 Minuten oder wenn A das Gefühl hat, ein Ende gefunden zu haben, stellt B das Bild vor und erläutert es. Aspekte für die Auswertung sind:

- Wie ist es A dabei gegangen, zu erzählen, ohne dass jemand unmittelbar reagiert hat?
- Wie leicht bzw. schwer fiel es B, sich in A einzufühlen und die Inhalte und Empfindungen bildnerisch darzustellen?
- Erkennt A im Bild den Inhalt seiner Erzählung wieder?
- Ergeben sich für A aus dem Bild neue Aspekte, die ihm bisher so nicht bewusst waren?

Praxishinweis

Der Transfer in eine andere Erlebnisebene ist für viele Menschen ungewohnt. Deshalb eignet sich diese Übung eher für trainingserfahrene Personen oder für Trainingsreihen, bei denen die Teilnehmenden bereits miteinander vetraut sind. Die gestalterische Umsetzung von Gesprächsinhalten erfordert und fördert eine erhöhte Sensibilität für die Partnerin.

Lässt sich die Gruppe darauf ein, sind die Erfahrungen durchweg positiv, da sich der Wahrnehmungshorizont erweitert und zu einem tieferen gegenseitigen Verstehen führt.

Interpretationen deutlich machen

Sobald sich Menschen begegnen, beginnen sie, Vermutungen übereinander anzustellen. Dabei handelt es sich um Interpretationen, die auf der Basis bestimmter Wahrnehmungen erfolgen. Wahrnehmungen sind nach unserer Definition all die Aspekte der Realität, über die es in einer Gruppe von Menschen keine zwei Meinungen gibt. Dies gilt sowohl für die Wahrnehmung der Außenwelt als auch für eigene Körperempfindungen, weil nur ich selbst darüber Auskunft geben und diese Erfahrung nicht mit anderen teilen kann.

Das heißt jedoch nicht, dass ich nicht auch selektiv wahrnehme und daher nicht alles Wahrnehmbare auch tatsächlich bemerke.

Viele Missverständnisse und Verwicklungen entstehen dadurch, dass Menschen ihre Wahrnehmungen bewusst oder unbewusst mit Interpretationen vermischen, dies aber als objektive Realität ausgeben. So ist zum Beispiel die Aussage, dass sich jemand freut, eine Behauptung über einen inneren Prozess, über den ich im Grunde nichts Genaues weiß. Ich kann lediglich wahrnehmen, dass jemand lächelt. Ob das Lächeln ein Anzeichen für Freude ist, ist dagegen keineswegs sicher. Es kann auch ein gelerntes Ritual, ein Ausdruck von Unsicherheit oder das Überspielen einer unangenehmen Situation sein.

Wir wollen damit keinesfalls bestreiten, dass unsere Interpretationen aufgrund einer ausgeprägten Intuition, Empathie oder gegenseitigen Vertrautheit einen hohen Wahrheitsgehalt besitzen können. Wichtig ist es jedoch, die Grenze zwischen Wahrnehmung und Interpretation zu kennen und zu beachten. Diesem Ziel dienen die folgenden Trainingsvorschläge.

22 Ich nehme wahr – ich vermute

Ziel ist es, genau zwischen Wahrnehmung und Vermutung zu unterscheiden.

Durchführung

Die Teilnehmerinnen finden sich zu Dyaden zusammen und setzen sich einander gegenüber. In einem ersten Durchgang fängt A an, B fünf Wahrnehmungen mitzuteilen, stets beginnend mit dem Satz: *Ich nehme wahr ...*

Die Mitteilungen können sich auf äußerlich wahrnehmbare Aspekte (*Ich nehme wahr, dass Sie lächeln)* ebenso wie auf eigene innere Prozesse beziehen (*Ich nehme wahr, dass ich mich anstrenge, müde bin ...)* Danach werden die Rollen getauscht.

Es findet eine kurze Auswertung in den Dyaden über die Frage statt, ob es sich wirklich um Wahrnehmungen handelte oder ob verdeckte Wertungen (*Sie haben eine geschmackvolle Uhr)* oder Behauptungen über innere Vorgänge (*Sie sehen entspannt aus)* enthalten waren. Es folgt eine kurze Auswertung im Plenum.

In einer zweiten Runde äußern A und B übereinander in gleicher Weise Wahrnehmungen und Vermutungen: *Ich nehme wahr ... und vermute ...* in dreimaligem Wechsel. Auch hier folgen die beiden oben erwähnten Auswertungsschritte.

Variante

Anspruchsvoller ist die unmittelbare Verknüpfung von Interpretation (Vermutung) und Wahrnehmung. Dazu schlagen wir vor, zunächst mit den Vermutungen zu beginnen. Sie sind es, die uns in der Regel als erstes durch den Kopf gehen, wenn wir einer fremden Person begegnen.

A und B äußern nacheinander zunächst Vermutungen und führen diese dann auf konkrete Wahrnehmungen zurück. Diese können entweder aus dem Hier und Jetzt oder aus vergangenen Erfahrungen mit der betreffenden Person stammen.

Authentisch und selektiv kommunizieren

In der Gesprächsführung ist es ein besonders wichtiges Ziel, authentisch zu sein in dem, was wir über unser Denken und Fühlen mitteilen. Zugleich müssen wir aus der Fülle unserer Gedanken und Gefühle immer auch auswählen – in unserem und im Interesse unserer Gesprächspartnerin. Die Balance zwischen beiden Ansprüchen zu finden, ist eine wichtige Voraussetzung für gelingende Kommunikation.

23 Meine Filter

Diese Übung zeigt, wie bedeutsam eine angemessene Auswahl dessen ist, was ich mitteilen und was ich unerwähnt lassen möchte.

1. Schritt

Wählen Sie sich eine Person aus, mit der Sie Probleme haben (nicht aus der Trainingsgruppe!) und die Sie gerne einmal darauf ansprechen würden, aber sich bisher nicht getraut haben. Notieren Sie dann alles,

- was Sie an der Person wahrnehmen bzw. wahrgenommen haben,
- was Sie fühlen, wenn Sie an diese Person denken (ungefiltert!),
- was Sie am liebsten tun würden.

2. Schritt

Überlegen Sie, was Sie tatsächlich ansprechen wollen und wann Sie es tun wollen. Markieren Sie alles, was Sie anzusprechen bereit sind.

3. Schritt

Machen Sie sich bewusst, weshalb Sie bestimmte Dinge ansprechen und andere nicht ansprechen wollen. Empfinden Sie sich angesichts dieser Auswahl noch authentisch?

Auswertung

Austausch in Dyaden oder Kleingruppen zu folgenden Fragen:

- Welche Aspekte bin ich bereit anzusprechen bzw. nicht anzusprechen: Wahrnehmungen, Gedanken, Gefühle, Verhalten?
- Mit welcher Begründung entscheide ich mich so oder so?
- Was bedeutet für mich authentisch bzw. selektiv?

Die 50%-Regel beachten

Diese Regel wurde von den Teilnehmenden unserer Seminare besonders häufig als hilfreich bezeichnet. Das liegt vermutlich daran, dass sie besonders einprägsam ist und in markanter Weise auf Ungleichgewichte im Redeanteil oder in der Übernahme von Lösungsverantwortung aufmerksam macht.

Eine regelrechte Trainingseinheit zum Einüben der 50%-Regel zu entwerfen, fiel uns schwer. Ein verdecktes Beobachtungsverfahren mit nachträglicher Offenlegung des Kriteriums schätzen wir nicht. So blieb die Möglichkeit einer Selbsteinschätzung mit anschließendem Feedback durch andere Gruppenmitglieder.

24 Gesprächsbalance

Ein Impuls, den eigenen Redeanteil in Gesprächen zu reflektieren.

Durchführung

Die Teilnehmenden finden sich in Triaden zusammen. Weisen Sie darauf hin, dass es sich um eine Feedbackübung zu Aspekten des eigenen Gesprächsverhaltens handelt. Danach wird der folgende Fragebogen zunächst in Einzelarbeit bearbeitet.

Wenn alle die Fragen für sich selbst beantwortet haben, füllen sie je einen weiteren Bogen für die beiden anderen Triadenmitglieder aus. Erst danach findet ein Austausch über Selbst- und Fremdeinschätzung statt.

Es folgt ein abschließender Erfahrungsaustausch im Plenum zur Frage: Was ist mir deutlich geworden und welche Fragen habe ich noch?

Praxishinweis

Diese Übung führt mitunter zu einer heftigen Konfrontation mit dem eigenen Gesprächsverhalten, denn gerade das Gespür für den eigenen Redeanteil befindet sich häufig im „blinden Fleck" der Betreffenden.

Die Übung eignet sich besonders gut, wenn die Gruppenmitglieder sich bereits etwas besser kennen.

Handout 6: Mein Redeanteil

1. Ich schätze meinen Redeanteil in Gesprächen mit Einzelnen und Gruppen im Schnitt auf .... Prozent ein.

2. Ich frage häufig nach, wenn andere mir etwas über sich erzählen.
   stimmt +3 +2 +1 -1 -2 -3 *stimmt nicht*

3. Ich beteilige mich ungern an Gesprächen, sondern lasse lieber andere Menschen zu Wort kommen.
   stimmt +3 +2 +1 -1 -2 -3 *stimmt nicht*

4. Ich kann es schwer ertragen, in einem Gespräch selbst nicht zu Wort zu kommen.
   stimmt +3 +2 +1 -1 -2 -3 *stimmt nicht*

5. Ich übernehme die Verantwortung bei der Lösung meiner eigenen Probleme.
   stimmt +3 +2 +1 -1 -2 -3 *stimmt nicht*

6. Ich beteilige mich aktiv an der Lösung von Problemen innerhalb von Gruppen oder Beziehungen.
   stimmt +3 +2 +1 -1 -2 -3 *stimmt nicht*

7. Ich bin mit dem Ergebnis dieser Selbstreflexion sehr zufrieden.
   stimmt +3 +2 +1 -1 -2 -3 *stimmt nicht*

8. Ich möchte mich gern verändern in Bezug auf ...
   stimmt +3 +2 +1 -1 -2 -3 *stimmt nicht*

9. Was, glaube ich, werden meine beiden Triaden-Partner über mich ankreuzen?
   stimmt +3 +2 +1 -1 -2 -3 *stimmt nicht*

Bilanz ziehen

Bilanz zu ziehen heben sich manche Menschen sozusagen für ihr Sterbebett auf. Sie berauben sich damit der Möglichkeit, in kleinen Etappen immer wieder die eigene Entwicklung zu überprüfen, sich am Erreichten zu freuen oder künftig produktivere Wege zu gehen.

Für die Gesprächsführung ist es ein Muss, nach einer gewissen Strecke zu bilanzieren, wo wir stehen, welche Etappenziele wir schon erreicht haben und welche Schritte wir uns als nächste vornehmen.

25 Persönliche Bilanz

Die Übung regt dazu an, eine Zwischenbilanz zu ziehen, und zwar

- als Trainingsteilnehmerin im Blick auf die bisher gesammelten Erfahrungen und Eindrücke,
- als Anwenderin der Handbuches im Blick auf die Erfahrungen mit den Trainings- und Selbstreflexionseinheiten.

Durchführung

In Einzelarbeit werden folgende Fragen bearbeitet:

1. Was hatte ich erwartet bzw. mir zum Ziel gesetzt?
2. Was davon habe ich ganz oder teilweise erreicht?
3. Was ist bislang offen geblieben?
4. Welche Erfahrungen und Entdeckungen habe ich gemacht?
5. Wie bin ich mit meiner Beteiligung am Lernprozess zufrieden?
6. Welche eigenen Stärken und Schwächen habe ich entdeckt?
7. Welche nächsten Schritte nehme ich mir vor ?

Auswertung

Die Ergebnisse als stilles Resümee oder in Kleingruppen ausgewerten.

Variante

Ein wichtiges zurückliegendes Gespräch wird mit Hilfe der oben genannten Kriterien ausgewertet.

Grundregeln der Gesprächsführung anwenden

26 Regeln nach Wahl

Die Übung bietet Gelegenheit, selbst gewählte Regeln unter Supervision anzuwenden.

Durchführung

Es werden Triaden gebildet. A hat Gelegenheit, ein reales Problem zu bearbeiten, und trägt dieses B vor. B vergegenwärtigt sich die allgemeinen Gesprächsregeln anhand des Handouts 7 und sucht ein bis höchstens drei davon aus, die er oder sie in dem Gespräch besonders beachten will. Dies teilt B dem Beobachter C mit. Dann wird ein Beratungsgespräch von ca. 20 Minuten Länge geführt.

C gibt anschließend Feedback mit Blick auf die von B gewählten Regeln.

Anschließend werden die Rollen gewechselt und zwei weitere Gespräche geführt, so dass alle Beteiligten einmal in allen Rollen waren.

Auswertung im Plenum

- Wie konnte ich das Gelernte praktisch umsetzen?
- An welchen Punkten brauche ich noch Ergänzung und Vertiefung?

27 Selbstsupervision erproben

Die Teilnehmenden lernen eine Checkliste für die Selbstsupervision der Gesprächsführung kennen und erproben sie unter Supervision.

Durchführung

Wie in der vorigen Übung werden Triaden gebildet. A überlegt sich ein reales Problem und teilt B mit, worum es dabei gehen wird und was sein Ziel ist.

Bevor das Beratungsgespräch beginnt, vergegenwärtigt sich B die Aspekte aus den Abschnitten 1 und 2 der Checkliste und teilt C mit (z. B. durch Ankreuzen auf der Liste), auf welche Aspekte er im Gespräch besonders achten will. Dann beginnt das Beratungsgespräch.

(Weiter auf Seite 76)

Handout 7: Grundregeln der Gesprächsführung

1. **Mich auf das Gespräch vorbereiten**
   Mein Ziel? Meine Fallen, meine Stärken?
2. **Anderen mit Respekt begegnen**
   Was schätze ich am anderen? Wovon grenze ich mich ab?
3. **Kontakt herstellen**
   Blickkontakt aufnehmen.
   Körperausdruck beobachten, auf Kongruenz achten.
4. **Erwartungen klären**
   Worum geht es? Was wollen wir voneinander?
5. **Informationen zum Thema einholen**
   Öffnende Fragen stellen. Informationsflut stoppen oder strukturieren.
6. **Im Hier und Jetzt bleiben**
   Keine „alten Kamellen" durchkauen.
7. **„Ich" statt „Man" und „Wir" verwenden**
   Zu Eigenverantwortung auffordern.
   Verschleierung und Manipulation konfrontieren.
8. **Wichtige Gesprächsinhalte paraphrasieren**
   Gegenseitiges Verstehen sichern. Nicht „para-frisieren"!
9. **Körperausdruck und Gefühlsinhalte beachten**
   Innere Vorbehalte ansprechen. Zu emotionaler Offenheit ermutigen.
10. **Interpretationen deutlich machen**
    Interpretationen sparsam anwenden, kennzeichnen, anbieten.
11. **Authentisch und selektiv miteinander reden**
    Nicht alles, was wahr ist, muss ich sagen;
    aber alles, was ich sage, muss wahr sein.
12. **Die 50%-Regel beachten**
    50 % der Energie müssen beim Gesprächspartner liegen.
    Um wessen Problem geht es hier eigentlich?
13. **Bilanz und Feedback**
    Was haben wir geklärt? Was ist offen? Welche Schritte stehen an?
    Feedback zum Prozess geben.

Nach ca. 10 Minuten wird eine Auszeit vereinbart. B vergegenwärtigt sich die Abschnitte 3 und 4 der Checkliste und teilt C mit, was ihm am Gesprächsverlauf auffällt und worauf er im Fortgang achten will.

Nach weiteren 10 Minuten wird eine zweite Auszeit vereinbart. B überprüft anhand des Abschnitts 5, woauf er in der Abschlussphase achten will. Danach wird das Gespräch zum Abschluss gebracht.

Anschließend reflektiert B anhand des Abschnitts 6 den Gesprächsverlauf. C und auch A geben B Feedback unter besonderer Berücksichtigung der Aspekte, auf die B jeweils achten wollte. Danach werden die Rollen gewechselt und zwei weitere Gespräche geführt, so dass alle Beteiligten einmal in allen Rollen waren.

Auswertung im Plenum

- Wie gut gelingt mir die reflektierte Gestaltung eine Beratung?
- An welchen Punkten brauche ich noch Unterstützung?

Sie können die Checkliste den Teilnehmenden zur Unterstützung beim Transfer in die Praxis mit auf den Weg geben.

Handout 8: Checkliste zur Selbstsupervision

1. Gesprächsvorbereitung

Welches Anliegen hat mein Gesprächspartner?
Bin ich der Richtige dafür und will ich das Gespräch führen?
Was ist mein Ziel für das Gespräch?
Welche Rahmenbedingungen (Ort, Zeit etc.) halte ich für sinnvoll?
Was sind meine Stärken und wie kann ich sie wirksam einsetzen?
Was sind meine Fallen und wie kann ich sie vermeiden?

2. Anfangsphase

Was genau ist das Anliegen meines Gegenübers?
Lassen sich unsere Ziele miteinander vereinbaren?
Welche Themen wollen wir heute bearbeiten?
Was wünscht oder braucht mein Gegenüber von mir?
Soll ich lediglich als Klagemauer fungieren? Will ich das?
Was ist unser Vertrag für das Gespräch?

3. Gesprächsverlauf

Bin ich mit dem Gesprächsverlauf zufrieden?
Sind wir noch beim Thema?
Sind die Gesprächsanteile sinnvoll verteilt? (50%-Regel!)
Benutzt mein Gegenüber die produktiven Ichzustände?
Zeigt er oder sie konstruktiven Veränderungswillen?
Ist unser Gespräch lösungsorientiert?

4. Störungen

Sind unproduktive Ichzustände im Spiel?
Sind wir in Dramadreiecks-Kommunikation hinein geraten?
Gibt es eine unausgesprochene nonverbale Botschaft an mich?
Will ich / will mein Gegenüber das Gespräch noch weiter führen?
Wäre es sinnvoller, einen Moderator einzubeziehen?
Müssen wir unseren Vertrag überprüfen und ggf. verändern?

5. Abschlussphase

Haben wir ein gutes Ergebnis erreicht?
Entspricht es unserem Vertrag?
Sind konkrete Vereinbarungen erforderlich?
Ist es sinnvoll, eine Gesprächsnotiz anzufertigen?
Wie lautet unsere Bilanz im Blick auf Prozess und Inhalt?
Braucht das Gespräch eine Fortsetzung?

6. Nachreflexion

Wie zufrieden bin ich im Nachhinein mit dem Gespräch?
In welchem Ichzustand befand ich mich am Ende des Gesprächs?
Hat es bei mir / bei meinem Gegenüber eine Änderung bewirkt?
Ist ein ungeklärter Rest nachgeblieben?
Würde ich das Gespräch so noch einmal führen?
Was würde ich ggf. beim nächsten Mal anders machen?

Kapitel 3

Gesprächsregeln mit TA-Aspekten

Ich bin okay – du bist okay. Anderen respektvoll und akzeptierend begegnen

Diese „Regel" kommt wegen ihrer zentralen Bedeutung bereits in den Grundregeln vor. Da die Grundannahme „Ich bin okay – du bist okay" für die Praxis von Transaktionsanalytikern eine fundamentale Rolle spielt, stellen wir sie – entsprechend der Gliederung des „Konstruktiven Gesprächs" – mit einer eigenen Übung auch an den Anfang dieses Kapitels.

Eine zentrale Grundannahme in der Philosophie der Transaktionsanalyse ist es, dass alle Menschen einen konstruktiven und entwicklungsfähigen Kern besitzen. Dieser gesunde Kern kann zwar durch biografische Erfahrungen verschüttet und im aktuellen Verhalten kaum oder gar nicht mehr erkennbar sein. Doch da das Lebenskonzept von uns Menschen auf frühkindlichen Entscheidungen beruht, die unter bestimmten historischen Bedingungen getroffen wurden, sind diese Entscheidungen revidierbar – wir können uns um-entscheiden.

Diese Überzeugung ist für uns die Basis in der Arbeit mit anderen Menschen. Sie motiviert uns, auch komplizierte und auf den ersten Blick aussichtslose Gespräche mit der Annahme anzugehen, dass eine positive Wendung möglich ist.

28 Mein guter Kern

Die folgende Übung regt die Teilnehmenden an, mit ihrem inneren Kind und seinen konstruktiven Ressourcen in Kontakt zu kommen.

Theorie-Input

Die Übung besitzt einen hohen Selbsterfahrungswert, da sie die Teilnehmenden mit einer tiefen Schicht ihrer Persönlichkeit in Kontakt bringt. Wertschätzung für andere beginnt mit der Wertschätzung für sich selbst. In der Sicht der Transaktionsanalyse ist damit die Wertschätzung und Fürsorge des nährenden Eltern-Ichs für das innere Kind gemeint.

Manche Menschen haben große Probleme, sich diese Wertschätzung zuteil werden zu lassen. Wir halten es aber für wichtig, dass Menschen, die andere beraten, diesen Aspekt ihrer Persönlichkeit kennen und sich einer möglichen Eigenproblematik in diesem Bereich bewusst sind.

Die Bilder, die zu diesem Thema entstehen, enthalten in der Regel sehr persönliche, zarte oder kraftvolle, in jedem Fall ausdrucksvolle Gebilde. Die Teilnehmenden bringen damit etwas sehr Persönliches, Intimes von sich zum Ausdruck. Es ist wichtig, mit den Bildern behutsam umzugehen und angemessenen Schutz zu gewähren.

Die Auswertung der Bilder ermöglicht einen guten Übergang zu den Themen Erlaubnis und Schutz (Seite 126 bis 132).

Durchführung

Jedes Gruppenmitglied bekommt einen Bogen Papier und Malkreiden. Bitten Sie die Teilnehmenden, die Augen zu schließen, mit Hilfe einiger entspannender Atemzüge zur Ruhe zu kommen und sich ein Bild zum Thema „Mein guter Kern“ vorzustellen. Dieses innere Bild wird anschließend gemalt.

Nach Fertigstellung der Bilder tauschen sich die Teilnehmenden in Dyaden für 20 bis 30 Minuten aus. Die Dyadenbildung kann nach der Ähnlichkeit der Bildmotive oder nach der Vertrautheit der Beziehung vorgenommen werden.

Leitfragen für die Dyadenarbeit:

1. Wie ist es mir beim Malen des Bildes gegangen?
2. Welche Ressourcen sind in meinem Bild zu erkennen?
3. Wie kann ich diese Ressourcen noch stärker in meine berufliche Tätigkeit bzw. in meine Beziehungen zu anderen Menschen integrieren?

Praxishinweise

Die Übung eignet sich besonders für Gruppen, die mit persönlichkeitsorientierter Arbeit vertraut sind, und für Menschen, die beratend oder pädagogisch tätig sind. Die Teilnehmenden werden durch die Übung häufig stark berührt, bei professioneller Begleitung aber auf eine durchweg gute Weise.

Sie selbst als Trainerin müssen über Erfahrungen in der Arbeit mit gestalterischen Methoden und über professionelle Souveränität im Umgang mit biografischen Themen verfügen.

Mit Verträgen arbeiten

Bei der Arbeit mit Verträgen aus TA-Sicht sind zentrale Aspekte:

1. Welches Ziel soll erreicht werden?
2. Welche Schritte sind auf dem Weg dorthin zu tun?
3. Was ist die Rolle und der Beitrag der Beteiligten im Prozess?

Was für die Arbeit mit Verträgen wichtig ist, erfahren Trainingsteilnehmer am besten dadurch, dass sie es an sich selbst erleben. Wir schlagen dafür zwei Übungen mit Vertragsfragen vor. Die erste bezieht sich auf ein Ziel, das die Teilnehmenden für sich selbst erreichen wollen. Die zweite dient im Sinne einer Selbstsupervision dazu, eine Arbeitsbeziehung unter Vertragsaspekten zu überprüfen. Den Übungen liegt zugrunde, dass zielorientiertes Arbeiten dann erfolgversprechend ist, wenn ein „gutes Ziel" formuliert wurde.

Theorie-Input zu Zielen und Verträgen

Ein gutes Ziel sollte

1. konkret benannt,
2. positiv formuliert,
3. aus eigener Kraft erreichbar,
4. lohnend und
5. nicht (selbst-) schädigend sein.

Ein guter Vertrag ist

- auf ein konkretes Ziel hin orientiert,
- für beide Seiten bedeutungsgleich,
- lösungsorientiert,
- für beide Seiten lohnend bzw. akzeptabel,
- von den produktiven Ichzuständen getragen,
- überschaubar,
- überprüfbar,
- in konkrete Schritte umsetzbar.

29 Vertrag mit mir selbst

Diese Übung ermöglicht die Anwendung wichtiger Vertragsaspekte auf ein persönliches Thema.

Durchführung

Die Teilnehmenden bekommen einen Arbeitsbogen (Handout 9), der sie anleitet, einen Vertrag mit sich selbst zu schließen. Nachdem der Bogen in Einzelarbeit ausgefüllt wurde, erfolgt ein Austausch in Dyaden. Dabei haben die Dyadenpartner die Aufgabe, an denjenigen Stellen nachzufragen, wo die Antworten unklar oder ausweichend erscheinen, und darauf zu achten, ob der Vertrag von den produktiven Ichzuständen getragen ist.

Anschließend findet ein Erfahrungsaustausch im Plenum statt. Wo ein ausreichend großes Vertrauen herrscht, können die konkreten Veränderungsvorhaben – gewissermaßen vor Zeugen – in einer Plenumsrunde vorgestellt werden.

Weiterführung

Für den Erfolg eines Vertrages mit mir selbst ist es maßgeblich, ob ich ihn als verbindlich betrachte. Die Verbindlichkeit wird erhöht, wenn eine Bilanzierung des Vertrags vereinbart wird.

Eine Bilanzierung kann erfolgen

- in einer Lernpartnerschaft mit dem Partner,
- im Rahmen eines Folgetrainings oder
- an einem gesonderten Transfertag.

Handout 9: Mein Ziel erreichen

Überlegen sie sich ein Ziel, das Sie erreichen, oder ein neues Verhalten, das Sie sich aneignen wollen.

Schreiben Sie Ihr Ziel so konkret wie möglich auf.

Formulieren Sie Ihr Ziel in allen Aspekten positiv.

Liegt das Erreichen des Ziels in Ihrer Macht? Formulieren Sie es so, dass Sie sich nicht von anderen Menschen abhängig machen.

Wird es sich für Sie lohnen, das Ziel zu erreichen?

Setzt der Wunsch, das Ziel zu erreichen, Lust und Energie bei Ihnen frei?

Ist das Ziel für Sie „sicher"? Wenn es Aspekte einer Selbstschädigung (oder auch unangemessene Beeinträchtigung anderer) enthält, formulieren Sie es entsprechend um.

Woran werden Sie selbst oder andere merken, dass Sie Ihr Ziel erreicht haben?

Von wem können Sie sich Unterstützung holen? Welche?

Was ist der erste Schritt zum Erreichen Ihres Zieles, und wann werden sie ihn tun?

30 Eine Arbeitsbeziehung überprüfen

Überprüfung einer Arbeitsbeziehung anhand von Vertragsaspekten.

Durchführung

Jeder Teilnehmer vergegenwärtigt sich eine aktuelle Arbeitsbeziehung, die er unter Vertragsaspekten überprüfen möchte. Es kann sich um einen Beratungsauftrag, ein Projekt, eine Kooperation oder die Arbeit mit einer Seminargruppe handeln.

Die Fragen zur Selbstsupervision werden ausgeteilt und in Einzelarbeit bearbeitet. Danach findet ein Austausch in Dyaden statt.

Leitfragen für diesen Austausch:

- Was erlebe ich in dieser Arbeitsbeziehung als stimmig?
- In welchen Bereichen besteht ein Klärungsbedarf?
- Wie sieht mein nächster Schritt aus?

Im Plenum findet ein Austausch statt zur Frage: Was ist mir deutlich geworden und welches Thema bewegt mich noch?

Variante

Bestehen in einer Trainingsgruppe reale Arbeitsbeziehungen, so können diese mit Hilfe des Fragebogens zunächst in Einzelarbeit beleuchtet und die Ergebnisse anschließend miteinander verglichen werden.

Handout 10: Selbstsupervision einer Arbeitsbeziehung

Denken Sie an eine aktuelle Arbeitsbeziehung und beantworten Sie die folgenden Fragen:

1. Was ist Ihr Ziel in dieser Arbeitsbeziehung?
2. Welches Ziel würden die anderen nennen? Stimmt es überein?
3. Ist ihre Arbeitsbeziehung lösungsorientiert oder problemfixiert?
4. Sind Verantwortung und Ressourceneinsatz ausgewogen verteilt?
5. Welchen Nutzen haben Sie von der Zusammenarbeit?
6. Sind vorrangig die produktiven Ichzustände aktiv?
7. Ist das gesetzte Ziel erreichbar?
8. Ist der Zeitrahmen dafür angemessen?
9. Woran werden Sie den Erfolg Ihrer Arbeit erkennen?
10. Können Sie übereinstimmend den nächsten Schritt benennen?

31 Vertragsfindung

Die Übung dient der Findung eines guten Vertrags für ein Beratungsanliegen.

Durchführung

A stellt ein reales Problem bzw. Beratungsanliegen dar. B hat die Aufgabe, mit Hilfe der Vertragsfragen (Handout 11) zu einem guten Vertrag zu kommen. Es soll dabei noch nicht um die Bearbeitung des Problems selbst gehen. C gibt anhand der Beobachtungsaufgaben (Handout 11) Rückmeldung,

- ob die Merkmale eines guten Vertrags (Seite 83) erfüllt sind,
- ob A Ausweichmanöver benutzt hat,
- wie B darauf reagiert hat und
- welche Fragen zusätzlich hätten geklärt werden sollen.

Anschließend findet ein zweimaliger Rollenwechsel statt. Am Ende erfolgt ein Erfahrungsaustausch im Plenum.

Handout 11: Vertragsfragen

1. Was genau ist das Problem bzw. die Frage?
2. Was ist Ihr Ziel bzw. Klärungswunsch?
3. Was wird konkret der Nutzen vom Erreichen des Ziels sein?
4. Welche Erwartung haben Sie an mich, die Beraterin?

Beobachtungsaufgaben

1. Sind die Merkmale eines guten Vertrages erfüllt?
2. Ist der Vertrag so formuliert, dass A den Hauptteil an Lösungsverantwortung übernimmt?
3. Hat B sich symbiotisch verhalten, d. h. für A gedacht, gefühlt oder gearbeitet?

32 Ausweichendes Verhalten

In dieser Übung kann trainiert werden, ausweichendes Verhalten bei der Vertragsklärung zu erkennen und angemessen zu konfrontieren.

Durchführung

Es werden Triaden gebildet. Alle bekommen eine Liste der Ausweichstrategien.

1. Schritt:

A stellt B ein fiktives oder reales (aber nicht zu schwer wiegendes) persönliches Problem vor und wählt aus der Liste 2 bis 3 Ausweichstrategien aus.

2. Schritt:

B hat die Aufgabe, mit A einen stimmigen Vertrag zu erarbeiten. Im Vertragsgespräch verhält sich A entsprechend den Ausweichstrategien. A's Aufgabe ist es, die Ausweichstrategien zu erkennen und produktiv zu konfrontieren. Wenn A sich angemessen konfrontiert fühlt, so sollte A auf die Konfrontation eingehen.

(Vgl. auch die Übungen zu „Konfrontation" auf den Seiten 242 ff.)

3. Schritt:

C hat das Gespräch beobachtet und gibt Rückmeldung, an welchen Stellen A welche Ausweichstrategie eingesetzt und ob B sie erkannt und konstruktiv darauf reagiert hat.

Es werden zwei weitere Gesprächsrunden mit jeweils neuen Rollen durchgeführt. Abschließend findet ein Erfahrungsaustausch im Plenum statt.

Handout 12: Ausweich-Strategien

Wirkungsvolle Strategien, um zu verhindern, dass ein guter Vertrag zwischen Klient und Beraterin zustande kommt, sind

1. den Berater aktiv werden zu lassen,
2. die Verantwortung auf andere bzw. die Umstände abzuwälzen,
3. zu verallgemeinern sowie vage und ich-fern zu formulieren: *man, wir, immer, nie, vielleicht, möchte, würde, könnte probieren, ein Stück weit, kann mal darüber nachdenken ...* ,
4. das Ziel negativ zu formulieren,
5. Lösungen vom Verhalten anderer abhängig zu machen,
6. von einem Punkt zum anderen zu springen („Agitation"),
7. das Interesse an Veränderung dem Berater zuzuschieben: *Wenn Sie meinen, dass mich das weiter bringt ...*,
8. mit grandiosen Zielvorstellungen das Machbare zu entwerten,
9. mit Antreiberverhalten zu reagieren: *sofort, total, für immer, koste es, was es wolle, radikal, bis zuende durchstehen, nie wieder ...*,
10. die Unlösbarkeit des Problems zu untermauern: *Ja – aber ...*

Hinweise auf den Bezugsrahmen nutzen

Eine gute Gesprächsführung steht und fällt damit, dass ich mein Gegenüber wahrnehme, respektiere und möglichst auch verstehe. Eine andere Person verstehen heißt, ihr Denken, Fühlen und Verhalten im Kontext ihrer Lebenserfahrungen zu würdigen als ein Konzept, das für sie Sinn macht. Sie hat einen Bezugsrahmen erworben, der dazu dienen sollte, im Leben klar zu kommen, den Kontakt mit anderen Menschen zu strukturieren und die eigenen Ziele zu erreichen.

Unserer Auffassung nach wurzeln die Probleme von Menschen in aller Regel darin, dass ihr Bezugsrahmen der heutigen Lebensrealität in mancher Hinsicht nicht angemessen ist. Einengungen, Verzerrungen oder unproduktive Anpassungen sind der Grund dafür. Vertrackter Weise ist in vielen Gesprächen die unbewusste Absicht wirksam, das Gegenüber in den eigenen Bezugsrahmen hineinzuziehen, um die Gültigkeit der eigenen Sicht zu unterstreichen. Die einmal gefassten Überzeugungen bestätigt zu bekommen scheint besser zu sein, als sich auf das Risiko neuer Erfahrungen einzulassen.

Dies gilt besonders für Konflikt- und Stresssituationen, in denen wir besonders stark dazu tendieren, auf die „bewährten" Rezepte zurückzugreifen. Die nicht in den eigenen Bezugsrahmen passenden Aussagen werden ignoriert oder so umgedeutet, dass sie die eigenen Glaubenssätze nicht in Frage stellen. Leider führt das dazu, dass die destruktiven Grundüberzeugungen immer stärker gefestigt werden.

In der Gesprächsführung ist es jedoch nicht sinnvoll, ohne Kontrakt an den biografischen Aspekten des Bezugsrahmens – in der TA als „Skript" bezeichnet – arbeiten zu wollen. Es kann aber für Führungskräfte, Trainer und Menschen in beratender Funktion sehr hilfreich sein, sich in der Wahrnehmung von Signalen zu schulen, die auf einengende Glaubenssätze und destruktive Grundüberzeugungen hinweisen. Das eröffnet die Möglichkeit, anderen Menschen wachstumsfördernde Hinweise geben zu können, statt sie in ihren einengenden Glaubenssätzen zu verstärken. Dafür ist es ratsam, sich zuvor die einengenden Aspekte des eigenen Bezugsrahmens bewusst zu machen.

In der Transaktionsanalyse gibt es einige Konzepte, mit deren Hilfe wichtige Aspekte des Bezugsrahmens gut zu erfassen sind. Zwar vereinfachen sie die viel facettenreichere Wirklichkeit, sie sind aber sehr nützlich als Orientierungshilfen:

1. vier existentielle Grundpositionen (OK-Corral),
2. was ich über mich / die anderen / das Leben denke (Skriptglaube),
3. verinnerlichte destruktive Grundbotschaften (Einschärfungen),
4. grundlegende soziale Anpassungsmuster (Antreiber),
5. Erlaubnisbotschaften.

Handout 13: Aspekte zum Bezugsrahmen

Existentielle Grundpositionen

Die Vielfalt von Überzeugungen, die wir über uns und andere Menschen entwickelt haben, lässt sich vier Grundositionen zuordnen:

Ich bin okay, du bist okay.	*Ich + / Du -*
Ich bin okay, du bist nicht okay.	*Ich + / Du -*
Ich bin nicht okay, du bist okay.	*Ich - / Du +*
Ich bin nicht okay, du bist nicht okay.	*Ich - / Du -*

Skriptglaube über mich, die anderen und das Leben (Beispiele)

Niemand mag und versteht mich,
alle hacken sie auf mir herum,
und das Leben ist ungerecht.

Ich darf keine Schwäche zeigen,
denn die anderen warten nur darauf, über mich herzufallen,
und das Leben ist gefährlich.

Ich muss stets voll da sein,
denn auf die anderen ist kein Verlass,
und das Leben ist anstrengend.

Ich weiß, was für die anderen gut ist,
ohne mich sind sie nicht lebensfähig.
Aber niemand hört auf mich – Undank ist der Welt Lohn.

Ich bin klein und schaffe es nicht allein,
die anderen sind stark und sollen für mich sorgen.
Im Leben muss man immer auf der Hut sein.

Einschärfungen – destruktive Grundbotschaften

Einige Beispiele:

Nicht! Oder: Lass das!
Nimm dich nicht wichtig!
Werde nicht erwachsen!
Denke nicht!
Gehöre nicht dazu!
Schaffe es nicht!
Vertraue niemandem!
Fühle (bestimmte Gefühle) nicht!

Antreiber: Fünf grundlegende soziale Anpassungsmuster

Sei stark!
Streng dich an!
Beeil dich!
Mache es recht!
Sei perfekt!

Näheres zu den Antreibern siehe Seite 157.

Erlaubnisbotschaften

Einige Beispiele:

Du darfst deine Fähigkeiten wahrnehmen, einsetzen und zeigen.
Du bist wertvoll und wichtig, auch ohne etwas Besonderes zu leisten.
Du brauchst nicht für andere zu denken und Verantwortung zu übernehmen.
Du darfst um Unterstützung bitten und sie annehmen.
Du darfst erfolgreich sein.
Du darfst dich abgrenzen und „nein" sagen.

Näheres zu den Erlaubnisbotschaften siehe Seite 126f.

33 Schulung der Intuition

In dieser Übung geht es darum, die Wahrnehmung zu schulen für verbale und nonverbale Signale, die Hinweise geben auf den Bezugsrahmen der betreffenden Person.

Durchführung

Es werden Kleingruppen von 3 bis 5 Personen gebildet. Die Teilnehmenden beantworten zunächst in Einzelarbeit die folgenden Fragen:

1. Was war in Ihrer Kindheit der wichtigste gute Satz, den jemand zu Ihnen oder über Sie gesagt hat?
2. Wenn Sie in großen Schwierigkeiten steckten oder sehr unglücklich waren, was haben Sie dann gedacht:
   - über sich selbst?
   - über die anderen?
   - über das Leben?
3. Welche Erlaubnis, die Sie verbal oder nonverbal von einer wichtigen Person Ihrer Kindheit bekommen haben, hat Ihnen geholfen, im Leben gut klar zu kommen?
4. Welche Erlaubnis hätten Sie in Ihrer Kindheit gebrauchen können, um sich angenommen zu fühlen und Ihr Potenzial zu entfalten?

In den Kleingruppen steht dann jeweils für 10 Minuten eine Person im Mittelpunkt. Die anderen äußern Vermutungen über sie mit Sätzen wie

Ich glaube, als Kind waren Sie ...
Ich glaube, als Kind haben Sie über sich, die anderen, das Leben gedacht ...
Ich glaube, als Kind hätten Sie die Erlaubnis gebraucht, ...

Die Vermutungen werden – wenn möglich – mit konkreten Beobachtungen begründet. Wenn die anderen ihre Vermutungen geäußert haben, teilt die betreffende Person mit, was zutrifft, wo es Berührungspunkte gibt und was nicht zutrifft.

Praxishinweis

Diese Übung setzt ein hohes Maß an Vertrauen in der Gruppe voraus. Sie ist nur sinnvoll, wenn die Teilnehmenden sich schon ein wenig mit der eigenen Biografie auseinander gesetzt haben und die Leiterin in der Lage ist, auch bei schmerzlichen Erkenntnissen gut zu intervenieren.

34 Eine schwierige berufliche Situation

Diese Übung bietet die Möglichkeit, die persönlichen Anteile an einer schwierigen beruflichen Situation mit Hilfe der Gruppe herauszufinden und aufzulösen.

Durchführung

Die Teilnehmenden malen mit Wachsmalstiften auf einem großen Bogen ein Bild zum Thema: *Ich in einer schwierigen beruflichen Situation*. Es kann sich um eine vergangene oder aktuelle Situation handeln.

Danach bilden die Teilnehmenden Kleingruppen mit drei bis vier Personen, in denen die Bilder mit Hilfe der oben genannten Aspekte des Bezugsrahmens besprochen werden. Falls die Gruppe mit diesem Material nicht vertraut ist, schieben Sie eine Informationseinheit ein, in der Sie die Konzepte vorstellen. Die Gruppen gehen folgendermaßen vor:

1. Schritt

Ein Bild liegt jeweils in der Mitte. Die Autorin schildert zunächst die dargestellte Situation und ihr Erleben, und zwar in der Gegenwartsform und in Ichform.

2. Schritt

Die anderen Gruppenmitglieder äußern Vermutungen darüber, welche Grundpositionen, Glaubenssätze, destruktiven Grundbotschaften oder Antreiber sie bei der betreffenden Person in der dargestellten Situation zu erkennen meinen. Sie begründen ihre Hypothesen mit Aspekten des Bildes (nicht mit ihrer Vorkenntnis der Person!), schreiben sie auf eine Karte und legen sie neben das Bild. Die Person, deren Bild im Mittelpunkt steht, beteiligt sich zunächst nicht und kommentiert die Vermutungen der anderen Gruppenmitglieder nicht.

3. Schritt

Wenn keine weiteren Karten mehr ausgefüllt werden, sichtet die Autorin des Bildes die Karten unter folgenden Fragen:

» *Was davon passt zu meinem Denken, Fühlen und Verhalten, als ich diese Situation erlebte?* Diese Karten behält die Person. Die anderen legt sie beiseite.

» *Welche dieser Themen spielen heute noch eine Rolle?* Die nicht zutreffenden Karten werden wiederum beiseite gelegt.

» Wenn dann noch mehrere Karten übrig bleiben: *Mit welchem Thema will ich mich in diesem Kurs beschäftigen?*

In dieser Weise werden die Bilder aller Gruppenmitglieder besprochen. Zeitbedarf: ca. 15 bis 20 Minuten pro Teilnehmer.

Nach Abschluss der Gruppenarbeit sollte jeder Teilnehmer eine Karte (das heißt: einen Aspekt seines Bezugsrahmens, der ihm noch zu schaffen macht) für die weitere Bearbeitung herausgefiltert haben.

An dieser Stelle geben Sie als Trainerin einen Input über die Rolle von Erlaubnissen für eine gute Persönlichkeitsentwicklung und wie wirksame Erlaubnis-Botschaften formuliert werden. Danach formulieren die Teilnehmenden einen zu ihrer Karte passenden Erlaubnissatz. Abschließend können einige Teilnehmenden (freiwillig!) ihre Karte und ihren Erlaubnissatz im Plenum vorstellen.

Weiterarbeit

Zur Vertiefung der Umsetzung von Erlaubnissätzen empfehlen wir die Übung auf Seite 126f.

Praxishinweis

Diese Übung berührt in aller Regel tiefe persönliche Themen. Es ist wichtig, diesen Prozess so zu steuern, dass er für die Einzelnen zu guten, stärkenden Erfahrungen führt. Dafür ist es wichtig, dass Sie die Personen, die sich mit ihren sehr persönlichen Themen zeigen, vor übergriffigen Interpretationen, Bewertungen und vor allem Abwertungen schützen. Erinnern Sie an Regeln für gutes Feedback: Kurz, konkret, konstruktiv – auf der Basis der produktiven Ichzustände. (Siehe Seite 111). Falls weitergehender Klärungsbedarf entsteht, sollten Sie als Trainerin signalisieren, dass Sie dafür zur Verfügung stehen.

35 Signale zum Bezugsrahmen

In dieser Übung schulen die Teilnehmenden sich darin, einengende Glaubenssätze und destruktive Grundüberzeugungen in einem Beratungsgespräch zu identifizieren.

Durchführung

Es werden Triaden für ein Beratungsgespräch mit Klient, Beraterin und Beobachter gebildet.

A schildert ein authentisches Problem von mittlerer Bedeutungsschwere. Besonders lohnend ist es, ein typisches, wiederkehrendes Thema aufzugreifen, das als Belastung erlebt wird, aber bislang noch nicht befriedigend gelöst ist.

B berät A. Dabei geht es nicht darin, an einer Lösung des Problems zu arbeiten, sondern durch Nachfragen ein tieferes Verständnis des Problems zu bekommen. Das Gespräch wird auf 15 Minuten begrenzt.

B und vor allem C achten während des Gesprächs darauf, ob Glaubenssätze und sonstige Hinweise auf den Bezugsrahmen deutlich werden (siehe Handout Seite 90f).

Nach dem Gespräch tauschen sich B und C als Reflecting Team darüber aus, welche Hinweise auf den Bezugsrahmen von A sie meinen, wahrgenommen zu haben. Dabei sollten sie die verbalen wie nonverbalen Belege benennen, auf die sie sich beziehen, und deutlich machen, dass es sich um Hypothesen handelt. Abschließend gibt A dem Reflecting Team Rückmeldung darüber, welche Hypothesen zutreffen könnten.

Im Plenumsgespräch kann zusammen getragen werden, welche typischen verbalen und nonverbalen Muster die Teilnehmenden als besonders charakteristisch entdeckt haben. In einer vertauensvollen Gruppe kann ergänzend eine Runde zum Thema stattfinden: „Was mir über meinen eigenen Bezugsrahmen deutlich geworden ist".

Praxishinweis

Als Trainerin müssen Sie darauf achten, dass in den Triaden wie auch im Plenum sauber zwischen Wahrnehmung und Deutung unterschieden wird und der Respekt gegenüber den jeweiligen Klientinnen gewährleistet ist.

Den Gebrauch der Ichzustände beobachten

Wenn Menschen schon einmal mit der Transaktionsanalyse in Kontakt gekommen sind, erinnern sie sich noch am ehesten an das Ichzustands-Modell: *Das ist doch das mit den drei Kreisen.* In der Tat steht das Persönlichkeitsmodell im Zentrum der TA-Theorie. Mit dem Ichzustands-Modell vertraut zu werden, ist wohl die wichtigste Voraussetzung für die Gesprächsführung nach TA-Kriterien. Wir gehen davon aus, dass Sie als Trainerin mit diesem Grundkonzept der TA vertraut sind. Ansonsten finden Sie im „Konstruktiven Gespräch" eine anschauliche Einführung.

Zur Arbeit mit diesem Modell gehört die Fähigkeit zur Diagnose der Ichzustände – der eigenen wie der des Gegenübers. In konkreten Gesprächssituationen sind vor allem die Verhaltensdiagnose und die soziale Diagnose als diagnostischen Mittel nutzbar.

Wir verwenden hier das Funktionsmodell. Glücklicherweise eignet es sich für eine Fülle unterschiedlicher Übungselemente, in denen es um Diagnose, Selbstanalyse und eine differenzierende Betrachtung der Ichzustands-Merkmale geht.

36 Konferenz der Ichzustände

Es handelt sich um eine der klassischen Übungen zum Training der Ichzustände in Bezug auf eigenes Erleben, Verhaltensdiagnose und soziale Diagnose.

Durchführung

Es werden Kleingruppen mit jeweils sechs Personen gebildet. Jede Person soll einen der sechs Ichzustände des Funktionsmodells übernehmen. Wenn es nicht aufgeht, sollten fünf (eine Person übernimmt das angepasste sowie das rebellische Kindheits-Ich), mindestens jedoch vier Personen beteiligt sein (eine Person übernimmt das gesamte Kindheits-Ich).

Jede Gruppe sucht sich ein Thema, über das sich gut kontrovers diskutieren lässt. Einige Beispiele: „Kollegium plant Kollegiumsausflug", „Rauchen im Betrieb?", „Familie beim Fernsehabend", „Disziplinarkonferenz", „Vorstand legt Prinzipien der Personalführung fest" oder „Sollen Zielvereinbarungsgespräche eingeführt werden?"

Danach wählt sich jedes Gruppenmitglied einen bestimmten Ichzustand, wobei jeder nur einmal vertreten sein darf. (Variante: Der Trainer lässt verdeckt Karten ziehen, auf denen die Ichzustände stehen.) Die Gruppe entwickelt zu dem gewählten Thema ein kleines Rollenspiel, das im Plenum vorgeführt wird. Die Teilnehmenden dürfen sich ausschließlich aus ihrem gewählten Ichzustand heraus an der Diskussion beteiligen.

Nach jedem Rollenspiel-Durchgang diskutiert der Außenkreis, wer welchen Ichzustand gespielt hat und woran das zu erkennen war. Die betreffende Person soll erst nach Abschluss der Diagnose bekannt geben, ob die Zuordnung stimmte.

Variante

In einer leichten Abwandlung kann diese Übung auch in einem Fishbowl mit sechs Stühlen durchgeführt werden. Jeder Stuhl steht für einen Ichzustand. Die Stühle werden besetzt, dann wird das festgesetzte Thema diskutiert.

Die Zusammensetzung des Fishbowls kann fließend gewechselt werden. Wenn jemand einen Stuhl im Fishbowl räumt, kann er vom Außenkreis wieder neu besetzt werden.

Wünschenswert ist, dass jedes Gruppenmitglied im Verlauf des Spiels zwei Ichzustände ausprobiert hat. Anschließend erfolgt ein Erfahrungsaustausch im Plenum.

Praxishinweise

Wenn die Rollenspiele länger dauern, entwickelt sich nicht selten eine gewisse Eigendynamik, die dazu führt, dass Spieler „aus der Rolle fallen“. Das kann interessant sein, erschwert allerdings die spätere Zuordnung, besonders wenn die Gruppe mit dem Modell noch wenig vertraut ist.

Häufig stellen die Teilnehmenden fest, dass es ihnen unterschiedlich leicht bzw. schwer fiel, einen bestimmten Ichzustand zu spielen. Manche wählen absichtlich einen Ichzustand, der ihnen weniger vertraut ist.

Dieser Aspekt bietet eine gute Überleitung zum Egogramm (Seite 101ff).

37 Ichzustände modellieren

Die folgende Übung ermöglicht das Erleben der Einheit von Denken, Fühlen und Körperausdruck in den verschiedenen Ichzuständen.

Durchführung

Es werden Dyaden gebildet. Alle A's stellen sich in einen Kreis mit einem Abstand von ca. einem Meter zueinander. Alle B's entscheiden sich gedanklich für einen Ichzustand und modellieren ihren Partner, ohne zu sprechen, in eine entsprechende Körperhaltung.

Wenn die A's fertig modelliert sind, fühlen sie sich in ihre jeweilige Körperhaltung ein und sprechen aus dieser Haltung heraus in Ich-Form (nicht **über** die Haltung reden!) einen Satz, mit dem sie bekunden, wie sie sich in dieser Haltung erleben. Dann benennen sie den Ichzustand, in dem sie glauben, sich zu befinden. Stimmt die Vermutung mit der Absicht von B überein, können die betreffenden „Statuen" ihre Haltung verlassen. Die anderen bekommen den Auftrag, ihre Körperhaltung durch eine geringfügige Korrektur so zu verändern, dass sie sich in dem von B gedachten Ichzustands fühlen.

Anschließend werden die Rollen gewechselt. Zum Abschluss findet ein kurzer Austausch im Plenum statt.

Variante

Eine Übung mit ähnlichem Fokus lässt sich im Sitzkreis durchführen. Die Gruppenmitglieder schließen die Augen. Sie als Trainerin rufen einen Ichzustand in die Runde, den die Teilnehmenden durch ihre Körpersprache ausdrücken sollen. Haben alle ihre Haltung gefunden, wird sie „eingefroren". Alle öffnen auf Zuruf die Augen, ohne ihre Körperhaltung zu verändern, und schauen sich um, wie die anderen Gruppenmitglieder den Ichzustand dargestellt haben.

Praxishinweis

Es ist immer wieder überraschend, wie geringfügige Veränderungen in der Körperhaltung Stimmungen und Gefühle verändern. Weisen Sie die „Statuen" bei der Anleitung darauf hin, diesem Phänomen während der „Bauphase" nachzuspüren. Aus dieser Beobachtung heraus können Sie den Hinweis ableiten, dass in Beratungsgesprächen die Aufforderung zur Veränderung der Körperhaltung häufig auch einen Wechsel des Ichzustands bewirkt.

38 Der Ton macht die Musik

Die Übung dient dazu, die bewusste Besetzung von Ichzuständen zu trainieren.

Theorie-Input

Wenn die Teilnehmenden mit den TA-Konzepten noch nicht gründlich vertraut sind, besteht häufig Unklarheit über die Unterscheidung von

Erwachsenen-Ich und kritischem Eltern-Ich

Dafür sind besonders Lehrerinnen und Führungskräfte anfällig, die meinen, „ganz vernünftig" aus dem Erwachsenen-Ich zu kommunizieren, nonverbal jedoch viele Eltern-Ich-Signale aussenden und sich darüber wundern, dass andere rebellisch oder angepasst reagieren.

kritischem Eltern-Ich und nährendem Eltern-Ich

Mit einer scheinbar fürsorglichen Äußerung werden verdeckt Normen und Werte aus dem kritischen Eltern-Ich vermittelt (*„Ich weiß schon, was für dich gut ist."*)

kritischem Eltern-Ich und rebellischem Kind

Zugrunde liegt häufig eine innere Ambivalenz zwischen der Rolle, z.B. als Lehrerin oder Vorgesetzter, und einer inneren Rebellion dagegen.

nährendem Eltern-Ich und angepasstem Kind

Die Angst des angepassten Kindes vor Konflikten äußert sich im sozialen Kontext häufig als beschwichtigend eingreifendes nährendes Eltern-Ich.

rebellischem und freiem Kindheits-Ich

Hier gibt es in der Tat fließende Übergänge. Häufig ist es unklar, ob ein geäußerter Unmut auf einer momentanen Unlust oder auf einem Sich-Wehren gegen Eltern-Ich-Vorschriften beruht. Bisweilen rebellieren Menschen einfach deshalb, weil es ihnen Spaß bringt, den „Laden aufzumischen".

Durchführung

Es werden Dyaden gebildet, bei ungerader Teilnehmerzahl eine Triade.

B hat eine wichtige Verabredung nicht eingehalten. A spricht B darauf an, und zwar nacheinander und in beliebiger Reihenfolge aus allen sechs Ichzuständen unter Einsatz von Mimik, Gestik und Stimmklang und möglichst ohne den Wortlaut der Ansage stark zu verändern.

B hört zu, ohne jedoch selbst zu agieren, und diagnostiziert den jeweiligen Ichzustand. Ist die Diagnose zutreffend, wird dies von A bestätigt, und es folgt der nächste Ichzustand. Bei falscher Diagnose sagt A nicht, welcher Ichzustand gemeint war, sondern wiederholt ihn so lange, bis B alle sechs Ichzustände identifiziert hat.

Die Teilnehmenden sollen auch darauf achten, welche Ichzustände ihnen schwer fallen zu spielen oder zu erkennen und welche Ichzustände sie nicht deutlich voneinander unterscheiden können.

Im Fall einer Triade kann C sich an der Diagnose beteiligen.

In einem zweiten Durchgang möchte B von A umgehend wichtige Unterlagen haben – wieder aus allen sechs Ichzuständen. Die Diagnose durch A erfolgt nach dem oben beschriebenen Muster.

Nach jedem Durchgang gibt es einen Erfahrungsaustausch im Plenum.

Varianten

Es ist auch möglich, die beiden oben beschriebenen Übungssequenzen nach folgendem Muster durchzuführen: B sagt: „Sie sind nicht zu unserer Verabredung gekommen!" und A reagiert darauf aus allen sechs Ichzuständen, die B dann diagnostiziert.

Variante für Fortgeschrittene

Der Wortlaut des Satzes darf nicht verändert werden, der jeweilige Ichzustand soll ausschließlich über Körperhaltung, Mimik und Stimme vermittelt werden:

- Sie haben den vereinbarten Termin versäumt!
- Bis wann werden Sie die Aufgabe erledigt haben?
- Wo gehen Sie hin?
- Was machen Sie gerade?
- oder einfach die Worte Ja und Nein.

Praxishinweise

Recht oft wird der Einwand geäußert, dass zu einzelnen Ichzuständen bestimmte Sätze besser passen als zu anderen. Das stimmt. Doch ist es möglich, sie durch den Einsatz von Mimik, Gestik und Stimmklang auch aus den anderen Ichzuständen heraus zu sagen. Gerade dies zu üben ist das beabsichtigte Trainingsziel.

Auftretende Unschärfen bei der Zuordnung einzelner Ichzustände können ein Hinweis darauf sein, dass die betreffende Person unklar in ihrem individuellen Kommunikationsverhalten ist. Und genau das kann in Gesprächen große Schwierigkeiten bereiten.

Ein Auswertungsgespräch darüber, welche persönlichen Aspekte bei der unklaren Abgrenzung der Ichzustände eine Rolle spielen, kann sehr interessant und ergiebig sein. Behalten Sie jedoch im Blick, inwieweit die Teilnehmenden zur Selbstreflexion bereit sind.

39 Egogramm

Das Egogramm regt zur Reflexion darüber an, wie wir die Ichzustände in der Kommunikation mit anderen mit Energie besetzen.

Theorie-Input

Jack Dusay, der das Egogramm entwickelt hat, ging von der Annahme aus, dass sich die psychische Energie, die eine Person zur Verfügung hat, in individueller Weise auf die verschiedenen Ichzustände verteilt.

Ein Egogramm können wir sowohl für uns selbst wie auch für andere Personen anfertigen. Es wird üblicherweise als Säulendiagramm dargestellt:

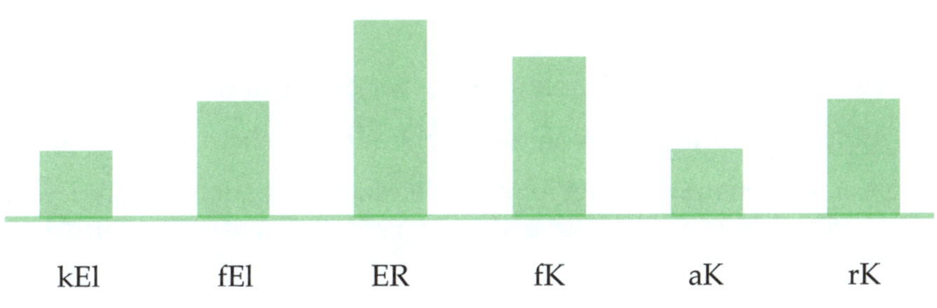

In dieser und den folgenden Übungen geht es weniger darum, den Ichzuständen genaue Prozentzahlen zuzuordnen, als um die Größenrelationen der Säulen zueinander. Die jeweilige Selbsteinschätzung wird durch Fremdeinschätzungen anderer Gruppenmitglieder ergänzt.

Durchführung

Es werden Kleingruppen zu je drei Personen gebildet. Jede Person zeichnet zunächst in Einzelarbeit ein Egogramm für sich selbst. Dabei lautet die Frage: *Welche Ichzustande sind mir mehr, welche weniger vertraut?* Dies kann sich auf die Kommunikation allgemein, innerhalb der jeweiligen Berufsgruppe oder der aktuellen Trainingsgruppe beziehen. Anschließend wird ein Egogramm für jedes andere Kleingruppenmitglied angefertigt. Bei diesem Prozess sollte nicht gesprochen werden.

Bei der Auswertung in den Kleingruppen beginnt eine Person. Zuerst zeigen die anderen das Egogramm, das sie für diese Person gezeichnet haben, und begründen es mit konkreten Erfahrungen und Eindrücken. Erst danach stellt die Person ihr eigenes Egogramm vor und setzt es in Beziehung zu den Egogrammen, die sie von den anderen bekommen hat. Es folgt eine kurze Nachbesprechung im Plenum.

Praxishinweis

Ziel dieser Übung ist es nicht, eine möglichst hohe Übereinstimmung zwischen Selbstbild und Fremdbild zu erreichen, sondern die Aufmerksamkeit auf eventuelle Diskrepanzen zu richten. Denn diese sind häufig Ursache für Irritationen und Missverständnisse in der Kommunikation.

40 Stimmige vs. unstimmige Beziehungen

Die Teilnehmenden zeichnen ein Egogramm

- für sich selbst,
- für eine Person, mit der sie sich gut verstehen, und
- für eine Person, mit der sie sich nicht gut verstehen.

Hierbei werden in der Regel Aspekte deutlich, die in den Sätzen *Gegensätze ziehen sich an* und *Gleich und gleich gesellt sich gern* zum Ausdruck kommen.

Unserer Erfahrung nach hat es oft etwas mit dem Selbstbild der betreffenden Person zu tun, ob sie sich mit relativ ähnlichen oder mit komplementär strukturierten Menschen wohlfühlt. Menschen, die sehr kritisch mit sich umgehen bzw. sich selbst abwerten, fühlen sich oft hingezogen zu komplementären Personen, die genau das haben, was sie an sich selbst vermissen.

Menschen, die sich in einem guten Einklang mit sich fühlen, haben mehr innere Freiheit, sich an Menschen mit ähnlichen oder ganz anderen Kommunikationsstilen zu orientieren.

41 Berufliche vs. private Kommunikation

Die Teilnehmenden zeichnen zwei Egogramme, je eins mit Blick auf

- ihre berufliche Kommunikation bzw.
- ihre private Kommunikation.

Bei dieser Variante kommt man häufig Inkongruenzen auf die Spur, die – vor allem bei Menschen in Führungspositionen – auf Rollenkonflikte hinweisen. So besteht die verbreitete Überzeugung, im Beruf vor allem Eltern- und Erwachsenen-Ich verwenden zu müssen.

Im privaten Bereich dagegen haben manche Menschen das Bedürfnis, zum Ausgleich das Kindheits-Ich leben zu lassen: im angepassten Kind über „das Büro" zu jammern oder im freien Kind – bisweilen sehr zum Verdruss der Familie – anarchisch eigene Bedürfnisse auszuleben.

42 Umgang mit anderen vs. mit sich selbst

Die Teilnehmerinnen zeichnen ein Egogramm

- für ihre Kommunikation mit anderen
- für ihren inneren Dialog (den Umgang mit sich selbst)

Manche Menschen – vor allem in sozialen Berufen – treten anderen gegenüber vorwiegend mit dem nährenden Eltern-Ich auf, sind erlaubnisgebend, fürsorglich und einfühlsam. Im Dialog den eigenen inneren Stimmen überwiegt jedoch ein tyrannisches Eltern-Ich, mit dem sie sich selbst überfordern, abwerten oder mit Vorwürfen überschütten.

Praxishinweise

Bei jeder der Varianten ist es sinnvoll, die Einzelarbeit durch Kleingruppenarbeit abzurunden, um die Egogramme auf Übereinstimmungen bzw. Abweichungen hin auszuwerten und die Selbsteinschätzung durch Fremdeinschätzung zu ergänzen.

Wir haben häufiger erlebt, dass Menschen, die sich nur wenige Stunden kannten, weitgehend übereinstimmende Egogramme voneinander gezeichnet haben. Offenbar besteht eine existentielle Notwendigkeit für Menschen, andere rasch intuitiv einschätzen zu können.

Wenn in Gruppen, die sich erst seit kurzem kennen, Widerstand gegen die Anfertigung eines kompletten Egogramms entsteht, können Sie die Aufgabe so variieren, dass der (vermutlich) stärkste und der schwächste Ichzustand notiert wird.

In unerfahrenen Gruppen hören wir bisweilen Äußerungen wie: *Ich bin in unterschiedlichen Situationen aber immer ganz anders.* Empfehlen Sie in diesem Fall, die Kommunikation innerhalb der Gruppe als Grundlage für das Egogramm zu wählen.

Zur Vermeidung sozial angepasster Antworten sollten Sie den Begriff der produktiven Ichzustände erst nach der Arbeit mit dem Egogramm einführen.

In der Regel ergibt sich für die Ichzustands-Verteilung unabhängig von beruflicher oder privater Kommunikation ein signifikanter Durchschnittswert.

Innere psychische Spannungen ergeben sich immer dann, wenn es zwischen Selbst- und Fremdbild, innerem und äußerem Dialog oder verschiedenen Lebensbereichen (z. B. beruflich und privat) erhebliche Diskrepanzen gibt.

Gern geben wir den Teilnehmenden unserer Seminare den Tipp, vor einem wichtigen Gespräch ein Egogramm von sich und der anderen Person zu skizzieren und sich dann folgende Fragen zu beantworten:

- Welche produktiven Ichzustände stehen mir gut zur Verfügung?
- Mit welchen Ichzuständen könnten wir uns womöglich festfahren?
- Welche Ichzustände sehe ich bei meinem Gegenüber ausgeprägt?
- An welche davon kann ich mich für ein konstruktives Gespräch wenden?

43 Ichzustands-Test

Im Mittelpunkt dieser Übung steht ein Test, der anregende Hinweise auf die Ausprägung der Ichzustände geben kann. Wenn Sie ihn einsetzen wollen, sollten Sie das vor der Einführung in das Ichzustands-Konzept und vor der Anfertigung von Egogrammen tun.

Durchführung

Die Teilnehmenden füllen den Fragebogen aus und erhalten anschließend den Auswertungsbogen. Die Auswertung erfolgt in Kleingruppen, verbunden mit der Besprechung der Egogramme. Leitfragen sind:

- Was ist deutlich geworden über meinen Kommunikationsstil?
- Erkenne ich darin eine Korrespondenz mit den mir bekannten Stärken und Schwächen in der Gesprächsführung?
- Welche Überlegungen und Fragen löst das bei mir aus?

Praxishinweis

Der Test eignet sich als Ergänzung zur Selbst- und Fremdeinschätzung aus der vorangegangenen Übung. Er sollte nicht überwertet werden. Das Ergebnis ist keinesfalls als gültige objektive Aussage zu werten. Vielmehr zeigt es gewisse Tendenzen in der Ausprägung der Persönlichkeitsanteile auf und bietet eine weitere Grundlage zur Überprüfung des eigenen Kommunikationsverhaltens, vor allem dort, wo kein differenziertes Fremdbild zur Verfügung steht.

Handout 14: Egogramm-Test

Tragen Sie für jede Aussage diejenige Punktzahl in das entsprechende Kästchen ein, die Ihrer momentanen Einschätzung nach zutrifft. Vergeben Sie die Punktzahlen spontan nach Ihrem ersten Eindruck und bleiben Sie sich selbst gegenüber ehrlich. Ziel ist es nicht, das Wunschbild Ihrer Persönlichkeit abzubilden, sondern ein Feedback zu dem zu bekommen, was ist. Nutzen Sie auch die starken Werte (1 oder 5), statt vorwiegend im mittleren Bereich zu bleiben.

Die Aussage trifft für mich zu:

Kaum				Stark
1	2	3	4	5

1. Ich bin stets offen für Neues.
2. Wenn ich mir von einem anderen alles gefallen lasse, wird er mich nicht achten.
3. Mit Unterstützung und Förderung erreiche ich bei anderen Menschen bessere Ergebnisse als durch Kritik und Kontrolle.
4. Es fällt mir oft schwer, eine unabhängige Denkweise beizubehalten, wenn ich mich dadurch im Widerspruch zu anderen befinde.
5. Einen kühlen Kopf zu behalten ist für mich bei Entscheidungen und Konflikten das Wichtigste.
6. Um Gerechtigkeit herzustellen, greife ich manchmal auch hart durch.
7. Ich habe es gern, wenn andere Menschen mit ihren Problemen zu mir kommen.
8. Ich bin nicht so leicht von anderen Meinungen zu überzeugen.
9. Ich spreche oft unbequeme Dinge sehr direkt an.

10. Um einem anderen zu helfen, stelle ich gerne meine persönlichen Ansprüche und Bedürfnisse zurück.

11. Kreativität und das Produzieren guter Ideen gehört zu meinen Stärken.

12. Ich löse viele Probleme durch nüchternes und logisches Denken.

13. Meine Gefühle auszudrücken fällt mir leicht.

14. Ich finde, dass mein Leben oft fremdbestimmt ist.

15. Von einer Führungspersönlichkeit erwarte ich, dass sie sicher Entscheidungen trifft und genau weiß, was sie will.

16. Andere Menschen und Sachverhalte genau und klar zu beschreiben, ist eine meiner Stärken.

17. Ich habe immer ein offenes Ohr für andere Menschen.

18. Ich nehme nicht gerne Ratschläge von anderen an.

19. Die meisten traditionellen Wertvorstellungen sind heute überholt.

20. Ich kann sehr schnell und treffend Situationen und Menschen einschätzen.

21. Ich trage gern dazu bei, dass andere Menschen ihre Konflikte miteinander lösen.

22. Ich habe hohe Ansprüche und Erwartungen an mich und andere.

23. Monotones Arbeiten ödet mich an.

24. Konflikten gehe ich lieber aus dem Weg.

25. Es beschäftigt mich oft, was andere über mich denken und sagen.

26. Als Chef würde ich mich auch um die persönlichen Belange meiner Mitarbeiter kümmern.

27. Verantwortung für andere zu übernehmen macht mir wenig Spaß.

28. Ich habe feste Wertvorstellungen und Grundpositionen, die ich nicht leicht verändere.
29. Ich gehe stets systematisch und zielgerichtet vor.
30. Ich bin sehr neugierig und erforsche gerne neue Dinge.
31. Ich halte mit meinen spontanen Gefühlen nicht hinterm Berg.
32. Auf neue Situationen reagiere ich zunächst unsicher.
33. Ich analysiere stets die Fakten, bevor ich eine Entscheidung treffe.
34. Ich kann es nicht leiden, wenn Vorgesetzte sich väterlich / mütterlich geben.
35. Ich übernehme häufig die Aufgaben anderer, die Schwierigkeiten mit deren Bewältigung haben.
36. Eine Führungskraft muss delegieren, kontrollieren und sanktionieren können.
37. Anordnungen und Befehle erzeugen in mir oft Widerspruch.
38. Ich bin häufig sehr ausgelassen.
39. Bei der Lösung von Sachproblemen müssen Gefühle zurückstehen.
40. Manchmal übe ich Druck auf andere Menschen aus, um eine Sache voranzutreiben, die von der Organisation / der Gesellschaft erwartet wird.
41. Geborgenheit ist mir sehr viel wichtiger als Freiheit.
42. Ich gebe sehr gern meine Erfahrungen an andere weiter.
43. Selbst in schwierigen Gesprächssituationen bleibe ich gelassen und klar.
44. Ich ordne mich niemals freiwillig irgendwo unter.
45. Ich habe genaue Vorstellungen, was richtig und was falsch ist.

46. Leitung eines Teams bedeutet für mich, mich im Konfliktfall vor die Teammitglieder zu stellen.

47. Ich kann mich gut in Hierarchien unterordnen.

48. Ich kann mich sehr gut entspannen.

49. Wenn ich in die Ecke gedrängt werde, kann man sich darauf verlassen, dass ich mich erbittert zur Wehr setze.

50. Starken und kompetenten Menschen gegenüber fühle ich mich oft unterlegen.

51. Klare Regeln und feste Vereinbarungen prägen mein Zusammenleben mit anderen Menschen.

52. Es macht mir nichts aus, fremde Personen spontan anzusprechen.

53. Effektives Vorgehen und logische Planung bedingen sich.

54. Wahrscheinlich lassen sich die meisten zwischenmenschlichen Konflikte friedlich lösen.

55. Ich möchte voll den Erwartungen entsprechen, die andere an mich stellen.

56. Ungerechtigkeiten nehme ich lange übel.

57. Schwachen stehe ich gerne zur Seite.

58. Ich versuche meistens, ein ausgewogenes Urteil abzugeben.

59. Ich bin oft vertrauensseliger, als es angebracht wäre.

60. Es ist vielleicht nicht der sachliche Weg, wütend zu werden, aber es hilft und bringt oft gute Ergebnisse.

Handout 15: Auswertungsbogen zum Egogramm-Test

Bitte übertragen Sie die Zahlenwerte in das jeweils freie Feld. Bilden Sie anschließend die Summen für die einzelnen Ichzustände.

Kritisch-normatives Eltern-Ich:

6	8	15	22	28	36	40	45	51	56	Total:
.....	.....	.....	.....	.....	.....	.....	.....	.....	.....	_____

Nährend-fürsorgliches Eltern-Ich:

3	7	17	21	26	35	42	46	54	57	Total:
.....	.....	.....	.....	.....	.....	.....	.....	.....	.....	_____

Erwachsenen-Ich:

5	12	16	20	29	33	39	43	53	58	Total:
.....	.....	.....	.....	.....	.....	.....	.....	.....	.....	_____

Freies Kindheits-Ich:

1	11	13	23	30	31	38	48	52	59	Total:
.....	.....	.....	.....	.....	.....	.....	.....	.....	.....	_____

Angepasstes Kindheits-Ich:

4	10	14	24	25	32	41	47	50	55	Total:
.....	.....	.....	.....	.....	.....	.....	.....	.....	.....	_____

Rebellisches Kindheits-Ich:

2	9	18	19	27	34	37	44	49	60	Total:
.....	.....	.....	.....	.....	.....	.....	.....	.....	.....	_____

44 Team-Egogramm

Diese Übung dient der Diagnose der Teamkommunikation mit Hilfe eines Egogramms. Voraussetzung für die Übung ist, dass Sie es mit einer festen Arbeitsgruppe von maximal 10 Personen zu tun haben, deren Mitglieder mit dem Konzept der Ichzustände bereits vertraut sind.

Durchführung

Jedes Teammitglied fertigt ein Säulendiagramm über die Verwendung der Ichzustände im Team an. Dabei geht es nicht um das Kommunikationsverhalten einzelner Teammitglieder, sondern um den kollektiven Stil der Kommunikation in der Gruppe, wie er beispielsweise in Arbeitsbesprechungen sichtbar wird.

Aus Gründen der Vergleichbarkeit sollte für jeden Ichzustand eine Skala von 0 bis 10 vorgegeben werden.

Die Diagramme werden im Plenum vorgestellt und an einer Pinwand visualisiert. Anschließend werden folgende Fragen diskutiert:

- Was fällt uns auf?
- Wie zufrieden sind wir damit?
- Wie sind die produktiven Ichzustände (nEl, ER und fK) vertreten?
- Was wollen wir verändern?
- Womit konkret wollen wir beginnen?

Praxishinweise

Mit dieser Übung bekommen Sie einen guten Einblick in die Kommunikationskultur des Teams. Gleichzeitig steht Ihnen das Instrumentarium der TA zur Verfügung, um Verbesserungsideen in der Kommunikation beschreibbar zu machen.

Sie können an dieser Stelle auch gut eine Feedbackübung einsetzen, um individuelle Rückmeldungen zum Kommunikationsverhalten zu ermöglichen.

Mehr zum Thema Team finden Sie bei Gellert und Nowak 2010.

45 Mein inneres Komitee

Die Übung dient der Klärung einer persönlichen Frage im inneren Dialog der verschiedenen Ichzustände.

Theorie-Input

Das Ichzustands-Modell lässt sich ausgezeichnet für persönliche Klärungen einsetzen. Wenn wir innere Konflikte erleben und unserem inneren Dialog aufmerksam zuhören, werden wir meist gewahr, dass ein Chor verwirrender und widersprüchlicher Stimmen zu hören ist. Diese können wir mit Hilfe der Ichzustände ordnen, bewerten und klären.

Daraus lässt sich eine Methode zur Bearbeitung von Entscheidungssituationen ableiten, die wir Ihnen im folgenden vorstellen. Dabei gilt es, zunächst alle inneren Stimmen wahrzunehmen, im Prozess der Entscheidungsfindung aber vor allem die produktiven Ichzustände zur Geltung zu bringen.

Wir sprechen beim nährenden Eltern-Ich, beim Erwachsenen-Ich und beim freien Kindheits-Ich von den produktiven Ichzuständen, weil vor allem mit ihrer Hilfe Skriptaspekte aufgedeckt, Spiele beendet, Konflikte gelöst und Kompromisse erzielt werden können. Auch in der Beratung, in der Mitarbeiterführung, im Unterricht und ganz allgemein in der Gesprächsführung geht es darum, diese drei Ichzustände in der Kommunikation mit anderen und im Umgang mit sich selbst zu nutzen und zu fördern.

Das heißt nicht, dass nicht auch Reaktionen aus dem kritischen Eltern-Ich sowie aus dem angepassten und rebellischen Kind in bestimmten Situationen durchaus angemessen und – sozusagen als „Durchgangsstationen" – hilfreich sein können. Doch es kommt darauf an, dass am Ende „die Musik" von den produktiven Ichzuständen gemacht wird und dass das Erwachsenen-Ich „Regie führt". Gelingt dies nicht, kommt es leicht zu letztlich unbefriedigenden Entwicklungen.

Durchführung

Für diesen längeren Prozess der Klärung und Entscheidungsfindung empfehlen wir Ihnen, Dyaden zu bilden, die Sie immer wieder für Zwischenauswertungen nutzen können. Die Dyaden sollten über die gesamte Dauer der Übung konstant bleiben. Beim zweiten Schritt teilen Sie die Arbeitsbögen „Typische Stimmen der Ichzustände" aus und lassen sie zunächst in Einzelarbeit bearbeiten.

Anleitung

Überlegen Sie sich eine Entscheidung, die aktuell bevorsteht oder die Sie noch einmal auf ihre Stimmigkeit hin überprüfen möchten.

Ich leite Sie zu einer schrittweisen Bearbeitung dieser Entscheidungsfrage an. Nach jedem Arbeitsschritt werden Sie Gelegenheit haben, sich mit einem Partner oder einer Partnerin in einer konstant bleibenden Dyade auszutauschen und sich gegenseitig bei der Klärung zu unterstützen. Suchen Sie sich dafür jetzt eine Partnerin.

1. Schritt: Einzelarbeit

Schreiben Sie zunächst alle Argumente, Einwürfe, Zweifel und Bewertungen auf, also alle Aussagen aus Ihrem inneren Dialog, die Ihnen im Zusammenhang mit der betreffenden Entscheidung spontan einfallen. In dieser Phase geht es noch nicht um Klärung. Sammeln Sie möglichst viel Material! Es können sehr unterschiedliche Aussagen nebeneinander stehen.

2. Schritt: Dyade

Ordnen Sie Ihre Aussagen jetzt den verschiedenen Ichzuständen zu. Als Anregung können Sie die Bögen „Typische Stimmen der Ichzustände“ nutzen, die wir auf einem Arbeitsbogen zusammengestellt haben.

3. Schritt: Einzelarbeit

Beantworten Sie folgende Fragen:

- Welche Ichzustände haben viel, wenig oder gar nichts zu sagen?
- Welche Aussagen lösen in Ihnen die stärkste Emotion aus?
- Wo spüren Sie die stärkste Kraft?
- Welche Argumente wollen Sie berücksichtigen, welche nicht?
- Welche Stimmen sind zwar stark, sollen Sie bei Ihrer Entscheidung jedoch letztlich nicht leiten?
- Kommen die produktiven Ichzustände angemessen zu Wort?
- Wie zufrieden sind Sie damit?

4. Schritt: Dyade

Benennen Sie jetzt alle Aussagen, die Sie nicht weiter berücksichtigen wollen, und ergänzen oder verstärken Sie die Aussagen, die Sie wichtig nehmen wollen, besonders die, die aus den produktiven Ichzuständen stammen. Formulieren Sie dann mit dem Erwachsenen-Ich, unter Berücksichtigung Ihrer neuen Gewichtung, eine Entscheidung oder einen Kompromiss.

5. Schritt: Dyade

Wie können Sie Bedenken, die für Sie nach wie vor Gewicht haben, in Ihre Entscheidung einbeziehen? Oder haben Sie gute Argumente, um ihnen zu entgegnen?

Treffen Sie jetzt Ihre Entscheidung: *Ich entscheide mich dafür, ...* oder auch *Ich entscheide mich (noch) nicht aus folgenden Gründen ...*

6. Schritt

Den Abschluss bildet ein Plenum unter der Fragestellung: Was ist mir deutlich geworden und welche Fragen habe ich noch?

Praxishinweise

Es kann nötig sein, dass Sie im Abschlussplenum Verständnishilfen und Unterstützung bei noch unklaren Entscheidungen geben müssen.

Versuchen Sie nicht zu erreichen, dass jede/r sofort eine befriedigende Entscheidung trifft. Für manche Entscheidungsprozesse sind Zwischenergebnisse angemessen oder zusätzliche Informationen erforderlich.

Manche Entscheidungen sind noch nicht reif. Dann brauchen die Betreffenden die Erlaubnis, sich (noch) nicht entscheiden zu müssen.

In diesen Fällen können folgende Fragen aus den produktiven Ichzuständen weiterhelfen:

- Was brauchen Sie noch, um sich entscheiden zu können? (ER)
- Welchen Rat würde Ihnen eine Person geben, die es gut mit Ihnen meint? (nEL)
- Was sagt Ihnen Ihr Gefühl? Wozu hätten Sie Lust? (fK)

Handout 16: Typische Stimmen der Ichzustände

Kritisches Eltern-Ich

Du solltest ... Du musst ... Du darfst nicht ...
Man hat darauf zu achten...
Es geht nicht, dass du ...
Das schaffst du doch nie.
Es ist wieder mal typisch für dich ...
Es wird endlich Zeit, dass du ...

Nährendes Eltern-Ich

Du darfst ruhig ... Es ist gut für dich, wenn du ...
Du hast es verdient ... Es ist für dich wichtig, dass ...
Achte darauf, dass du ... Sorge dafür, dass ...
Erlaube es dir, ...

Erwachsenen-Ich

Realistisch betrachtet, ist es ...
Es ist sinnvoll, wenn ich ...
Unter dem Aspekt der Machbarkeit ist zu sagen, ...
Erfahrungen haben gezeigt ...
Voraussetzung für die Entscheidung ist, dass ...
Als mögliche Konsequenz gilt es zu beachten, dass ...

Angepasstes Kindheits-Ich

Ich traue mich nicht, ... Wie soll ich nur ...
Das ist für mich viel zu ...
Es hat doch noch nie geklappt, wenn ich ...
Am Ende wird bestimmt wieder ...
Die anderen denken dann über mich, ...

Rebellisches Kindheits-Ich

Ich lasse es mir auf keinen Fall gefallen, ...
Ich habe keinen Bock darauf, ...
Ich muss mich auf jeden Fall dagegen wehren, ...

Freies Kindheits-Ich

Ich habe (keine) Lust ... Mich ärgert ...
Ganz spontan würde ich sagen, ...
Ich habe schon immer davon geträumt ...
Meine Augen leuchten, wenn ich mir vorstelle ...
Optimistisch würde ich sagen, ...

Unergiebige Transaktionen kreuzen

Der Begriff „Transaktion" bezeichnet die kleinste Kommunikationseinheit, bestehend aus einem Impuls und einer Reaktion, die wiederum als Impuls für eine nächste Transaktion wirkt. Auf diese Weise entsteht eine Impuls-Reaktions-Kette, eben ein Gespräch. Es ist der unbestreitbare Vorteil der TA, diese Kommunikationseinheiten beschrieben und damit ein differenziertes Instrumentarium zur Metakommunikation geliefert zu haben. Wir geben Ihnen einige praxisrelevante Hinweise zur Dynamik der drei grundlegenden Transaktionstypen.

Komplementäre Transaktionen,

auch parallel genannt, stabilisieren die beteiligten Ichzustände. Dies gilt für Verhakungen zwischen kritischem Eltern-Ich und rebellischem Kind ebenso, wie für das lust- oder liebevolle Miteinander von zwei freien Kindheits-Ichs. Die Stabilisierung entspricht der ersten Kommunikationsregel, dass parallele Transaktionen im Prinzip ungehindert und endlos ablaufen können.

Verdeckte Transaktionen

sind dadurch gekennzeichnet, dass ein Thema oder Bedürfnis nur indirekt oder gar unbewusst geäußert wird und damit auch nicht bearbeitbar ist. Andererseits kann das stille Einvernehmen über eine verdeckte Ebene auch mit Spaß verbunden sein, etwa beim Flirten oder nicht verletzenden Formen von Ironie.

Gekreuzte Transaktionen

zielen darauf, Gesprächen eine neue Wendung zu geben. Die Weichen werden neu gestellt. Dies kann auf ein problematisches wie auch auf ein konstruktives neues Gleis führen. Die mit einer Kreuzungstransaktion verbundene Irritation kann gute Kommunikation nachhaltig behindern oder elegant dafür genutzt werden, aus Sackgassen heraus zu führen.

Die Art der Transaktion an sich besagt also nichts über deren Qualität. Der konstruktive Verlauf eines Gesprächs steht und fällt damit, inwieweit es den Gesprächspartnern gelingt, überwiegend aus den produktiven Ichzuständen heraus miteinander zu kommunizieren. Dazu ist es erforderlich, die Ichzustände zu erkennen, ein Gespür für die unterschiedlichen Transaktionsarten zu entwickeln und gezielt aus den produktiven Ichzuständen kreuzen zu können.

46 Transaktions-Dyaden

Ziel ist es, ein Gespür für die unterschiedlichen Arten von Transaktionen zu bekommen.

Durchführung

In der folgenden Übung wird in wechselnden Dyaden gearbeitet.

Parallele Transaktionen

Die Partner einigen sich auf ein Thema (aus Politik, Arbeit, Familie etc.). Sie bekommen den Auftrag, sich jeweils eine Minute lang ausschließlich mit folgenden Ichzuständen zu unterhalten.

- Beide sind im kritischen Eltern-Ich.
- Beide sind im Erwachsenen-Ich.
- A ist im nährenden Eltern-Ich, B im angepassten Kindheits-Ich.
- A ist im rebellischen Kindheits-Ich, B im kritischen Eltern-Ich.

Nach jeder Sequenz findet ein kurzer Austausch in den Dyaden statt.

Gekreuzte Transaktionen

A und B einigen sich wieder auf ein Thema, dürfen aber ausschließlich über gekreuzte Transaktionen kommunizieren.

- A sagt etwas, B kreuzt
- B sagt etwas, A kreuzt etc.

Verdeckte Transaktionen

A und B überlegen sich, was ihr Gegenüber für sie tun soll (etwas zu trinken holen, das Fenster öffnen, einen Gegenstand geben etc.). Danach beginnen beide ein Gespräch, in dessen Verlauf diese Wünsche nur verdeckt formuliert werden dürfen.

Praxishinweis

Lassen Sie bei der Auswertung die Teilnehmenden auch ihre Empfindungen beschreiben, die sie während der Übungen hatten, und Beispiele aus Alltagssituationen geben, in denen die betreffenden Transaktionstypen eine entscheidende Rolle gespielt haben.

47 Transaktions-Manege

In dieser Übung wird die Diagnosefähigkeit für Transaktionen trainiert.

Sie teilen die Gruppe in drei gleich große Untergruppen auf und lassen die Teilnehmer von Ihnen vorbereitete Zettel ziehen, auf denen jeweils ein Transaktionstyp steht. Anschließend wird ein Thema vereinbart, über das in der Gruppe diskutiert wird. Dabei darf jeder nur seinen Transaktionstyp verwenden.

In der Auswertung sollen die Teilnehmer Vermutungen darüber äußern, wer welchen Transaktionstyp verwendet hat.

48 Transaktionen erkennen

Auch in dieser Übung geht es um das Erkennen der Transaktionen.

Es werden Triaden gebildet. Zwei Personen werden instruiert, eine bestimmte Sequenz von Transaktionen zu spielen. Eine Person – auf ihr liegt hier der Fokus – beobachtet. Es werden drei Durchgänge gespielt, damit alle einmal in die Beobachterrolle kommen.

1. Durchgang

A beobachtet, B und C werden instruiert. Die Instruktion lautet:

B berichtet mit dem ER von einem beruflichen Ereignis.
C reagiert zunächst mit dem ER (hört zu, stellt Verständnisfragen).
C kreuzt aus dem kEL mit einer Bewertung oder Zurechtweisung.
B reagiert daraufhin aus dem rK mit Abwehr oder Rückzug: *Dann sage ich eben gar nichts mehr.*

Anschließend teilt A seine Beobachtungen mit.

2. Durchgang

B beobachtet, C und A werden instruiert. Die Instruktion lautet:

C jammert aus dem aK über seine berufliche Situation.
A reagiert aus dem nEL mit Verständnis und Anteilnahme.
A kreuzt aus dem ER, fragt nach Einsichten / Lösungsversuchen.
C kreuzt ebenfalls und verharrt im aK.
A kreuzt erneut aus dem ER.
C nimmt jetzt die Einladung an und wechselt ins ER.

Anschließend teilt B seine Beobachtungen mit.

3. Durchgang

C beobachtet, A und B werden instruiert. Die Instruktion lautet:

A schimpft über ihre Vorgesetzte.
B reagiert zunächst sachlich aus dem ER.
B reagiert verdeckt aus dem kEL: *Vielleicht sollten Sie mal darüber nachdenken, was das mit Ihnen zu tun haben könnte.*
A wechselt ins vorwurfsvolle rK: *Aha, Jetzt soll ich auch noch Schuld sein!*

Anschließend teilt C seine Beobachtungen mit.

Praxishinweis

Die Instruktionen für diese Übung lassen sich beliebig variieren. Wichtig ist nur, dass die jeweilige Instruktion die Zahl von 4 Transaktionen nicht überschreitet.

Variante

Sie können auch lediglich die ersten Transaktionen vorgeben, danach soll sich der Dialog spontan entfalten, allerdings letztlich mit einem guten Ausgang. Frage an die Beobachtenden: *Welche produktive Kreuzung führte zur positiven Wende?*

49 Haute cuisine: Tückische Alltagskommunikation

Eine Übung zur Diagnose von Ichzuständen und Transaktionen.

Die folgenden Beispiele sind Originalzitate aus der Intranet-Chat-Ecke der Kantine eines großen Unternehmens.

Im ersten Handout liegt der Fokus auf dem Ichzustand und dem Dramadreieck. Im zweiten Handout geht es um den Transaktionstyp.

Lassen Sie die folgenden Handouts in Kleingruppen durcharbeiten. Besonders reizvoll: Die Kleingruppen entwickeln Vorschläge für produktive Ausstiege, die im Plenum vorgestellt und diskutiert werden.

Handout 17: Aus der Chat-Ecke einer Kantine 1

Zitat	Ichzustand DD-Rolle
1. *Die wievielte Anmerkung zu fehlender Suppe ist dies schon? Haben Sie keine anderen Probleme Herr B.?*	
2. *An die armen Landwirte, die durch die BSE-Krise in Existenznot geraten, denkt keiner mehr.*	
3. *Wie kann es angehen, dass um viertel nach eins die Rumpsteaks alle sind?*	
4. *Auch die, die später zum Essen gehen, würden sich freuen, wenn die Kollegen von der Vorsuppe was übrig gelassen hätten.*	
5. *Was ist ein Lob schon wert, wenn die Kritik geächtet wird. Die sehr gute Küche ist unbestritten und hierfür ist sie auch zu loben.*	
6. *Nichts im Leben ist absolut sicher. Es gibt keine Garantie darauf, dass man nicht vom Meteoriten getroffen wird. Die Wahrscheinlichkeit im Auto tödlich zu verunglücken ist weit höher, als an BSE zu erkranken.*	
7. *Mein Quarklein wurde wohl mit einem Zwergenlöffel aufgefüllt.*	
8. *Mmmm, endlich wieder lecker Milchreis!!!*	

Analysieren Sie die Äußerungen unter folgenden Aspekten:

- Welcher Ichzustand ist jeweils aktiv?
- Ist die Äußerung einer Rolle des Dramadreiecks (siehe Seite 133) zuzuordnen?
- Finden Sie eine passende produktive Reaktion!

Handout 18: Aus der Chat-Ecke einer Kantine 2

Dialog 1 — Transaktion

1. *Nicht böse sein, aber darf ich fragen, mit was die Ravioli gefüllt sind?*
2. *Die Ravioli sind ein hochwertiges Fertigprodukt und die Füllung besteht aus Putenfleisch, Rindfleisch und Gemüse.*

Dialog 2

1. *Noch eine kleine Anmerkung: Früher gab es dieses Mandarinen-Dressing – darin könnte ich baden. Gibt es eine kleine Chance, das öfter anzubieten?*
2. *Gibt es nicht, da nicht genug Platz für die Badewanne vorhanden ist.*

Dialog 3

1. *Vielleicht wäre es ein guter Kompromiss, in Zukunft öfter Pferdefleisch anzubieten.*
2. *Wir sind doch nicht in Frankreich, wo alles gegessen wird, was nicht schnell genug entkommt.*

Dialog 4

1. *Aus welcher Fleischsorte besteht Giros?*
2. *Da die Küche sicher voll beschäftigt ist, beantworte ich Ihre Frage: Giros wird entweder aus Schweinefleisch oder aus Putenfleisch hergestellt.*

- Zeichnen Sie bei diesen Kurzdialogen den Transaktionstyp auf!
- Finden Sie eine passende produktive Reaktion!

50 Produktiv kreuzen

Die Teilnehmenden lernen es, gekreuzte Transaktionen zu formulieren bzw. sie beim Gesprächspartner zu erkennen.

Durchführung

Diese Übung findet in wechselnden Dyaden statt. Das Gesprächsthema wird jeweils von A bestimmt. Die Aufgabe von B ist es, aus einem der produktiven Ichzustände zu kreuzen.

Eine Runde ist beendet, wenn A die produktive Irritation gespürt und die Kreuzungstransaktion erkannt hat.

Anschließend findet in den Dyaden ein kurzer Austausch darüber statt, wie das Gespräch vermutlich weiter verlaufen wäre.

Danach wird die Dyade für eine nächste Runde gewechselt.

1. Runde

A schimpft aus dem kEL über einen Dritten.
B geht kurz darauf ein und kreuzt dann aus dem ER.

2. Runde

A beklagt sich aus dem rK.
B geht mit dem nEL kurz darauf ein und kreuzt dann aus dem ER.

3. Runde

A jammert aus dem aK.
B geht mit dem nEL kurz darauf ein und kreuzt dann aus dem fK.

Praxishinweis

Die Wirkung von Kreuzungstransaktionen wird innerhalb der Übung sehr unterschiedlich empfunden. Manche Teilnehmenden sind unzufrieden oder verärgert, weil sie die Kreuzung als unpassend empfinden.

Weisen Sie darauf hin, dass der Zeitpunkt der Kreuzungstransaktion eine wichtige Rolle spielt. So muss A genügend Zeit haben, Dampf abzulassen, bevor eine Kreuzungstransaktion wirksam werden kann, selbst wenn sie aus einem produktiven Ichzustand erfolgt.

51 Kampf der Ichzustände

Hierbei geht es darum, trotz unproduktiven Gesprächsverhaltens einer anderen Person in einem produktiven Ichzustand zu bleiben.

Durchführung

Es werden Triaden gebildet.

1. Runde

A beobachtet, B und C werden instruiert.

> B möchte von C wichtige Arbeitsunterlagen haben. Beispiele aus „Der Ton macht die Musik" (Seite 99) können verwendet werden.
> C wehrt sich aus dem kEL (Vorwürfe, Gegenangriffe), dem rK (rebellische Abwehr, beleidigter Rückzug) oder dem aK (Selbstabwertung, Verzweiflung, Ausreden).
> B hat die Aufgabe, nur mit dem ER, nEL oder fK zu reagieren.

Nach drei Minuten bricht der Beobachter das Gespräch ab und gibt Rückmeldung darüber, an welchen Stellen B souverän geblieben ist und wo er „gewackelt" hat.

2. Runde

B beobachtet, C und A werden instruiert.

> C kritisiert A, weil dieser eine Verabredung nicht eingehalten hat.

Instruktion wie in der 1. Runde.

3. Runde

C beobachtet, A und B werden instruiert.

> A möchte, dass B eine wichtige Aufgabe übernimmt.

Instruktion wie in der 1. Runde.

Praxishinweis

Die Übung eignet sich gut für ein Seminar zum Beschwerdemanagement oder für ein Konflikttraining.

Für weiteres Training gekreuzter Transaktionen eignen sich auch die instruierten Triaden aus dem Kapitel „Dramadreieck" (Seite 133ff).

Ermutigung statt Kritik und Abwertung

In der Skripttheorie der TA werden eine Reihe einschränkender Botschaften beschrieben, zu denen auch die sogenannten „Antreiber“ gehören. Damit gemeint sind fünf typische Anpassungsmuster, mit denen wir uns selbst und anderen – nicht nur in Gesprächssituationen – das Leben schwer machen.

Wollen wir sie überwinden oder zumindest entkräften, so bedarf es einer veränderten inneren Einstellung, aus der heraus wir uns auch dann noch okay fühlen dürfen, wenn wir nicht den internalisierten Verboten und einengenden Geboten folgen.

Eine solche Einstellung gewinnen wir am ehesten, wenn wir es uns innerlich gestatten, uns anders als durch die einschränkenden Botschaften vorgegeben zu verhalten. Dafür ist es nötig, die für mich und meine spezielle Situation passende Erlaubnis ausfindig zu machen und wirksam zu integrieren.

Manchmal begegnen wir Menschen, die in Gesprächen, vielleicht eher beiläufig, eine für uns zentrale Erlaubnis aussprechen oder dies im Umgang mit uns durch ihre persönliche Einstellung verkörpern. Wenn uns jemand auf diese Weise begegnet, sind wir meist tief berührt, ohne es spontan begründen zu können. Dies gilt nicht nur für familiäre und freundschaftliche Beziehungen, sondern auch für pädagogische Situationen in Unterricht, Training oder Mitarbeiterführung.

Nicht selten wirken Erlaubnisse auch in diesem Kontext positiv lebensverändernd. Daher gehört aus unserer Sicht zu einer professionellen Gesprächsführung auch eine Sensibilisierung für die Kraft einer Erlaubnis gebenden Gesprächskultur.

Der beste Einstieg und zugleich das beste Trainingsfeld ist es, die Kraft von und den Umgang mit Erlaubnissen für sich selbst zu spüren und nutzen zu lernen.

52 Ein Wunsch frei

Eine Anregung, eine unproduktives Reaktionsmuster zu verändern.

Durchführung

Die Schritte 1 bis 3 werden in Einzelarbeit, der 4. Schritt in Dyaden durchgeführt. Die Teilnehmenden benötigen Stift und Papier für persönliche Notizen.

1. Schritt

Denken Sie an eine Situation, in der Sie unangemessen reagiert haben oder üblicherweise reagieren. Machen Sie sich dazu kurze Notizen.

2. Schritt

Wie würden Sie sich statt dessen lieber in einer solchen Situation verhalten können? Formulieren Sie dieses erwünschte Verhalten und achten Sie darauf, dass Sie es konkret, positiv und in Ihrer eigenen Macht stehend beschreiben.

3. Schritt

Welche innere Erlaubnis würde es Ihnen erleichtern, das gewünschte Verhalten zu realisieren? Die Erlaubnis sollte so passend wie möglich auf das unangemessene Reaktionsmuster abgestimmt sein. Sie darf nicht die Worte „müssen" und „sollen" enthalten.

Lassen Sie sich bei der Formulierung von den Beispielen im Handout Erlaubnisliste (siehe unten) anregen. Schreiben Sie Ihre Erlaubnis auf eine Karte.

4. Schritt

Setzen Sie sich mit einem Partner oder einer Partnerin zusammen und tauschen Sie sich aus. Beraten Sie sich gegenseitig, um Ihre Erlaubnis noch treffsicherer zu formulieren. Überlegen Sie, wann und in welcher Situation Sie die Erlaubnis konkret umsetzen werden.

Auswertung

Es folgt ein Austausch im Plenum zu den Fragen: Was ist mir deutlich geworden? Welche Frage habe ich noch?

53 Meine Erlaubnis

Die Übung bietet Gelegenheit, mit einer wichtigen Erlaubnis in Kontakt zu kommen.

Durchführung

Jeder Teilnehmer bekommt eine Liste mit Erlaubnissätzen und bearbeitet die folgende Aufgabe zunächst in Einzelarbeit. Dazu können Sie die Erlaubnisse auch vorlesen.

1. Schritt: Einzelarbeit

Lesen sie die Erlaubnisliste aufmerksam durch und spüren Sie nach, welche Erlaubnis Sie am stärksten anspricht. Formulieren Sie diese Erlaubnis gegebenenfalls auf Ihre speziellen Belange um.

2. Schritt: Dyaden

Finden Sie sich in Dyaden zusammen und stellen Sie sich Ihre Erlaubnisse gegenseitig vor. Unterstützen Sie sich gegenseitig dabei, eine möglichst treffsichere Formulierung zu finden. Notieren Sie die Erlaubnis auf einer Moderationskarte.

Berichten Sie sich gegenseitig, in welchen Situationen sich Ihr Denken, Fühlen und Verhalten verändern wird, wenn Sie diese Erlaubnis beherzigen, und was Sie dadurch gewinnen können.

3. Schritt (optional): Marktplatz

In einer Marktplatzsituation wählen sich die Teilnehmenden drei Personen aus, denen Sie ihre Karte aushändigen mit der Bitte, ihnen die Erlaubnis vorzulesen. Dies sollte in direktem Blickkontakt erfolgen.

Abschließend findet ein Erfahrungsaustausch im Plenum statt.

Praxishinweis

Die Arbeit mit Erlaubnissen birgt eine große Erlebnistiefe und sollte daher nur in vertrauten Gruppen durchgeführt werden, insbesondere was den dritten Schritt betrifft. Richtig eingesetzt gewinnen viele Teilnehmer dabei wichtige und nachhaltige wirkende Erfahrungen.

Die Karten mit den Erlaubnissen sollten von den Betreffenden zwecks besserer Verankerung mit nach Hause genommen und eine Zeit lang sichtbar aufgehängt werden.

Handout 19: Erlaubnisse

Du darfst es auf deine Weise tun.

Du darfst ausprobieren und experimentieren.

Du darfst um Unterstützung bitten und sie annehmen.

Du darfst erfolgreich sein.

Du darfst deine Erfolge wahrnehmen und dich über sie freuen.

Du darfst stark und tüchtig sein und dennoch Bedürfnisse äußern.

Du darfst dich abgrenzen und „nein“ sagen.

Du darfst deine Fähigkeiten wahrnehmen, einsetzen und zeigen.

Du darfst neugierig sein und intuitiv.

Du darfst deine Gefühle wahrnehmen und zeigen.

Du darfst es Dir leicht machen.

Du bist wertvoll und wichtig, auch ohne etwas Besonderes zu leisten.

Es ist in Ordnung, Fehler zu machen oder Irrtümer zu begehen und daraus zu lernen.

Du darfst deine eigenen Erfahrungen machen.

Du darfst anderen Menschen vertrauen.

Du darfst dich (neu) entscheiden.

Du brauchst nicht für andere zu denken und Verantwortung zu übernehmen.

54 Was du brauchen könntest

In dieser Übung können die Teilnehmenden probeweise einen Erlaubnissatz für eine andere Person, an der ihnen etwas liegt, formulieren und Feedback dazu bekommen.

Durchführung

Geben Sie den Teilnehmenden folgende Arbeitsanweisung:

1. Schritt: Einzelarbeit

Denken Sie an eine Person aus dem beruflichen oder privaten Kontext, die Ihrem Eindruck nach häufiger Antreiberverhalten zeigt.

Überlegen Sie, welche Erlaubnis dieser Person vermutlich gut tun würde, um sich angemessener verhalten zu können. Greifen Sie dabei auch auf die Erlaubnisliste in der vorigen Übung zurück.

Überlegen Sie sich eine Gesprächsituation, in der Sie diese Erlaubnis der betreffenden Person gegenüber formulieren können.

2. Schritt: Dyaden

Suchen Sie sich eine Partnerin und tauschen Sie sich über Ihr Vorhaben aus. Geben Sie sich dabei vor allem Feedback zu den Fragen,

- ob Ihr Erlaubnissatz als Bevormundung oder Übergriff wirken könnte,
- welche eigenen Motive der Idee für diese Erlaubnis zugrunde liegen,
- ob Sie Gefahr laufen, eine unangemessene Symbiose einzugehen.

3. Schritt: Plenum

Abschließender Austausch im Plenum: Was ist mir deutlich geworden?

Einen sicheren Rahmen schaffen

Wenn Sie als Trainer, Beraterin, Lehrerin oder Führungskraft Lern- und Arbeitsprozesse mit anderen so strukturieren, dass für Aspekte der Persönlichkeitsentwicklung Raum ist, müssen Sie darauf achten, dass jederzeit ein sicherer Ragmen für die Beteiligten gewährleistet ist.

Menschen, die sich mit einem belastenden Problem auseinandersetzen, mehr persönliche Offenheit riskieren und Gefühle erleben, die sonst eher kaschiert werden, haben in diesem Moment unter Umständen nicht ihr volles Eltern-Ich und Erwachsenen-Ich zur Verfügung.

Solche Situationen, in denen das innere Kind mit involviert ist, entstehen vor allem

- wenn Menschen unerwartet tiefe Gefühlen erleben, z. B. in Feedbacksituationen,
- wenn sie mit schmerzlichen Erfahrungen der eigenen Biografie in Kontakt kommen,
- wenn alte Gewissheiten und Sicherheiten durch neue Erfahrungen aufgeweicht werden,
- wenn sie massiven Abwertungen oder Angriffen anderer ausgesetzt sehen oder auch mit zuviel gut gemeinter Zuwendung zugeschüttet werden.

Schutz zu geben bedeutet dann, für die Person ergänzend das ER und nEL zu gewährleisten, ohne jedoch das Prinzip der Selbstverantwortung aufzugeben. Dabei geht es nicht darum, dem anderen tiefe Gefühle auszureden oder jemanden vor wichtigen neuen Erfahrungen zu bewahren.

Ziel ist es, Raum zu geben und einen sicheren, angemessenen Rahmen zu bieten für wachstumsfördernde neue Erfahrungen.

55 Schutz vor Verletzungen

Ziel dieser Übung ist es, die Teilnehmenden anhand eigener Erfahrungen für Situationen zu sensibilisieren, in denen Menschen Schutz benötigen, und sie geeignete Strategien für den Umgang mit solchen Situationen herausfinden zu lassen.

Durchführung

In Einzelarbeit (z. B. in einer geleiteten Phantasieübung) vergegenwärtigen sich die Teilnehmenden eine verletzende Situation, die sie selbst erlebt haben. Geben Sie ihnen folgende Impulse zur Selbstreflexion:

- Wo bin ich in einer schutzlosen Situation verletzt worden?
- Welchen Schutz hätte ich damals gebraucht?
- Was hätte mir geholfen, nicht verletzt zu werden, sondern eine positive Erfahrung zu machen?

Anschließend erarbeiten die Teilnehmenden in Kleingruppen anhand ihrer individuellen Erfahrungen Schutz-Strategien.

In einem nächsten Schritt werden diese Strategien darauf hin überprüft, ob dadurch

- nützliches Feedback unterbunden wird,
- weiter führende Erfahrungen verhindert werden,
- die Selbstverantwortung der Beteiligten untergraben wird,
- ins Dramadreieck eingeladen wird.

Die abschließende Auswertung im Plenum sollte unter der Fragestellung stehen, welche Strategien die beste Balance zwischen Schutz und Selbstverantwortlichkeit ermöglichen.

56 Hitliste der Schutz-Missachtungen

In dieser Übung geht es darum, sich zu sensibilisieren für das Spektrum möglicher Schutzmissachtungen.

Durchführung

Aufgabe ist es, in Kleingruppen selbst erlebte oder mögliche Schutz-Missachtungen zu sammeln.

Im Plenum werden die Ergebnisse zusammengetragen und entsprechend dem Schweregrad skaliert.

Falls nötig, können Sie die Liste um aus Ihrer Sicht fehlende Punkte ergänzen, damit gewährleistet ist, dass die Teilnehmenden einen möglichst umfassenden Einblick in diese negative „Hitlste" bekommen.

So sollten Punkte wie

persönliche Kritik in Gegenwart anderer
Bagatellisieren von Gefühlen
rücksichtsloses Ausagieren der eigenen Machtposition
Ansprechen persönlicher Aspekte ohne Vertrag
Nachtreten zum Schluss eines Gesprächs

keinesfalls fehlen. Bei Interesse können Sie zu ein oder zwei Punkten ein Rollenspiel zum Üben des Selbst-Schutzes entwickeln.

57 Mein Schutzschild

In dieser Übung geht es darum, sich die eigenen Schutzmöglichkeiten gegen verbale Verletzungen bewusst zu machen.

Durchführung

Die Teilnehmenden erhalten die Aufgabe, einen persönlichen Schutzschild zu malen, mit dem sie sich vor verbalen Verletzungen wie ungebetenes Feedback, Abwertungen, unangemessene Kritik oder persönliche Angriffe schützen können.

Auf dem Schutzschild können Symbole (Schwert, Burgtor, Zaun, Tür mit Guckloch), schützende Wörter oder Sätze (*Stop! Ich werde darüber nachdenken. Das ist meine Sache.*), innere Haltungen (*Niemand kann mich verletzen, solange ich es nicht zulasse.*) oder schützende Verhaltensweisen (eine Auszeit nehmen, elegant ausweichen) gemalt werden.

Als Beispiel für die Malaufgabe kann die Körbchen-Metapher dienen. Sie verdeutlicht, wie wir durch ein inneres Bild eine hilfreiche Distanz gegenüber unangemessenem Feedback herstellen können:

> *Stellen Sie sich vor, dass vor ihnen ein unsichtbarer Korb steht. Wenn jemand Ihnen ein Feedback gibt, so landet es zunächst in diesem Korb. Sie schauen sich in Ruhe an, was darin liegt, und entscheiden dann, was sie sich daraus nehmen, weil sie es zutreffend finden und sich damit auseinandersetzen wollen, und was sie darin liegen lassen, weil sie es unzutreffend oder unangemessen formuliert finden.*

Nach dem Malen stellen sich die Teilnehmenden ihre Bilder mit den Schutzschilden in Dyaden oder Triaden gegenseitig vor. Dabei sollen folgende Fragen bearbeitet werden:

1. Wo bin ich besonders verletzlich?
2. Was habe oder kann ich bereits, um mich dagegen zu schützen?
3. Was brauche ich noch, um mich besser schützen zu können?
4. Wie können für mich passende verbale Reaktionen lauten?

Beim dritten Punkt wird es vor allem um Erlaubnisse gehen wie:

Ich darf „nein" sagen.
Ich darf mich abgrenzen.
Ich darf einen eigenen Standpunkt einnehmen.
Ich darf mich gut fühlen, auch wenn es anderen schlecht geht.

Auswertung

Abschließend findet ein Austausch im Plenum statt zu den Aspekten:

- Was ist mir deutlich geworden?
- Welche Fragen habe ich noch?

Sie können die Teilnehmenden auffordern, schützende und abgrenzende Sätze auf einem gemeinsamen Chart zusammenzutragen.

Variante: Mein Schutzmantel

Aufgabe ist es, einen Körperumriss zu malen und den verschiedenen Körperregionen wie Kopf, Herz, Bauch, Hände, Beine, Füße passende Schutzmechanismen zuzuordnen. Diese Variante benötigt mehr Zeit und beinhaltet mit den Bezügen zu Herz und Bauch einen höheren Selbsterfahrungsanteil.

Weiterführung

Freiwilligen kann ein Probehandeln im Rollenspiel angeboten werden. Der Übende wählt ein Gegenüber und gibt Hinweise, mit welchen Abwertungen, Angriffen etc. umzugehen ihm bisher schwer fiel. Im Rollenspiel übt er, die Angriffe etc. zurückzuweisen. Wichtig ist, dass sich der instruierte Gesprächspartner nicht über die Rollenvorgaben hinaus eskaliert.

Nicht ins Dramadreieck gehen

Ein für die Gesprächsführung besonders erhellendes Konzept ist das Dramadreieck. Es zeichnet sich durch Einfachheit und Universalität aus. Mit den drei Rollen Retter, Opfer und Verfolger eignet es sich dafür, typische Kommunikationsmuster aufzudecken und unproduktive Gesprächsverläufe zu beschreiben, die in allen Bereichen menschlicher Kommunikation zu beobachten sind.

Theorie-Input

In allen Rollen des Dramadreiecks streben die Personen nach symbiotischen Beziehungen. Sie erhoffen sich Bestätigung für ihr Selbstbild aus dem Zusammentreffen mit den komplementären Rollen. Sie sind im Denken, Fühlen und Verhalten durch ihren Bezugsrahmen begrenzt und miteinander verstrickt. Sie nutzen das Potential ihrer Ichzustände nur eingeschränkt.

Verfolger agieren im kritischen Eltern-Ich, Retter im fürsorglichen Eltern-Ich und Opfer im angepassten Kind. Das Erwachsenen-Ich wird in allen Rollen vernachlässigt. Gemeinsam ist den Rollen eine getrübte Sicht der Wirklichkeit, die sich in einer Abwertung bzw. Übertreibung eigener oder fremder Stärken und Schwächen äußert.

Besonders anfällig für das Dramadreieck sind nicht ebenbürtige Beziehungen – in Mitarbeiterführung, Beratung, Ausbildung, Unterricht, Betreuung und Pflege – in denen es ein Gefälle in Bezug auf Wissen, Erfahrung und Entscheidungskompetenz gibt. Die Komplementarität der Rollen kann zu unproduktiver Kommunikation (ver-) führen, so dass Eigenständigkeit, Lernen, Entwicklung und Verantwortungsbewusstsein eher verhindert als gefördert werden. Das Vertrackte ist: Kommunikation im Dramadreieck bietet allen Beteiligten reichlich Gelegenheit, ihren Stimulus-Hunger zu stillen, Zuwendung auszutauschen und die eigene Lebensposition auszuagieren.

Für den Einstieg ins Dramadreieck bevorzugen die meisten Menschen eine bestimmte Rolle. Aus ihr heraus nehmen sie Kontakt zu anderen auf. Sie nutzen dafür spezifische Kommunikationsmuster, die Signalcharakter für die Umgebung besitzen und mit der Hoffnung verbunden sind, dass jemand anders komplementär ins Dramadreieck einsteigt.

In der folgenden Übersicht beschreiben wir die Ausprägung der drei Rollen mit Hilfe anderer TA-Konzepte wie Ichzustände, Transaktionen, Abwertung, passives Verhalten, Zuwendung, Lebenspositionen.

Den Einstieg ins Dramadreieck bahnen Abwertungen, Übertreibungen, Vorwürfe, Angriffe, verdeckte Aussagen wie Ironie oder Sarkasmus. Sätze, die mit den Worten *immer, nie, alle(s), schon wieder, keiner* beginnen, sind nichts anderes als Einladungen an die anderen Beteiligten, eine neue Runde im Dramadreieck zu beginnen.

Die folgenden Übungen zielen darauf, die Wahrnehmung für Einladungen in das Dramadreieck zu schulen und einen gekonnten Umgang damit zu trainieren.

Handout 20: Profile der Rollen im Dramadreieck

Retter

genießen eine hohe soziale Anerkennung. Da ihre Energie nach außen gerichtet ist (sie haben keine innere Erlaubnis, an sich selbst zu denken!), bekommen sie jedoch nicht das, was sie wirklich brauchen.

Lebensposition

Am Anfang: Ich bin okay, die anderen nicht.
Am Schluss: Ich bin nicht okay , die anderen sind okay.

Typische Botschaften

Zum Opfer: Du schaffst es nicht – ich helfe dir.
Zum Verfolger: Wie kannst du nur …

Bevorzugte Haltung

Am Anfang fürsorglich
Am Schluss: hilflos, verzweifelt

Zuwendung

Bedingt positiv

Abwertung

eigene Bedürfnisse
Kompetenz von anderen

Antreiber

Sei stark, streng dich an

Opfer

bekommen reichlich Zuwendung, ohne selbst viel dafür zu tun – durch Hilfe und Zuspruch der Retter wie durch Tritte und Demütigungen der Verfolger.

Lebensposition

Am Anfang: Ich bin nicht okay, die anderen sind okay.
Am Schluss: Ich bin nicht okay, die anderen auch nicht.

Typische Botschaften

Zum Retter: Du kannst es immer so toll …
Zum Verfolger: Entschuldigung, mir ist wieder … passiert

Bevorzugte Haltung

Am Anfang: hilflos, angepasst
Am Schluss: vorwurfsvoll

Zuwendung

Bedingt negativ, am Schluss oft unbedingt negativ

Abwertung

Eigene Kompetenz und Selbstverantwortung
In Bezug auf Retter: Übertreibung der Kompetenz
In Bezug auf Verfolger: Übertreibung der Macht

Antreiber

Machs recht, streng dich an

Verfolger

bekommen meist negative Zuwendung, da sie den Prozess durch permanentes Abwerten kontrollieren. Sie fühlen sich nur in Ordnung, wenn sie beweisen können, dass sie den anderen überlegen und nur von „Idioten" umgeben sind.

Lebensposition

Am Anfang: Ich bin okay, die anderen sind nicht okay.
Am Schluss oftmals: Ich bin nicht okay , die anderen sind okay.

Typische Botschaften

Zum Opfer: Du bist einfach zu blöd – wenn ich nicht …
Zum Retter: Ohne dich gäbe es nicht so viele Idioten.

Bevorzugte Haltung

Am Anfang: kritisch
Am Schluss oftmals: kleinlaut

Zuwendung

Vermischt, bedingt oder unbedingt negativ

Abwertung

Bei sich: Wunsch nach Nähe und Loslassen
Bei anderen: Kompetenz, Zuneigung

Antreiber

Sei perfekt, sei stark

58 Rollenprofile 1: Einladen

Diese Übung dient dazu, die Vor- und Nachteile der drei Rollen zu verstehen, Einladungen ins Dramadreieck (DD) zu erkennen und angemessene Reaktionen zu finden.

Durchführung

Es werden drei Gruppen gebildet, je eine für jede DD-Rolle. Wahlkriterium für die Gruppenbildung: *Welche Rolle ist mir besonders vertraut, im Sinn von: aus dieser Rolle heraus lade ich andere ins DD ein?*

Die Kleingruppen arbeiten an folgenden Fragen:

- Welche Vorteile sind mit der Rolle verbunden?
- Welche Nachteile sehen wir?
- Wie sehen typische verbale und nonverbale Einladungen aus?
- Wie können wir konstruktiv auf diese Einladungen reagieren?

Die Ergebnisse werden im Plenum präsentiert.

59 Rollenprofile 2: Anbeißen

Sie können den recht komplexen Arbeitsauftrag der vorigen Übung in zwei Arbeitsphasen gliedern:

1. Die ersten beiden Fragen nach dem Payoff werden bearbeitet. Danach gibt es eine erste Präsentation und Diskussion der Ergebnisse.
2. Anschließend werden neue Gruppen gebildet unter der Fragestellung: *Durch welche Rolle lasse ich mich vorzugsweise in DD-Kommunikation verwickeln?*

Diese Gruppen arbeiten an den Fragen 3 und 4. Sie präsentieren ihre Ergebnisse in Form kleiner Spielszenen.

Praxishinweis

Die Beschäftigung mit diesen Fragen fördert einen humorvollen Blick auf eigenes Verhalten, insbesondere wenn jeweils „Fachleute“ für Rollen des Dramadreiecks am Werk sind, die ihr eigenes Muster offen legen und reflektieren.

60 Dramadreieck erkennen

Diese Übung hilft, typische Muster der DD-Kommunikation zu erkennen und den Rollen zuzuordnen.

Durchführung

Es werden Dyaden oder Triaden gebildet. Aufgabe ist es, die Sätze im Arbeitsbogen mit dem Kürzel der jeweiligen Rolle zu markieren (R, V, O) sowie die konstruktive Reaktion, die nicht ins Dramadreieck führt, zu identifizieren und mit K zu markieren.

Handout 21: Rollendiagnose zum Dramadreieck

Ein Mitarbeiter macht zum wiederholten Mal einen Fehler, den er nicht mehr hätte machen dürfen.

1. *Sie sagen ihm, dass er sich mehr Mühe geben muss.*
2. *Sie erklären ihm alles noch ein weiteres Mal.*
3. *Sie fragen ihn, wo das Problem liegt.*
4. *Sie korrigieren stillschweigend den Fehler, weil Sie keinen Konflikt haben wollen.*

Sie erhalten eine neue Organisationsanweisung, die ihnen unsinnig erscheint.

1. *Sie machen einen provozierenden Aushang.*
2. *Sie fragen bei der Person nach, von der die Anweisung stammt.*
3. *Sie denken sich: Irgendwas werden die sich dabei gedacht haben.*
4. *Sie versuchen, trotz allem das Beste daraus zu machen.*

Ein Kollege kommt häufig zu spät zu beruflichen Terminen.

1. *Sie warten 10 Minuten und verlassen den Treffpunkt.*
2. *Sie sagen nichts, weil Sie nicht als Pedant dastehen wollen.*
3. *Sie beschweren sich bei ihrem Chef.*
4. *Sie übersehen das Zuspätkommen, weil Sie ihn nicht in Verlegenheit bringen wollen.*

Sie werden von einer Kollegin unsachlich kritisiert.

1. *Sie lassen die Sache auf sich beruhen, weil jedem einmal die Nerven durchgehen können.*
2. *Sie fordern Ihre Kollegin auf, sich im Ton zu mäßigen.*
3. *Sie geloben Besserung.*
4. *Sie sagen der Kollegin, dass Sie ihre Kritik für unsachlich halten.*

Sie werden von ihrem Vorgesetzten bei einem wichtigen Vorgang übergangen.

1. *Sie nehmen es hin, weil sie sowieso nichts machen können.*
2. *Sie halten künftig selbst wichtige Informationen zurück.*
3. *Sie sehen es ihm nach, weil er oft überlastet ist und schließlich nicht an alles denken kann.*
4. *Sie schlagen eine Vereinbarung über den Informationsfluss vor.*

61 Einstiege und Ausstiege

Rollenspiele zur Diagnose und Vermeidung von Dramadreieck

Durchführung

Kleingruppen von drei bis fünf Personen bekommen die Aufgabe, das Entstehen einer typischen DD-Situation in einem Rollenspiel darzustellen. Aufgabe des Plenums ist es, die Einladung zu identifizieren, die den Einstieg bewirkt. Hier können die Begriffe der Spiele-Formel von Eric Berne verwendet werden:

1. Welche „Köder" wurden ausgelegt?
2. Welche „schwache Stelle" bei den anderen hat dazu geführt, dass sie „angebissen" haben?
3. Mit welchem „Payoff" (Spielgewinn) hätte die Szene enden können?
4. Welche anderen Reaktionen sind denkbar, die den Einstieg ins Dramadreieck hätten verhindern oder aus dem Dramadreieck heraus führen können?

Weiterführende Variante

Im Stil des Forumstheaters können die Rollenspiele über die Analyse hinaus weiter geführt werden, um Ausstiege zu erproben. An den Stellen, wo der Köder ausgelegt wird, wird die Sequenz unterbrochen – jemand anders übernimmt die Rolle des Geköderten und spielt weiter, um einen alternativen Fortgang der Szene zu entwickeln, der nicht ins Dramadreieck hinein oder wieder heraus führt.

Das kann in mehreren Varianten durch immer wieder wechselnde Teilnehmerinnen erfolgen.

62 Dem Sog widerstehen

Hier wird trainiert, Einladungen ins Dramadreieck nicht anzunehmen.

Durchführung

Es werden Triaden gebildet. Alle A's werden instruiert, in einem Rollenspiel (siehe unten) aus einer bestimmten DD-Rolle heraus die Mitspielerin B „nach allen Regeln der Kunst" ins Dramadreieck hinein zu ziehen. C beobachtet und gibt Rückmeldung darüber, wo und wie es A schafft, B hinein zu ziehen, und an welchen Stellen und mit welchen Mitteln es B gelingt, draußen zu bleiben.

Es gibt drei Durchgänge mit jeweils neuen Instruktionen. Zur Analyse und Rückmeldung kann die Gruppe – je nach Vertrautheit mit dem Material – die Beschreibung der Rollen mit den TA-Konzepten nutzen.

Wir geben Ihnen einige Beispiele für mögliche Instruktionen.

Instruktionen für A:

1. Sie sind Lehrerin oder Lehrer und beschweren sich bei dem Kollegen, der den Stundenplan aufstellt: *Ich werde immer benachteiligt, auch jetzt wieder beim Vertretungsplan. Der letzte Stundenplanmacher hatte da mehr Verständnis. Da war der Plan immer viel ausgewogener ...* (Alternative: Urlaubsplanung.)

2. Sie gehen zu Ihrem Chef. Ein Kollege, mit dem Sie eng zusammenarbeiten, hat Ihrer Meinung nach große berufliche Schwierigkeiten, der Chef müsse sich mal drum kümmern. Sie wollen ihn zum Handeln bringen, sich selbst aber heraus halten: *Er wird sowieso nicht auf mich hören. – Ich will ihn auch nicht verletzen. – Ich finde, das ist nun wirklich Chefsache!*

3. Sie als Führungskraft beklagen sich bei einem gleichgestellten Kollegen, dass alle Arbeit an Ihnen hängen bleibt, weil sich die Mitarbeiter um nichts kümmern. Wenn Ihr Kollege Sie hinterfragt, argumentieren Sie nach dem Motto: *Wenn ich das nicht selbst in die Hand nehme, sondern anderen überlassen, wird es nicht gründlich genug gemacht. Dann habe ich nur noch mehr Arbeit.*

4. Sie als Elternteil fordern vom Schulleiter, dass der Mathematiklehrer aus der Klasse genommen wird, weil Ihr Kind bei dem nichts lernt. Sie selbst haben natürlich keine Verantwortung und machen ggf. den Schulleiter für seine mangelnde Personalführung verantwortlich. Sie selber sind auch Chef, wissen, dass der Schulleiter neu ist, und hätten da noch ein paar gute Ratschläge parat.

Praxishinweis

Die Übung eignet sich dazu, auf die typischen, z. T. sehr subtilen Muster aufmerksam zu werden, die im Alltag genutzt werden, um jemanden in die unproduktiven Rollen des Dramadreiecks hinein zu ziehen. Ermutigen Sie die Spieler, ruhig tief in die Trickkiste der Abwertungen und Übertreibungen zu greifen – was den Beteiligten meist viel Spaß macht.

Die Herausforderung, den Einladungen ins Dramadreieck zu widerstehen, ist eine hervorragende Trainingsmöglichkeit für selbstverantwortliches Denken, Fühlen und Verhalten.

Passivität aufdecken und konfrontieren

In den Übungen zu diesem Kapitel werden drei Fähigkeiten geübt: passives Denken und Verhalten zu diagnostizieren, feinste Abwertungen zu erkennen sowie geeignete Interventionen einzuüben, um Aktivität zu fördern und Symbiosen zu vermeiden.

Theorie-Input

Passives Verhalten zielt darauf ab, andere Menschen für sich aktiv werden zu lassen. Sie werden mit subtilen Mitteln eingeladen, sich in eine Symbiose mit der passiven Person zu begeben. Dies gelingt, indem eigene Fähigkeiten geleugnet oder abgewertet werden. Eigene Aktivität zu entwickeln würde dagegen bedeuten, das vertraute Bezugssystem zu verlassen, Verantwortung zu übernehmen und Probleme zu lösen.

Passives Verhalten ist den betreffenden Personen in der Regel unbewusst. Sie sind in Trübungen gefangen und halten ihre Abwertungen und Übertreibungen für wahr und unabänderlich. Mache ich mir die Abwertungen der passiven Person zu eigen, werde ich beginnen, für sie zu denken, zu fühlen und zu handeln – sichere Signale dafür, dass ich mich in eine Symbiose mit ihr begebe.

Wenn Menschen sich in Bezug auf eine Aufgabe oder ein Problem in irgendeiner Weise realitätsunangemessen bzw. passiv verhalten, sind vier Stufen erkennbar, denen jeweils eine Leugnung bzw. Abwertung von bestimmten Aspekten der Realität zugrunde liegt:

1. Die Person bestreitet, die Existenz eines Problems.

Die typische Äußerung auf dieser Stufe: *Ich weiß gar nicht, was du hast. Was ist denn überhaupt los?*

2. Die Person spielt die Bedeutung des Problems herunter.

Das macht doch nichts, das sollte man nicht überbewerten!

3. Die Person bestreitet die Lösbarkeit.

Sie behauptet, „es" sei nicht vermeidbar bzw. nicht zu schaffen: *Da kann man nichts (anderes) machen.*

4. Die Person wertet ihre persönliche Fähigkeit ab.

Sie sieht keine Möglichkeit, sich persönlich anders zu verhalten, um das Problem zu lösen: *Ich kann (das) einfach nicht (anders).*

Leugnungen dieser Art können sich auch auf Alternativen im Verhalten beziehen, indem deren Existenz, Bedeutung oder Realisierbarkeit abgewertet werden.

Daneben existieren vier unterschiedliche Arten beobachtbaren passiven Verhaltens, denen jeweils Leugnungen zugrunde liegen.

1. **Nichtstun**

   Bei dieser offensichtlichsten Form passiven Verhaltens wird die Energie nicht in die Problemlösung investiert, sondern in die Vermeidung von Aktivität. Häufig findet dabei ein stummer Kampf darum statt, wer die Passivität länger aushalten kann. Meist „gewinnt" die passive Person. Die anderen werden aktiv und übernehmen Verantwortung für die Lösung des Problems.

2. **Überanpassung**

   Eine scheinbar aktive und deshalb oft nicht erkannte Form passiven Verhaltens: Jemand liest anderen die Wünsche von den Augen oder Lippen ab, sagt stets „Ja und Amen" und zeigt eine Art von vorauseilendem Gehorsam. Probleme werden nur scheinbar gelöst, es bleibt ein ungutes Gefühl zurück, da eine wirkliche Auseinandersetzung, die zu einer echten Lösung gehört, nicht stattgefunden hat.

3. **Agitation**

   Zu den passiven Verhaltensweisen zählt auch diese Form scheinbar hoher „Aktivität": Zielloser, ungerichteter Aktionismus, der zwar von einem Problem ausgelöst wird, es aber nicht löst. Agitation ist somit mehr auf Energieabfuhr als auf Problemlösung gerichtet.

4. **Gewalt bzw. sich oder andere unfähig machen**

   Dazu zählt jedes Verhalten, mit dem wir uns selbst oder andere verletzen bzw. schädigen und damit unfähig machen, ein Problem zu lösen. Gewalt in diesem Sinne zeigen Personen die glauben, „es" nicht mehr aushalten zu können. Sie setzen sich selbst oder andere außer Gefecht, zeigen kein eigenes Denken und keine Verantwortlichkeit und zwingen andere Personen, einzugreifen und Verantwortung zu übernehmen.

63 Passivitäts-Ecken

Diese Übung dient der Reflexion eigener Passivitätsmuster.

In den vier Ecken des Seminarraums wird jeweils eine Karte mit einer Form passiven Verhaltens ausgelegt. Die Teilnehmenden erhalten den Auftrag, sich auf diejenige Position zu stellen, die sie selbst häufiger einnehmen.

Die so gebildeten Gruppen tauschen sich über Erfahrungen, Ursachen und Veränderungsmöglichkeiten aus.

Diese Übung können Sie anschließend auch mit den vier Stufen der Abwertung durchführen.

64 Passivität erkennen und konfrontieren

Diese Übung gibt Gelegenheit, die Diagnose und Konfrontation passiven Denkens und Verhaltens zu trainieren.

Durchführung

Es werden Triaden gebildet. A überlegt sich ein eigenes authentisches Problem aus der Gegenwart oder Vergangenheit und wählt sich, ohne es den anderen Triadenmitgliedern mitzuteilen, eine Stufe der Abwertung sowie eine passive Verhaltensweise aus.

Das Gespräch beginnt und B's Aufgabe als Berater besteht darin, passives Denken und Verhalten zu diagnostizieren und gegebenenfalls kurz zu konfrontieren. Bei einer stimmigen Konfrontation, die es A schwer macht, die Passivität aufrechtzuerhalten, soll A konstruktiv einlenken. C beobachtet und gibt Rückmeldung.

Es werden drei Durchgänge gespielt.

Auswertung

Innerhalb der Triaden können geeignete Interventionen entwickelt werden, um die dargestellte Passivität in Aktivität zu verwandeln.

Die abschließende Auswertung im Plenum gilt der Frage, welche Strategien geeignet sind, Passivität so zu konfrontieren, dass die Entstehung von Symbiosen vermieden und nach Möglichkeit die Verantwortlichkeit der Passiven stimuliert wird.

65 Familienkonferenz

Diese Übung gibt Gelegenheit, die Diagnose und Konfrontation passiven Denkens und Verhaltens zu trainieren.

Durchführung

Es werden Kleingruppen mit je fünf Personen gebildet. A und B sind Berater, C, D und E spielen eine Familie bestehend aus Vater, Mutter und Tochter, die gemeinsam eine Familienberatungsstelle aufsuchen. Grund: die Tochter (15) will zu ihrem Freund ziehen, der nachweislich Kontakte zur Drogenszene hat. Die Kleingruppen arbeiten parallel oder nacheinander im Fishbowl.

Instruktionen für die Familie

Die Tochter leugnet die Existenz des Problems (*Das stimmt alles gar nicht! Und überhaupt seid ihr verpflichtet, mich zu unterstützen, wenn ich ausziehe!*) und agitiert (*Dann haue ich eben ab und ihr seid selbst schuld, wenn mir etwas passiert!*).

Der Vater leugnet die Bedeutung des Problems (*Das wächst sich schon zurecht, wir waren ja auch mal jung.*) und tut nichts.

Die Mutter leugnet die eigene Kompetenz (*Ich fühle mich ganz hilflos, ich war eben immer zu nachgiebig, jetzt kann ich nichts mehr machen.*) und verhält sich den Beratern gegenüber grandios und überangepasst (*Sie wissen doch sicherlich, was man da machen kann.*).

Bei guten Interventionen sollen die passiven Muster verlassen werden.

Instruktionen für die Berater

Sie haben jederzeit die Möglichkeit, das Gespräch zu unterbrechen, sich mit ihrem Co-Berater offen zu beraten und fortzufahren. Ihre Aufgabe besteht darin, die präsentierten Formen von Passivität zu diagnostizieren und die einzelnen Familienmitglieder damit zu konfrontieren.

Anschließend finden Auswertungen in den Kleingruppen und / oder im Plenum statt. Leitfragen:

- Welche typischen verbalen und nonverbalen Ausdrucksformen von Passivität wurden deutlich?
- Mit welchem inneren Erleben reagieren die Berater?
- Welche Interventionen der Berater waren erfolgreich?

Redefinitionen konfrontieren

Eines der interessantesten Konzepte in der TA-orientierten Gesprächsführung ist das Redefinieren. Wir bezeichnen damit Sprachmuster, mit deren Hilfe wir die Welt so deuten können, dass unsere Sicht der Dinge möglichst wenig in Frage gestellt wird. Durch Tilgung, Verzerrung oder Umgewichtung deuten wir diejenigen Inhalte, die nicht zu unserem Bezugsrahmen passen, so um, dass wir unsere Sichtweise beibehalten können. Die Erwartungen, Nachfragen, Hinweise und Informationen anderer Menschen werden durch tangentiale Transaktionen so umgebogen, dass keine Korrektur der eigenen Vorstellungen erforderlich wird. Dafür verwenden wir tangentiale Transaktionen.

Dabei gehen Stimulus und Reaktion auf unterschiedliche Themen oder verschiedene Aspekte desselben Themas ein. Der Gesprächspartner bekommt eine Reaktion auf seine Aussage. Er spürt, dass sie irgendwie nicht stimmt, merkt aber nicht oder erst viel später, dass der andere – durch eine Redefinition! – ausgewichen ist oder dem Thema eine neue Wendung gegeben hat.

Die „Kunst" des Redefinierens basiert auf subtilen Techniken, andere auflaufen oder für sich selbst aktiv werden zu lassen. Das Vertrackte ist, dass das Redefinieren dem Bewusstsein oft nicht zugänglich ist.

Folgende Gesprächstechniken werden dabei verwendet:

- **verallgemeinern**: dies heute – immer alles
- **übertreiben**: eine Weile – den ganzen Tag
- **die Zeit oder Person wechseln**: einmal – immer; du – man
- **den Inhalt verschieben**: fühlen – denken; wollen – können
- **die Bewertung verändern**: ausruhen – sich gehen lassen
- **die „Polung" vertauschen**: positiv – negativ

Reichhaltige Praxisbeispiele finden Sie im Konstruktiven Gespräch auf den Seiten 173 ff.

Die Wahrnehmung zu schulen für die vielfältigen Wege des Redefinierens und zugleich über ein Spektrum von Reaktionsmöglichkeiten zu verfügen, ist für die Gesprächsführung von großem Vorteil.

66 Wie Redefinitionen wirken

Ziel dieser Übung ist es, die Aufmerksamkeit für die Vielfalt von Redefinitionen zu schulen und Einsicht in die verborgene Macht des Redefinierenden zu gewinnen.

Durchführung

1. Runde

Es werden Triaden gebildet. A, die Klientin, bringt ein reales eigenes Thema ein von höchstens mittlerem „Schweregrad“. B stellt sich als Beraterin zur Verfügung, C beobachtet den Gesprächsverlauf und gibt Rückmeldung.

Die Aufgabe von A ist es, möglichst oft die Impulse von B zu redefinieren. In dieser ersten Runde soll B nicht beim ursprünglichen Thema bleiben, sondern mit der Redefinition mitgehen, also allen Umleitungen im Gespräch folgen.

Nach fünf Minuten wird abgebrochen. C beschreibt den Gesprächsverlauf, A und B beschreiben, wie es ihnen im Gespräch gegangen ist. In der Regel wird A beschreiben, dass es Spaß gemacht hat, B mit Redefinitionen in die Irre zu führen.

2. Runde

Die Rollen werden gewechselt. Die neue Klientin bringt wiederum ein eigenes Thema ein. Sie soll im Laufe des Gesprächs einige Fragen und Impulse des Beraters redefinieren. Der Berater soll die Redefinitionen erkennen und durch passende Interventionen die Klientin anregen, auf einem produktiven zu Kurs bleiben.

Die Beobachterin gibt Rückmeldung darüber, welche Redefinitionen vorkamen und ob der Berater wirksam interveniert hat. A und B beschreiben, wie es ihnen im Gespräch gegangen ist.

3. Runde

Die Rollen werden gewechselt. Aufgabenstellung wie in Runde 2.

Abschließend findet ein Austausch im Plenum statt, bei dem u. a. die pfiffigsten Redefinitionen zusammengetragen werden.

Handout 22: Einschränkende Grundeinstellungen

- **Nicht wichtig**
  Meine persönlichen Wünsche sind nicht so wichtig.
  Wenn sie mit den Interessen anderer Menschen kollidieren, trete ich selbstverständlich zurück.
  Man muss zufrieden sein mit dem, was einem das Leben zuweist.

- **Keine Gefühle zeigen**
  Die eigenen Gefühle darf man nie zum Maßstab seines Handelns machen.
  Es kommt auf rationale, objektive Kriterien an.
  Wo würden wir landen, wenn alle ihren Gefühlen freien Lauf lassen würden.

- **Keiner mag mich**
  Im Grunde mag und versteht mich niemand.
  Immer stehen die anderen besser da, ich bleibe im Schatten.
  Letztlich geht es im Leben ziemlich ungerecht zu.

- **Keine Schwäche zeigen**
  Ich darf keine Schwäche zeigen.
  Alle wollen mir am Zeuge flicken. Sie warten nur darauf, mich zu erwischen.
  Das Leben ist eine gefährliche Kampfbahn.

- **Mich anstrengen**
  Ich muss stets voll da sein,
  denn auf die anderen ist kein Verlass.
  Das ist manchmal ziemlich anstrengend, aber so das Leben nun einmal.

- **Besserwisser**
  Ich weiß, was für die anderen gut ist.
  Ohne mich sind sie nicht lebensfähig. Leider hören sie oft nicht auf mich.
  Dann denke ich manchmal: Undank ist der Welt Lohn.

- **Klein und unfähig**
  Alleine schaffe ich es nicht, klar zu kommen. Ich bin klein und unfähig.
  Die anderen sind stark, da werde ich schon jemanden finden, der für mich sorgt und auf mich aufpasst.
  Denn das Leben ist voller Tücken – man muss ständig auf der Hut sein.

67 Bezugsrahmen und Redefinieren

Ziel dieser Übung ist es, sich in Vermutungen über den Bezugsrahmen hinter Redefinitionen zu üben.

Durchführung

Es werden Triaden gebildet. A sucht aus dem Handout „Einschränkende Grundeinstellungen" eine Grundeinstellung aus und redefiniert im Laufe des Gesprächs aus dieser Grundeinstellung heraus Fragen und Impulse der Beraterin B. B soll auf die Redefinitionen achten und versuchen, auf einem produktiven Kurs zu bleiben.

Nach Abschluss des Gesprächs äußern B und C eine Vermutung darüber, welcher Grundeinstellung A mit ihren Redefinitionen gefolgt ist, C gibt Rückmeldung darüber, wie B damit umgegangen ist.

Es folgen zwei weitere Runden mit veränderten Rollen und einer neuen Auswahl aus den einschränkenden Grundeinstellungen.

Variante

C bekommt vor dem Rollenspiel Kenntnis über die von A gewählte Grundeinstellung und kann darauf hin präzisere Rückmeldung zum Gesprächsverhalten von B geben.

68 Techniken des Redefinierens

Hier geht es darum, den Mechanismus des Redefinierens zu vertsehen.

Durchführung

In Triaden bearbeiten die Teilnehmenden jeweils einen oder zwei der unten aufgeführten Kurzdialoge mit der folgenden Arbeitsanweisung:

In den Dialogen passen Stimulus und Reaktion in bestimmten Aspekten nicht zueinander. Die Reaktionen von B enthalten mindestens eine Redefinition. Finden Sie heraus, worin B die Äußerung von A redefiniert und von welcher Grundüberzeugung B dabei vermutlich ausgeht.

Die Ergebnisse werden im Plenum vorgestellt und diskutiert.

Handout 23: Redefinitionen analysieren

Finden Sie heraus, in welchen Aspekten B die Äußerung von A redefiniert und von welcher Grundüberzeugung B dabei vermutlich ausgeht.

Beispiel

A: Dieses Ergebnis ist nicht richtig!
B: Ich weiß, ich mache immer alles falsch!

B redefiniert „dieses Ergebnis" zu „alles" und eine aktuelle Kritik zu „immer". Möglicher Bezugsrahmen: *Ich mache nie etwas richtig. Die anderen hacken auf mir herum. Alles ist vergeblich.*

Weitere Beispiele

A: Wie fühlst du dich jetzt?
B: Ich denke, dass ich darüber hinwegkommen werde.

A: Ruhe dich ruhig eine Stunde aus.
B: Ich kann doch nicht den ganzen Tag herumhängen.

A: Du könntest die Kinder ruhig ab und zu mitbestimmen lassen.
B: Die können doch nicht ständig machen, was sie wollen.

A: Ich möchte jetzt gerne allein sein, um nachzudenken.
B: Ich wusste gar nicht, dass es mit mir so unerträglich für dich ist.

A: Was möchtest du heute gerne unternehmen?
B: Bloß nicht wieder so etwas Langweiliges wie gestern!

A: Deine Kritik hat mir wehgetan.
B: Ich werde doch noch mal irgendetwas sagen dürfen.

A: Hast du Lust, mit mir zu verreisen?
B: Wohin denn?

A: Was willst du nachher tun?
B: Man könnte ja mal versuchen ...

A: Wann wirst du damit anfangen?
B: Morgen nicht!

69 Redefinitionen konfrontieren

In dieser Übung trainieren die Teilnehmenden, Konfrontationen für unterschiedliche Redefinitionen zu finden.

Durchführung

Stellen Sie zunächst die vier Möglichkeiten zum Umgang mit Redefinitionen vor oder geben Sie den Teilnehmenden das Handout.

In Dyaden oder Kleingruppen wird anschließend der Arbeitsbogen „Redefinitionen konfrontieren" bearbeitet.

Die Arbeitsergebnisse werden im Plenum vorgestellt und besprochen. Einige Konfrontationen werden unter der Fragestellung diskutiert, inwieweit sie aus den produktiven Ichzuständen kommen.

Um die Wirkungsweise der Konfrontationen erlebbar zu machen, können Sie kurze Rollenspiele durchführen, bei denen sich eine Person vorstellt, die Redefinition stamme von ihr. Sie hört sich verschiedene Konfrontationen an und beschreibt Gedanken, Gefühle und Wirkung, die von den Konfrontationen in ihr ausgelöst werden.

Variante

Sie können die Aufgabe so erweitern, dass die Teilnehmenden sowohl die Redefinitionen auf die im Bogen vorgegebenen Äußerungen finden als auch dazu passende Konfrontationen formulieren.

Handout 24: Mit Redefinitionen konstruktiv umgehen

1. Beim Thema bleiben, insistieren

Hören Sie genau hin, ob Ihre Frage zum Punkt beantwortet wird. Kehren Sie, falls nötig, ruhig und beharrlich zum Anfangsthema zurück:

Meine Frage war ...
Der Punkt, um den es mir geht, ist ...
Ich möchte noch einmal auf meine Frage zurückkommen ...

Achten Sie darauf, dass Ihre Äußerungen nicht unmerklich verdreht und dann zur weiteren Gesprächsgrundlage gemacht werden.

2. Mit dem neuen Aspekt der Redefinition mitgehen

Durch die Redefinition wird der inhaltliche Fokus verändert. Statt auf Ihrem Thema zu insistieren, können Sie sich entscheiden, zunächst bewusst auf das neue Thema einzugehen. Das eröffnet die Möglichkeit, zu verstehen, was ihren Gesprächspartner beschäftigt, oder seine spezielle Sichtweise kennenzulernen.

Sie meinen also ...
Ihnen kommt es eher an auf ...
Und was genau ist es, was Sie dabei beschäftigt?

Wichtig: Verlieren Sie Ihr ursprüngliches Thema nicht aus dem Auge!

3. Das Redefinieren konfrontieren

Wenn Ihr Gegenüber Ihrem Hinweis oder Ihrer Frage durch vielfältiges Redefinieren hartnäckig ausweicht, können Sie das explizit ansprechen. Fordern Sie Ihr Gegenüber auf, direkt zu sagen, was er will oder nicht will. Teilen Sie ggf. auch Ihre persönliche Reaktion mit.

Sie haben meine Frage noch nicht beantwortet. Es ist mir wichtig, von Ihnen zu erfahren ...
Ich habe den Eindruck, dass Sie mir ausweichen. Sie können es mir gern direkt sagen, wenn Sie etwas stört ...
Es gefällt mir nicht, dass Sie mir etwas unterstellen, was ich nicht gesagt habe.

Wenn das nichts nützt, brechen Sie nötigenfalls das Gespräch ab.

4. Den unterschiedlichen Bezugsrahmen thematisieren

Bei starken Selbstabwertungen oder aggressiven Unterstellungen können Sie die Person darauf aufmerksam machen, dass sie redefiniert, und mit ihr zu klären versuchen, aus welchem anderen Bezugsrahmen heraus sie auf Ihre Stimuli reagiert:

Mir fällt auf, dass Sie anders auf meine Frage reagieren, als ich es erwartet habe. Was hat Sie dazu veranlasst?
Ich denke, dass wir aneinander vorbei reden, und frage mich, …
Mir scheint, dass Sie es aus einem anderen Blickwinkel betrachten …

Lassen Sie die Person entdecken, dass Sie aneinander vorbei reden, weil Sie die Dinge aus verschiedenen Bezugsrahmen heraus betrachten und beurteilen. Sie können nachfragen, welches Motiv sie dafür hat und ob sie bereit ist, einmal einen neuen Blickwinkel zu erproben. Daraus kann sich die Chance ergeben, einen echten Gesprächskontakt herzustellen.

Diese vier Konfrontationsmöglichkeiten sind abgestuft hinsichtlich ihrer Komplexität und Interventionstiefe. Für die Gesprächsführung in beruflichen Kontexten sind vor allem die Varianten 1 und 2 geeignet.

Handout 25: Redefinitionen konfrontieren

Finden Sie für jede Redefinition eine konstruktive Konfrontation.

Gut, wie sie das gemacht haben.

Redefinition **Konfrontation:**

Das gelingt mir aber nicht immer.

Na ja, hätte man noch besser machen können.

Was wollen Sie denn damit wieder sagen?

Wie fühlen Sie sich?

Redefinition **Konfrontation:**

Wie soll ich mich schon fühlen?

Was sind denn schon Gefühle?!

Was geht das eigentlich Sie an?

Was brauchen Sie, um die Aufgabe zu lösen?

Redefinition **Konfrontation:**

Wir schaffen es schon.

Es ist alles so viel.

Sie müssen Ihre Aufgaben präziser formulieren.

Wer hat die Tür eingetreten?

Redefinition **Konfrontation:**

Die ist schon öfter eingetreten worden.

Warum war die denn abgeschlossen?

Ich hasse geschlossene Türen.

Wann wirst du damit anfangen?

Redefinition **Konfrontation:**

Im Moment habe ich viel zu tun.

Ich habe es schon oft versucht.

Man könnte ja langsam mal darangehen.

Keine Rabattmarken sammeln

Unter „(Gefühls-)Rabattmarken sammeln" verstehen wir: Jemand drückt negative Gefühle nicht in der aktuellen Situation aus, sondern staut sie auf, bis das Rabattmarkenheft (heuzutage: die Payback-Karte) voll ist. Durch das Aufstauen entsteht eine hohe innere Spannung. Wenn schließlich der geeignete Auslöser das Fass zum Überlaufen bringt, wird – im Bild gesprochen – das volle Rabattmarkenheft eingelöst. Die Heftigkeit der Reaktion steht dadurch in keinem Verhältnis zum Anlass. Sie ist für die Adressaten und oft auch für die Agierenden selbst kaum nachvollziehbar. Entsprechend unproduktiv sind die anschließenden Gesprächsverläufe.

Im Training zur Gesprächsführung ist es deshalb wichtig, ein Gespür dafür zu bekommen, wann und auf welche Weise andere – vielleicht auch ich selbst – Gefühlsrabattmarken sammeln und einlösen und welche alternativen Verhaltensweisen sinnvoller sind.

70 Meine Rabattmarkensammlung

Dieser Impuls zur Selbstreflexion dient dazu, sich die unproduktiven Auswirkungen aufgestauter „negativer" Gefühle bewusst zu machen.

Durchführung

Beantworten Sie in Einzelarbeit die Fragen im folgenden Handout . Finden Sie sich anschließend in Dyaden zusammen und stellen Sie sich Ihre Ergebnisse vor. Helfen Sie sich gegenseitig dabei, konstruktive Alternativen zum Sammeln und Einlösen von Rabattmarken zu finden.

Die Übung wird abgeschlossen durch einen Austausch im Plenum.

Handout 26: Rabattmarken

Rabattmarken sammeln

- Bei welchen „negativen“ Gefühlen neige ich dazu, sie aufzustauen? Ärger, Trauer, Angst?
- Bei welchen Gelegenheiten?
  Beruflich oder privat?
  Bei bestimmten Personen oder in bestimmten Konstellationen?
- Was mache ich, statt dieses Gefühl zu zeigen?
  Mich zurückziehen?
  Mich „cool“ zeigen?
  In ein Ersatzgefühl gehen?
- Was könnte ich statt dessen tun?

Rabattmarken einlösen

- Wie löse ich die Rabattmarken ein?
  Durch einen massiven Ausbruch?
  Durch eine Depression?
  Durch was sonst?
- Welche Gefühle und Verhaltensweisen zeige ich dabei?
- Wem gegenüber?
  Gegenüber der Person, der das aufgestaute Gefühl galt?
  Gegenüber anderen?
- In welchen Abständen?
- Was könnte ich statt dessen tun?

71 Hinweise auf Rabattmarken

Das Sammeln und Einlösen von Rabattmarken kündigt sich in aller Regel durch spezifische verbale und nonverbale Signale an. In dieser Übung geht es darum, das Repertoire von Signalen kennenzulernen und damit die eigene Wahrnehmung zu schärfen.

Durchführung

Kleingruppen zu 3 bis 4 Personen bekommen folgenden Auftrag: Welche verbalen und nonverbalen Signale sind Ihnen von sich selbst und anderen bekannt, die auf ein a) Sammeln oder b) Einlösen von Rabattmarken hinweisen?

Die Ergebnisse werden auf einem Flipchart-Bogen notiert. Die Flipcharts werden im Plenum vorgestellt und unter folgender Fragestellung diskutiert: Wie können wir in den genannten Situationen angemessen agieren bzw. reagieren?

Weiterführung

In kurzen Rollenspielszenen können die Teilnehmenden alternatives Verhalten ausprobieren und schärfen. Die Rolleninstruktionen geben jeweils die, um deren Fallbeispiel es geht.

Antreiberverhalten ansprechen

In Konfliktsituation versuchen wir oft, schwierige Situationen mit vertrauten Reaktionsmustern in den Griff zu bekommen, ohne darauf zu achten, ob sie in der betreffenden Situation angemessen und tatsächlich hilfreich sind. Derartige verinnerlichte Verhaltensmuster werden in der Transaktionsanalyse „Antreiber" genannt. Es handelt sich um Anpassungsmuster, die auf elterliche Forderungen zurückgehen, die es dem Kind ermöglichen sollten, „gut durchs Leben zu kommen":

Sei perfekt! *Mache alles äußerst genau, möglichst vollkommen.*

Beeil dich! *Erledige alles im größtmöglichen Tempo.*

Streng dich an! *Gib Dir ernsthaft Mühe, sei hart gegen Dich.*

Mach's recht! *Sei lieb, orientiere dich an den Bedürfnissen anderer.*

Sei stark! *Beherrsche Dich, sei Vorbild, hilf Dir selbst.*

Diese Anpassungsmuster, die durchaus bestimmte Stärken enthalten, sind tief in unserem Selbstkonzept verankert. Sie scheinen in Stresssituationen automatisch in uns „anzuspringen", obwohl gerade dann ruhige Wahrnehmung, Gelassenheit und prozessorientiertes Vorgehen angemessen wären. Das Problem mit diesen Antreibern ist, dass die darin enthaltenen Forderungen letztlich niemals ausreichend erfüllt werden können. Wenn wir dagegen bewusst die Wahl treffen können, ob wir uns in bestimmten Situationen beeilen, unsere Stärke einsetzen, es recht machen wollen etc., so sind wir nicht im Antreiber, sondern nutzen unsere Anpassungsmuster funktional.

Welchen Druck diese verinnerlichten Antreiber auslösen, wird klar, wenn wir uns das Wort „immer" dazu denken. Sie gelten quasi absolut, wir haben – besonders in Konfliktsituationen – scheinbar keine Verhaltensalternative, reagieren „automatisch" unserem Antreiber entsprechend. Tief innen haben wir die Vorstellung, dass wir nicht okay sind, wenn wir unsere Antreiber nicht befolgen.

Wir übermitteln – ob als Eltern, Erzieher, Lehrende, Beraterinnen oder Führungskräfte – anderen durch unser Modell in der Regel diejenigen Antreiber, unter denen wir selbst stehen.

72 Antreiber raten

Diese Übung dient der Diagnose von Antreiberverhalten.

Durchführung

Es werden Triaden gebildet. Entweder wählt sich jeder einen Antreiber aus oder es werden Karten gezogen. In jedem Fall werden die Antreiber den anderen Triadenmitgliedern nicht verraten.

Nun wird in den Triaden eine Unterhaltung zum Thema „Umgang mit beruflichen Problemen" geführt, in deren Verlauf jeder aus dem gewählten Antreiber heraus argumentiert und Lösungen empfiehlt. Die Antreiber sollen auch in der Art und Weise der Gesprächsführung (Körperhaltung, Mimik, Gestik, Stimme, Redeweise etc.) deutlich werden.

Die Aufgabe besteht darin, während des Gesprächs die Antreiber der beiden anderen Disputanten zu diagnostizieren. Unterbrechen Sie nach 5 bis 10 Minuten die Gespräche. Danach teilen sich die Triadenmitglieder mit, in welchen Antreibern sie sich erlebt haben. Die Erfahrungen werden im Plenum vorgestellt und besprochen.

73 Meinen Antreibern auf der Spur

Ziel ist die Identifizierung eigener Antreiber mit Hilfe eines Tests.

Durchführung

Die Teilnehmenden beantworten in Einzelarbeit die Fragen und werten ihre Ergebnisse aus.

Dann werden Triaden gebildet, die sich über die Testergebnisse austauschen und dabei folgenden Fragestellungen nachgehen:

- Welches sind meine bevorzugten Antreiber?
- In welchen Situationen bin ich für Antreiberverhalten anfällig?
- Woran merke ich, dass ich mich in einem Antreiber befinde?
- Welche verbalen und nonverbalen Anzeichen können meine Gesprächspartner in solchen Situationen an mir wahrnehmen?

In einer Plenumsrunde können Sie zentrale Merkmale der verschiedenen Antreiber zusammentragen und am Flipchart notieren lassen.

Handout 27: Den eigenen Antreibern auf der Spur

Tragen Sie zu den folgenden Aussagen entsprechend der Bewertungsskala einen Zahlenwert ein.

Die Aussage trifft auf mich zu:

kaum				stark
1	2	3	4	5

...... 1. Wann immer ich eine Arbeit mache, dann mache ich sie gründlich.

...... 2. Es ist mir wichtig, dass alle, die mit mir zu tun haben, sich wohlfühlen.

...... 3. Ich bin ständig auf Trab.

...... 4. Anderen gegenüber zeige ich meine Schwächen nicht gern.

...... 5. Es fällt mir schwer, auszuruhen und einfach nur zu genießen.

...... 6. Häufig sage ich: „Es ist schwierig, etwas so genau zu sagen".

...... 7. Ich sage oft mehr, als eigentlich nötig wäre.

...... 8. Ich habe Mühe, Leute zu akzeptieren, die nicht präzise genug sind.

...... 9. Es fällt mir schwer, Gefühle zu zeigen.

...... 10. Wenn ich einen Wunsch habe, erfülle ich ihn mir so schnell wie möglich.

...... 11. Wenn ich eine Meinung äußere, begründe ich sie auch.

...... 12. Nur nicht locker lassen, ist meine Devise.

...... 13. Ich habe eine harte Schale, aber einen weichen Kern.

...... 14. Leute, die herumtrödeln, regen mich auf.

...... 15. Es ist für mich wichtig, von den anderen akzeptiert zu werden.

...... 16. Ich liefere einen Bericht erst ab, wenn ich ihn mehrmals überarbeitet habe.

...... 17. Wenn ich weiß, was andere von mir erwarten, richte ich mich danach.

...... 18. Leute, die unbekümmert in den Tag leben, kann ich nur schwer verstehen.

...... 19. Bei Diskussionen unterbreche ich die anderen oft.

...... 20. Ich löse meine Probleme lieber allein.

...... 21. Aufgaben erledige ich möglichst rasch.

...... 22. Im Umgang mit anderen halte ich auf Distanz.

...... 23. Ich sollte viele Aufgaben noch besser erledigen.

...... 24. Es ist mir wichtig, zu erfahren, ob ich meine Sache gut gemacht habe.

...... 25. Erfolge fallen nicht vom Himmel. Ohne Fleiß kein Preis.

...... 26. Für dumme Fehler habe ich wenig Verständnis.

...... 27. Ich mag es, wenn andere meine Fragen rasch und bündig beantworten.

...... 28. Ich kümmere mich um viele Details persönlich.

...... 29. Wenn ich eine Aufgabe begonnen habe, führe ich sie auch zu Ende.

...... 30. Ich stelle meine Wünsche und Bedürfnisse zugunsten anderer zurück.

...... 31. Ich bin anderen gegenüber oft hart, um nicht selbst verletzt zu werden.

...... 32. Ich klopfe oft ungeduldig mit meinen Fingern auf den Tisch.

...... 33. Beim Erklären von Dingen sage ich oft: „Erstens, zweitens, drittens"

...... 34. Ich glaube, die meisten Dinge sind nicht so einfach, wie viele meinen.

...... 35. Es ist mir unangenehm, andere Leute zu kritisieren.

...... 36. Bei Diskussionen nicke ich häufig mit dem Kopf.

...... 37. Ich arbeite hart, um meine Ziele zu erreichen.

...... 38. Mein Gesichtsausdruck ist eher ernst.

...... 39. Ich bin öfters ruhelos und ungeduldig.

...... 40. So schnell kann mich nichts erschüttern.

...... 41. Meine Probleme gehen die andere Menschen nichts an.

...... 42. Ich denke oder sage oft: „Nun macht mal vorwärts!".

...... 43. Ich sage oft: „genau!", „exakt!", „klar!", „logisch!".

...... 44. Ich sage oft: „Das ist alles gar nicht so einfach!".

...... 45. Ich sage oft: „Könnten Sie es nicht vielleicht einmal versuchen?"

...... 46. Ich bin diplomatisch.

...... 47. Ich versuche, die an mich gestellten Erwartungen zu übertreffen.

...... 48. Beim Telefonieren bearbeite ich oft noch Akten.

...... 49. „Zähne zusammenbeißen" heißt meine Devise.

...... 50. Trotz enormer Anstrengung will mir vieles einfach nicht gelingen.

Handout 28: Auswertungsbogen zum Antreiber-Test

Bitte übertragen Sie die Zahlenwerte in das jeweils freie Feld. Bilden Sie anschließend die Summen für die einzelnen Antreiber.

Sei perfekt!

1	8	11	16	23	28	33	38	43	47	Total:
.....	.....	.....	.....	.....	.....	.....	.....	.....	.....	____

Beeil dich!

3	10	14	19	21	27	32	39	42	48	Total:
.....	.....	.....	.....	.....	.....	.....	.....	.....	.....	____

Streng dich an!

5	6	12	18	25	29	34	37	44	50	Total:
.....	.....	.....	.....	.....	.....	.....	.....	.....	.....	____

Mache es allen recht!

2	7	15	17	24	30	35	36	45	46	Total:
.....	.....	.....	.....	.....	.....	.....	.....	.....	.....	____

Sei stark!

4	9	13	20	22	26	31	40	41	49	Total:
.....	.....	.....	.....	.....	.....	.....	.....	.....	.....	____

74 Profil meiner Antreiber

Die Übung dient dazu, das Profil der eigenen Antreiber zu erarbeiten und produktive Interventionsmöglichkeiten dazu zu finden.

Durchführung

Sie bilden Kleingruppen zu den fünf Antreibern mit Personen, bei denen der betreffende Antreiber ebenfalls ausgeprägt ist.

Die Kleingruppen erhalten folgenden Arbeitsauftrag:

- Fertigen Sie ein Profil Ihres Antreibers an: Typische Situationen? Verbale und nonverbale Signale? Daraus entstehende Probleme?
- Welche Reaktionen Ihrer Umwelt erleben Sie als wenig hilfreich?
- Welche Empfehlungen geben Sie anderen Menschen, wie sie konstruktiv mit ihrem Antreiber umgehen können?

Die Ergebnisse werden auf einem Flipchart-Bogen präsentiert.

75 Antreiber entmachten

Ziel ist es, störendes Antreiberverhalten bewusst zu machen und abzuschwächen. Eine Variante zur Übung „Ein Wunsch frei“ (Seite 125).

Es handelt sich um eine bewährte Methode zur Bearbeitung von Antreibern und anderen ungeliebten Verhaltensweisen, mit denen sich Menschen in der Kommunikation behindern. Hierbei wird zwar der Grenzbereich zu Beratung und Therapie gestreift. Doch sind die Antreiber ein so bedeutsamer und gut erkennbarer Bestandteil des individuellen Kommunikationsverhaltens, dass ihre Bearbeitung durchaus in ein Gesprächsführungstraining gehört. Bei der Behandlung dieses Themas werden wir von Trainingsteilnehmenden regelmäßig gefragt, wie man denn nun die Antreiber „loswerden“ könne.

Durchführung

Die Teilnehmenden bekommen je ein Bogen DIN A4-Papier für Notizen. Dann erteilen Sie der Reihe nach die folgenden Arbeitsaufträge, wobei Sie jeweils Zeit für Notizen lassen sollten.

- Wählen Sie sich einen Antreiber aus, den Sie gerne in seiner Wirkung abschwächen möchten.
- Beschreiben Sie eine konkrete Gesprächssituation, in der Sie sich mit diesem Antreiber selbst behindern.
- Wie würden Sie sich in dieser Situation gern stattdessen verhalten können?
- Welche innere Erlaubnis wäre dafür erforderlich bzw. müssten Sie sich selbst dafür geben? Schreiben Sie diese Erlaubnis auf.

Sie können an dieser Stelle auch die Liste mit Erlaubnissätzen von Seite 127 einsetzen.

In Dyaden stellen sich die Teilnehmenden die Beispiele gegenseitig vor mit dem Ziel, eine stimmige Erlaubnisse für sich zu formulieren.

An diesem Punkt gibt es drei Möglichkeiten der Weiterarbeit, die auch in Kombination möglich sind:

1. Die Teilnehmenden schreiben die Erlaubnis auf einen Zettel, den sie über einen Zeitraum von vier Wochen mit sich führen. Sie lesen sich die Erlaubnis morgens und abends einmal laut vor. Diese Variante empfiehlt sich besonders in Trainingsreihen.
2. Die Dyaden-Partner bilden Lernpartnerschaften, in denen sie eine Umsetzung des neuen Verhaltens auf der Basis ihrer Erlaubnis erarbeiten und sich nach vier Wochen über ihre Erfahrungen austauschen.
3. Einzelne Teilnehmende können – auf freiwilliger Basis! – das neue Verhalten in einem Rollenspiel ausprobieren, wobei der Dyadenpartner als Mitspieler einbezogen werden sollte.

Praxishinweis

Die Übung hinterlässt bei vielen Teilnehmenden einen tiefen Eindruck, je nach dem, wie groß der aktuelle Leidensdruck bezogen auf den jeweiligen Antreiber ist. Stimmig formulierte Erlaubnisse können eine erhebliche Erlebnistiefe bewirken und wichtige Veränderungen im Kommunikationsverhalten anstoßen.

Wichtig ist, dass die Erlaubnisse mit dem nährenden Eltern-Ich formuliert werden. Sie dürfen nicht verdeckt von Antreibern diktiert sein, wie z. B.: *Ich will mir große Mühe geben, damit gleich morgen ein für alle Mal aufzuhören.*

Viel Zuwendung geben, aber nicht für Rackets

Das Bedürfnis nach Zuwendung und Anerkennung ist einer der elementarsten Motivatoren für menschliches Verhalten. Die Erfahrungen mit Zuwendung spielen eine zentrale Rolle dafür, welche Grundüberzeugungen wir über uns selbst, die anderen Menschen und das Leben erwerben und mit welchem Bezugsrahmen wir unser Leben gestalten. Unser tägliches Verhalten ist, auch in der Gesprächsführung, oft mit einer bestimmten Zuwendungserwartung verknüpft.

Die von Claude Steiner entwickelte Unterscheidung von vier unterschiedlichen Arten der Zuwendung ist hilfreich sowohl für die Analyse von Verhaltensmustern als auch für die Ableitung von sinnvollen Interventionen für die Gesprächsführung.

Unbedingte positive Zuwendung

zu erleben ist eine zentral wichtige Voraussetzung für eine gute Persönlichkeitsentwicklung. Diese Zuwendungsart ist an keine Gegenleistung gebunden. Sie gilt der Existenz der betreffenden Person, nach dem Motto: *Schön, dass es dich gibt.* Sie wird in der Kindheit durch Körperkontakt, freundliches Lächeln und liebevollen Klang der Stimme vermittelt. Sie bereitet den Boden für die Grundeinstellung: Ich bin in Ordnung.

Später wird sie in unserer Kultur mehr durch verbale Botschaften vermittelt. Im Erwachsenenleben verschwindet sie leider mehr und mehr aus dem Repertoire zwischenmenschlicher Beziehungen.

Bedingte positive Zuwendung

wird vermittelt durch abgestufte positive Botschaften, die mit einer Bedingung – bestimmte Eigenschaften, Fähigkeiten und Verhaltensweisen – verknüpft sind: *Sie sehen einfach toll aus!* oder *Ich bewundere Ihre IT-Kenntnisse.* oder *Super, wie Sie sich in den letzten Tagen eingesetzt haben.* Diese Zuwendungsart gilt nicht dem Da-Sein, sondern einem bestimmten So-Sein.

Sie fördert die Grundeinstellung: *Ich bin in Ordnung, wenn ich ... (mich nach ... richte)* ... und dient damit der notwendigen Anpassung an die Regeln des sozialen Verbandes.

Bedingte negative Zuwendung

dient ebenfalls diesem Zweck. Wir erleben sie, wenn wir den Erwartungen unseres Umfeldes nicht entsprechen oder unser Verhalten von geltenden Normen abweicht. Obgleich es sich um negative Zuwendung handelt, so beinhaltet sie doch eine kräftige Portion Beachtung, fühlt sich aber so an wie ein kleiner Stromstoß, der uns sagt: *Das lieber nicht!*

Wenn diese Zuwendungsart im Vordergrund steht, fördert das die Grundeinstellung: I*ch bin nicht in Ordnung, wenn (weil) ich nicht ...* Allerdings zeigen uns kritische Hinweise, Ermahnungen und negative Konsequenzen die Grenzen auf und verhelfen uns – in Ergänzung zu positiver Zuwendung – zu einem realistischen Selbstbild.

Unbedingte negative Zuwendung

hat eine grundlegend destruktive Wirkung. Sie lässt dem Adressaten keine Chance, nach dem Motto: *Was du auch tust – du bist nicht in Ordnung. Es wäre besser, es gäbe dich nicht.* Diese Zuwendungsart sollte in der menschlichen Kommunikation nicht vorkommen, wird aber häufig von Menschen provoziert, die ansonsten überhaupt keine Zuwendung bekommen würden.

Denn das Ausbleiben jeglicher Beachtung ist am schwersten erträglich. Von anderen wie Luft behandelt zu werden, vermittelt die Botschaft: *Du existierst für mich nicht.* Da ist selbst die destruktivste Zuwendung vorzuziehen. Sie hilft, sich zumindest lebendig zu fühlen.

Leider ist diese Form der Nicht-Beachtung in der Mitarbeiterführung relativ verbreitet, da viele Menschen von der Devise ausgehen: Solange ich nichts sage, ist alles in Ordnung.

Mischformen

Besonders vertrackt sind Mischformen aus positiver und negativer Zuwendung, die das Arsenal verrückt machender Kommunikation füllen. Auf einen guten Beginn folgt eine kalte Dusche, oder bei näherem Hinsehen wird ein schaler Beigeschmack spürbar: *Wie habe ich mich über deinen Brief gefreut. Wenn du doch nur öfter schreiben würdest!*

Praxishinweis

In der Gesprächsführung gilt es, die positive Kraft des Umgangs mit Zuwendung zu nutzen, ohne die Grenzen zu verletzen, die aus dem individuellen Zuwendungsprofil oder aus den kulturellen Normen resultieren.

Für Personen, die Gesprächsführung trainieren, ist es wichtig,

- ihr eigenes Zuwendungsprofil zu kennen,
- das Zuwendungsprofil und die Zuwendungsfilter anderer Personen wahrnehmen zu können,
- im Umgang mit Zuwendung ein gutes Modell zu bieten.

Die folgenden Übungen dienen zum Kennenlernen des eigenen Zuwendungsprofils und zum Experimentieren mit den verschiedenen Zuwendungsarten.

76 Mein Zuwendungsprofil 1

Diese Übung dient dazu, durch Selbst- und Fremdeinschätzung einen ersten Eindruck vom eigenen Zuwendungsverhalten zu bekommen.

Durchführung

Die Teilnehmenden stellen – evt. durch eine gelenkte Phantasie eingestimmt – in Einzelarbeit dar, wie sie Zuwendung in ihrer Kindheitsfamilie erlebt haben und wie ihr heutiger Zuwendungshaushalt aussieht.

Dazu fertigen sie ein Säulendiagramm an. Die Säulen entsprechen den verschiedenen Zuwendungsarten: unbedingt positiv – bedingt positiv – bedingt negativ – unbedingt negativ – vermischt. Je 5 Säulen zeigen nach unten (*Wie habe ich Zuwendung in der Kindheit erlebt?*) und nach oben (*Wie gebe ich selbst heute Zuwendung?*).

Anschließend tauschen sich die Teilnehmenden in Kleingruppen über ihre Zuwendungsprofile aus. Leitfragen dabei können sein:

- Welche Beziehungen sehe ich zwischen meiner Kindheitsprägung und meinem heutigen Umgang mit Zuwendung?
- Wie zufrieden bin ich mit meinem aktuellen Zuwendungsprofil?
- Was will ich ändern?

Sie können die Teilnehmenden auch anregen, sich von den Gesprächspartnern in den Kleingruppen Feedback geben zu lassen, wie sie den Umgang mit Zuwendung in der aktuellen Gruppe erleben.

Anschließend findet eine Runde im Plenum statt zur Frage: Was ist mir über mein Zuwendungsprofil deutlich geworden?

Variante 1

Das Zuwendungs-Diagramm wird folgendermaßen geändert: Die oberen Säulen beziehen sich darauf, wie ich anderen Zuwendung gebe, die unteren darauf, welche Zuwendung ich von anderen bekomme.

Variante 2

Wenn die Trainingsteilnehmer sich bereits gut kennen, können sie in den Kleingruppen für die anderen Gruppenmitglieder ebenfalls ein Zuwendungsdiagramm anfertigen. Beim Austausch darüber sollte erst die Fremdwahrnehmung und danach die Selbsteinschätzung offen gelegt werden.

77 Mein Zuwendungsprofil 2

Diese Übung dient dazu, sich die Zuwendungserfahrung in der eigenen Kindheitsfamilie zu vergegenwärtigen und dadurch den Wurzeln für das heutige Zuwendungsprofil auf die Spur zu kommen.

Durchführung

Die Teilnehmenden bearbeiten in Einzelarbeit den folgenden Fragebogen und tauschen sich mit ein bis zwei Gruppenmitgliedern über ihre erlebte Prägung und die heutige Praxis aus.

Praxishinweise

Die Übung bringt die Teilnehmenden mit biografischen Erfahrungen in Kontakt. Der Selbsterfahrungsanteil ist erheblich. Die Teilnehmenden werden in aller Regel emotional stark berührt.

Als Trainerin sollten Sie diese Übung nur einsetzen, wenn sich in der Gruppe ein Vertrauensklima entwickelt hat und wenn Sie sich im Umgang mit tieferen Persönlichkeitsthemen sicher fühlen.

Handout 29: Zuwendung – früher und heute

Nehmen Sie sich einen Augenblick Zeit, um über ihre Erfahrungen mit Zuwendung nachzudenken.

1. Was erinnern Sie über den Umgang mit Zuwendung in Ihrer Kindheitsfamilie?

2. Fällt Ihnen aus Ihrer Familie ein Sprichwort über den Umgang mit Zuwendung ein?

3. Wie haben Ihre erwachsenen Bezugspersonen einander Zuwendung gegeben?

4. Wie wurde Zuwendung konkret ausgedrückt?

5. Wie viel und welche Art Zuwendung haben Sie bekommen – als Kleinkind, als Schulkind, als Jugendlicher?

6. Wie viel und welche Art Zuwendung geben Sie heute Ihrer Familie, Ihren Freunden, Kolleginnen, Mitarbeitern?

7. Was wollen Sie an Ihrem Umgang mit Zuwendung verändern?

78 Zuwendungs-Kreisel

Diese Übung verbindet eine Reflexion des eigenen Zuwendungsprofils mit konkreten Erfahrungen von Zuwendung im Hier und Jetzt.

Durchführung

Sie gruppieren die Teilnehmenden in der Struktur der Konzentrischen Kreise (siehe Seite 24) und wählen sieben der folgenden Impulse aus:

- Eine Zuwendungserfahrung, die mir besonders gut getan hat.
- Der Umgang mit Zuwendung in meiner Kindheitsfamilie.
- Mein Umgang (Geben und Nehmen) mit Zuwendung heute.
- Mir gefällt an Ihnen ...
- Wie geht es mir damit, positive Zuwendung zu geben?
- Wie geht es mir damit, positive Zuwendung anzunehmen?
- Wie gebe ich in meiner Partnerschaft / Familie Zuwendung?
- Was würden meine Partner / Kinder darüber sagen?
- Wie gebe ich meinen Mitarbeitern bzw. Kolleginnen Zuwendung?
- Wie würden diese meinen Zuwendungsstil beschreiben?
- Was will ich in Bezug auf Zuwendung ändern?

Die Übung wird abgeschlossen durch einen ausführlichen Erfahrungsaustausch im Plenum.

79 Zuwendungskultur

Diese Übung dient der Entwicklung von Ideen zum Thema Zuwendung für eine wachstumsfördernde Gruppenentwicklung.

Theorie-Input

Für das persönliche Wachstum der Gruppenmitglieder sind realitätsangemessene und handhabbare Regeln über den Umgang mit Zuwendung hilfreich. Es gilt, das vorhandene Potenzial besser zu nutzen, aber auch das richtige Maß zu finden.

Dafür ist es wichtig, eine gute Balance zwischen den Zuwendungsarten zu finden, die zu einer gesunden Gruppenkultur gehören:

- unbedingte positive Zuwendung: ehrlich und in Maßen;
- bedingte positive Zuwendung: voll ausschöpfen, aber realistisch;
- bedingte negative Zuwendung: konstruktive Kritik, die dem anderen helfen kann, sich weiterzuentwickeln.

Durchführung

Es werden Kleingruppen mit je vier bis fünf Teilnehmenden gebildet, die folgende Instruktion bekommen:

Eine Gruppenkultur mit viel positiver Zuwendung macht uns Mut, mit ungewohntem Verhalten zu experimentieren und neue Seiten an uns zu entdecken. Konkretes Feedback hilft uns dabei, neue Erfahrungen stimmig in unser Lebenskonzept zu integrieren.

Entwickeln Sie in Ihrer Kleingruppe Regeln für eine wünschenswerte Zuwendungskultur in unserer Gesamtgruppe:

1. Für welche Verhaltensweisen wollen Sie positive Zuwendung geben bzw. bekommen? Beschreiben Sie das mit Hilfe der TA-Konzepte, die Sie kennen.
2. Wie wollen Sie von den Möglichkeiten bedingt-negativer Zuwendung Gebrauch machen?

Die Kleingruppen stellen ihre Vorschläge im Plenum mit einprägsamen Visualisierungen und evt. mit kleinen Spielszenen vor. Am Ende sollte eine Vereinbarung über die Zuwendungskultur der Gruppe stehen.

Weiterführung

Um die Zuwendungskultur der Gruppe zu diagnostizieren, können Sie in Anlehnung an die Übung „Mein Zuwendungsprofil 1" in Kleingruppen ein Säulendiagramm zum Umgang mit Zuwendung in der Gesamtgruppe anfertigen lassen.

80 Zuwendung von wichtigen Personen

Diese Übung kann den Teilnehmenden helfen, sich ihrer positiven Ressourcen bewusst zu werden. Sie ist besonders dann angezeigt, wenn bei einigen Teilnehmenden das „Seufzen" über die Lasten der Vergangenheit den Elan bremst und das Klima mit einem depressiven Touch eingefärbt ist.

Durchführung

1. Schreiben Sie fünf Personen aus Ihrem Leben auf, die für Sie in positiver Weise wichtig waren oder sind. (Variante: ... für Ihre berufliche Entwicklung)
2. Finden Sie zu jeder dieser Personen die wichtigste positive Botschaft, die sie zu Ihnen oder über Sie gesagt hat. Wenn Sie sich nicht an eine verbale Botschaft erinnern, formulieren Sie mit eigenen Worten das, was Ihnen diese Person durch ihre Haltung nonverbal vermittelt hat.
3. Überlegen Sie sich zu jeder Person, welchen Rat sie Ihnen heute zu Ihrer aktuellen Situation geben würde.

Tauschen Sie sich in Dyaden aus.

Auswertung

Im Plenum findet eine Runde statt, in der die Teilnehmenden die wichtigste positive Ressource, die ihnen bewusst geworden ist, nennen.

Racketgefühle und Racketverhalten

Als „Rackets" werden in der TA typische Gefühls- und Verhaltensreaktionen bezeichnet, die nicht zur auslösenden Situation passen und in der Interaktion mit anderen zu Verwirrung oder unguten Gefühlen führen.

Theorie-Input

Rackets werden erlernt durch Erlaubnisse oder Verbote, durch Zuschreibungen oder durch Lernen am Modell. Sie beruhen darauf, dass wir glauben, bestimmte Gefühle nicht fühlen oder ausdrücken zu dürfen. Wir haben gelernt, andere Gefühle oder Verhaltensmuster „darüber zu legen", die sozial erwünscht waren. Sie werden deshalb auch als Ersatzgefühle bezeichnet.

Rackets sind oft so ausgeprägt, dass die Betreffenden in den unterschiedlichsten Situationen immer wieder mit denselben nicht zur Situation passenden Gefühls- oder Verhaltensmustern reagieren.

Rackets haben manipulativen Charakter, oft auch mit einer erpresserischen Komponente. Sie sind nicht auf eine konstruktive Lösung hin gerichtet, sondern werden eingesetzt, um andere Menschen bei eigener Passivität zum Handeln zu veranlassen.

Allerdings werden Rackets von den Betreffenden nicht „vorgespielt", sondern als wirkliche Gefühle empfunden. Es sind tief verankerte Reaktionsmuster des angepassten Kindes, die im Unterschied zu echten Gefühlen jedoch stets mit einer unbewussten manipulativen Absicht verbunden sind.

Fünf Fragen, um Rackets auf die Spur zu kommen

Wenn jemand ein Gefühl zeigt oder äußert:

1. Entsteht bei mir oder anderen ein ungutes Gefühl?
2. Passt das geäußerte Gefühl zum Anlass?
3. Ist das gezeigte Gefühl bzw. Verhalten typisch für die Person?
4. Lässt es sich einer Position des Dramadreiecks zuordnen?
5. Ist bei genauerem Überlegen eine verdeckte Absicht erkennbar?

81 Mein Racket

Diese Übung bietet die Möglichkeit, sich mit eigenen Rackets zu beschäftigen.

Durchführung

Sie können die folgenden Fragen als Leitfaden für eine gelenkte Reflexion oder als Arbeitsbogen für eine Einzelarbeit benutzen.

Erinnern Sie sich an einen Konflikt bzw. eine schwierige Situation, in der etwas „schief" gelaufen ist.

- Wie kam es zu der Situation?
- Was war Ihr Anteil daran?
- Was haben Sie am Ende gefühlt und getan?
- Half Ihnen die Reaktion, Ihre Bedürfnisse erfüllt zu bekommen?
- Erleben Sie dieses Gefühl des öfteren in schwierigen Situationen?
- Kennen Sie es vielleicht schon aus Ihrer Kindheit?
- Wenn ja: Welche Beachtung haben Sie dafür bekommen?
- Gab es jemanden, der Ihnen diese Gefühlsreaktion vorlebte?
- Welches Gefühl war in Ihrer Kindheitsfamilie nicht erlaubt?
- Wie können Sie heute mit diesem Gefühl umgehen?

In Dyaden findet ein Austausch zu den Ergebnissen statt.

Im Plenum teilen die Teilnehmenden in einer Runde mit, was ihnen deutlich geworden ist bzw. welchen Aspekt sie als besonders anregend erlebt haben.

Praxishinweis

In einer erfahrenen Gruppe können Sie die Teilnehmenden anregen, das Racket zu benennen, das sie bei sich selbst identifiziert haben. Es kann bei der Weiterarbeit als Bezugspunkt für Feedback genutzt werden.

82 Racket zu verkaufen

Die Übung erlaubt einen spielerischen Umgang mit einem ernsten Thema: der unproduktiven Wirkung von Racketgefühlen und -verhalten. Günstig sind Vorerfahrungen mit eigener Persönlichkeitsentwicklung.

Ausgangspunkt ist die Annahme, dass wir uns deshalb so schwer mit Verhaltensänderungen tun, weil wir auf die Nutzeffekte des gewohnten Verhaltens nicht verzichten wollen. Ihr manipulativer Wert und die Tatsache, dass uns die gewohnten Muster eben sehr vertraut sind, verschließt uns häufig den Blick auf Alternativen, wie wir unser Bedürfnis nach Nähe und Zuwendung konstruktiv befriedigen könnten.

Durchführung

Die Teilnehmenden schreiben auf einen Zettel ein Racketgefühl oder -verhalten, das ihnen sehr vertraut ist, das sie aber zunehmend unproduktiv finden und daher gerne ablegen möchten. In Einzelarbeit beantworten sie dann die folgende Fragen so, als wollten sie den Nutzen des Rackets anpreisen:

1. Das Racket ist gut zu verwenden bei folgenden Gelegenheiten: ...
2. Ich setze das Racket bevorzugt ein gegenüber ...
3. Die Wirkung, die ich erziele, ist ...
4. Ich gewinne dadurch ...

Anschließend stellen sich die Teilnehmenden den Nutzen ihres Rackets in Dyaden gegenseitig vor. Dann werden die folgenden Fragen wieder einzeln bearbeitet und anschließend in denselben Dyaden besprochen:

1. Was vermeide ich durch dieses Racket?
2. Brauche ich die Nutzeffekte heute noch?
3. Wie kann ich meine Bedürfnisse direkt zum Ausdruck bringen?

Abschließend erfolgt ein Erfahrungsaustausch im Plenum.

Praxishinweis

Die Übung ist dann besonders produktiv, wenn es den Teilnehmenden gelingt, ihr eigenes Racketverhalten aus humorvoller Distanz zu betrachten. Ermuntern Sie die Teilnehmenden ruhig zu leichten Übertreibungen in der Beschreibung ihrer Rackets.

Widerstand respektieren

Die folgende Übung dient dazu, den eigenen Widerstand im Blick auf Verhaltensänderungen neuen kennen zu lernen.

Theorie-Input

Widerstand macht Sinn. Er dient dem persönlichen Schutz vor wirklicher oder phantasierter Bedrohung. Andererseits verhindert permanenter Widerstand jedoch neue und womöglich bessere Erfahrungen mit sich selbst und anderen.

Im Umgang mit Widerstand geht es nicht darum, ihn zu brechen, sondern einsichtig zu machen, dass er nicht mehr benötigt wird.

83 Dialog mit dem inneren Saboteur

Diese Übung bietet Gelegenheit zu entdecken, welche Kreativität in der Entwicklung von Widerstand enthalten ist und wie dies in die Gesamtpersönlichkeit sinnvoll integriert werden kann.

1. Schritt: Einzelarbeit

Die Teilnehmenden vergegenwärtigen sich, angeregt durch eine gelenkte Phantasie, ein eigenes Verhalten, mit dem sie sich daran hindern, ein Ziel zu erreichen oder neue Erfahrungen zu machen.

Vor ihrem inneren Auge lassen sie ein Bild entstehen, das diesen „inneren Saboteur" treffend symbolisiert. Anschließend haben sie 15 Minuten Zeit, dieses Bild mit Hilfe von Wachsmalkreiden darzustellen.

2. Schritt: Marktplatz und Kleingruppen

Die Teilnehmenden halten ihre Bilder gut sichtbar vor sich hin und finden in einer Marktplatzsituation, ohne zu sprechen, zwei oder drei andere Gruppenmitglieder, in deren Bildern sie verwandte Aspekte zu erkennen meinen. Die so entstandenen Kleingruppen haben 30 Minuten Zeit für einen Austausch.

3. Schritt: Plenum

Es findet ein kurzer Austausch im Plenum statt. Die Teilnehmenden zeigen ihr Bild und sagen einen Satz dazu. Sie können auch vorschlagen, dem Saboteuer einen Namen zu geben.

4. Schritt: Einzelarbeit

Der Auftrag für diesen Schritt lautet, einen Dialog mit dem Bild zu schreiben. Dazu geben Sie die Anregung, den Dialog damit zu beginnen, zunächst das Bild anzusprechen: *Du wirkst für mich ...* Oder: *Du löst in mir aus ...* Oder: *Wenn ich dich ansehe, dann...* Darauf hin antwortet das Bild, dann wiederum die Person selbst etc.

Auf diese Weise entsteht ein Dialog, dessen Ende jeder selbst bestimmen kann. Kriterium dafür sollte sein, dass die Teilnehmenden einen möglichst zufrieden stellenden Abschluss erreicht haben.

5. Schritt: Plenum

Die Dialoge können anschließend im Plenum vorgelesen werden. Dabei sollten sie nicht kommentiert werden, es sei denn, die Autorin hat selbst eine Frage dazu.

Mögliche Weiterführung

Sie können die Kleingruppen auffordern, sich über folgende Fragen auszutauschen:

1. Wie kann ich die Aufgabe, die mein „innerer Saboteur" für mich wahrnimmt, auf konstruktive Weise in mein Leben integrieren?
2. Was brauche ich, damit ich den Widerstand meines „inneren Saboteurs" aufgeben kann?

Alternativ können Sie – vor allem in einer kleineren Gruppe – diese Fragen als Impuls für eine Plenumsrunde nutzen.

Praxishinweis

Es handelt sich hier um ein Verfahren aus dem Bereich des kreativen Schreibens. Bei dieser Übung ist immer wieder zu beobachten, dass sich im Verlaufe des Dialogs ein regelrechtes Beratungsgespräch entwickelt. Der „Saboteur" nimmt dabei nicht selten die Rolle des Beraters ein. Es wird deutlich, dass dieser vermeintlich destruktive Teil unserer Persönlichkeit ein wichtiges Anliegen, eine positive Absicht für uns hat.

Auf diese Weise kommen die Teilnehmenden in Kontakt mit ihrem inneren Ratgeber, und es wird eine Integration des ungeliebten Anteils möglich. Die Methode, einen Dialog widerstreitender Teile zu schreiben, regt offenbar unsere integrativen Kräfte an.

Kapitel 4

Komplexe Übungen

Vorbemerkung

In den bisherigen Kapiteln ging es im wesentlichen darum, viele Einzelaspekte sowie grundlegende Haltungen für eine konstruktive Gesprächsführung zu trainieren.

Der folgende Abschnitt enthält Übungen, in denen mehrere Konzepte miteinander verknüpft sind. Überwiegend handelt es sich dabei um Konzepte aus der Transaktionsanalyse.

Da auch reale Gespräche meist komplexen Mustern folgen, ist es sinnvoll, sich darin zu üben, mehrere Aspekte gleichzeitig im Blick zu behalten. Eine Stärke der Transaktionsanalyse liegt gerade darin, dass sie eine Vielzahl von Konzepten bereit stellt, mit deren Hilfe ein und derselbe Gesprächsverlauf aus sich ergänzenden Blickwinkeln erhellt werden kann.

- In den beiden ersten Übungen geht es um die differenzierte Beobachtung und Analyse von Gesprächen.
- Darauf folgen Interviews zum eigenen Gesprächsverhalten.
- Mit dem Selbstcoaching-Konzept präsentieren wir ein Verfahren zur Analyse persönlicher Verstrickungen in Gesprächen.
- Bei der letzten Übung geht es um den spannenden Bereich der psychologischen Spiele – ein komplexer Teilbereich der Transaktionsanalyse, in dem viele andere TA-Konzepte eine Rolle spielen.

Die Übungen in diesem Kapitel sind eher für Fortgeschrittene gedacht, die mit den Konzepten der vorangegangenen Kapitel bereits vertraut sind. Diese kombinierten Trainingseinheiten eignen sich dazu, Themen aus den vorangegangenen Kapiteln vertiefend zu rekapitulieren.

Wie bei sämtlichen Übungen können über die reine Analyse hinaus geeignete Interventionsmöglichkeiten erarbeitet und erprobt werden.

84 Gruppe mit Beobachtungsaufgaben

Eine hervorragende Trainingsmöglichkeit bietet das Verteilen von Beobachtungsaufgaben in bestimmten Arbeitsphasen.

Durchführung

Während Sie mit Einzelnen an einem Fall oder einer Frage arbeiten oder ein Rollenspiel oder eine Übung im Fishbowl durchgeführt wird, fokussieren die anderen Teilnehmenden ihre Aufmerksamkeit auf eine vorher übernommene Beobachtungsaufgabe.

Die Teilnehmenden üben sich darin, die Konzepte, die sie kennen gelernt haben, selbst praktisch anzuwenden.

Da jede Person sich auf eine Fragestellung konzentrieren kann, wird der Blick für eine differenzierte Handhabung dieses Aspektes geschärft. Besonders ergiebig ist die Methode dann, wenn die Teilnehmenden im Wechsel immer wieder andere Aspekte beobachten.

Durch die Vielfalt der Beobachtungen ergibt sich ein differenziertes Feedback zum dargestellten Fall, und zwar sowohl für die Person, um deren (schwieriges) Verhalten es geht, als auch für die Beraterin (bzw. Führungskraft, den Lehrer etc.

Beim Zusammentragen der Beobachtungen ist ein Dreischritt sinnvoll:

1. Welches Verhalten habe ich beobachtet?
2. Welche Hypothese leite ich daraus ab?
3. Welche Intervention wäre für die Weiterarbeit sinnvoll?

Die Beobachtungen und Hypothesen sollten mit Respekt für die Personen, die im Mittelpunkt stehen, eingebracht werden. Was diese annehmen und verarbeiten können, ist maßgeblich.

Als Trainerin müssen Sie konsequent darauf achten, dass keine verfolgerische Atmosphäre entsteht und die Personen, die den Mut hatten, sich zu exponieren, nicht durch eine zu große Fülle an Informationen überfordert werden.

Handout 30: Beobachtungsaufgaben

Welche Ich-Zustände dominieren?

Welche Hinweise belegen das?
Welche Reaktion erfolgt darauf?
Welche Intervention wäre sinnvoll?

Gibt es gekreuzte Transaktionen?

Was bewirken sie?
Welche produktive Kreuzungstransaktion wäre angemessen?

Was erfahren wir über den Bezugsrahmen der Personen?

Sind einschränkende Glaubenssätze wirksam?
Was denkt die Person über sich, die anderen und das Leben?
Welche positive Umdeutung könnte hilfreich sein?

Wie ist der Austausch von Zuwendung?

Welche Arten von Zuwendung sind erkennbar?
Welche Zuwendung wäre wünschenswert?

Welchen Vertrag haben die Beteiligten?

Lautet er für beide Gesprächspartner gleich?
Wenn nein: Wie müsste ein stimmiger Vertrag lauten?

Gibt es eine verdeckte Ebene?

Welche verdeckte Botschaft wird vermittelt? Wodurch?
Welche Intervention würde die verdeckte Ebene aufdecken?

Gebraucht jemand Redefinitionen?

Was genau wird wie redefiniert?
Was bewirken die Redefinitionen?
Welche Reaktion wäre sinnvoll?

Ist Antreiberverhalten zu beobachten?

Um welchen Antreiber handelt es sich?
Was bewirkt das Antreiberverhalten?
Welche Erlaubnis würde der Person gut tun?

Werden Situationen oder Personen abgewertet?

Auf welcher Ebene?
- Existenz des Problems?
- Bedeutung des Problems?
- Lösbarkeit des Problems?
- Persönliche Fähigkeit?

Zeigt jemand passives Verhalten?

Welche der vier Arten?
- Nichtstun?
- Überanpassung?
- Agitation?
- Gewalt?

Agiert jemand im Dramadreieck?

In welcher Rolle?
Wie lockt die Person andere ins Dramadreieck?
Welche Intervention könnte aus dem Dramadreieck heraus führen?

Gibt es Anzeichen, die auf ein Spiel hindeuten?

Um welches Spiel könnte es sich handeln?
Wie erfolgt die Einladung (Köder) ins Spiel?
Mit welchem Motiv (schwache Stelle) beißt jemand an?
Auf welchen Spielgewinn (Payoff) steuern die Personen zu?
Mit welcher Intervention könnte das Spiel gestoppt werden?

85 Textanalyse mit TA-Konzepten

Ein interessantes Trainingsfeld zur Schulung der Wahrnehmungsfähigkeit in Gesprächen bietet die Analyse von Texten. Dabei ist es egal, ob es sich um satirische, dramatische oder wie im folgenden Falle um trivialliterarische Texte handelt. Wichtig ist nur, dass möglichst viele Dialog-Passagen enthalten sind. Die Texte und Fragestellungen lassen sich flexibel an die jeweiligen Gegebenheiten anpassen.

Durchführung

Es werden Kleingruppen zu je 3 bis 4 Personen gebildet. Sie teilen den Text zusammen mit den Fragen zur Textanalyse aus. Der Auftrag lautet schlicht: *Analysieren Sie den Text anhand der folgenden Fragen.*

Natürlich können Sie den Kleingruppen auch eine reduzierte Zahl von Fragen zur Analyse zuteilen.

Nach der Textanalyse werden die Ergebnisse im Plenum gesammelt und diskutiert.

Praxishinweis

Die Analyse macht den Teilnehmenden meist viel Spaß, nicht zuletzt wegen des Wiedererkennungswertes und der damit verbundenen Aha-Effekte.

Es ist nicht erforderlich, am Ende ein Ergebnis zu haben. Das Ergebnis ist die Analyse selbst. Hier und da können kleine theoretische Ergänzungen nützlich sein.

Sie können die Textanalyse auch als Hausaufgabe geben. Dabei wäre es sinnvoll, den Umfang zu beschränken, z. B. indem Sie den Teilnehmenden jeweils maximal vier Fragen zuweisen.

Weiterführung

Eine gute Möglichkeit zur Weiterarbeit bieten die Übungen auf den Seiten 55 bis 58 zur Frage, welche Interventionen produktiv bzw. unproduktiv wirken.

Handout 31: Szenen einer Ehe

Saras Schule hat angerufen, bemerkt sie eines Abends, als er gemütlich, die Beine hoch, vor dem Fernseher sitzt und sich ein Fußballspiel anschaut. Die Töchter sind in ihren Zimmern und machen Hausaufgaben.

Er: *Und was hat die Lehrerin gesagt?*

Sie: *Wieso Lehrerin?*

Er: *Entschuldige, ich hab's einfach angenommen.*

Sie: *Muss jeder Lehrer eine Frau sein?*

Er: *Nein, natürlich nicht. Also, was hat dieser betreffende Lehrer nun gesagt?*

Sie: *Sie hat gesagt, dass Sara ...*

Er: *Sie?* unterbricht er. *Es ist also doch eine Lehrerin?*

Sie: *In diesem Fall, ja!*

Er: *Es hat also eine Lehrerin angerufen.*

Sie: *Ja. Darum brauchst du doch nicht gleich so einen Wirbel zu machen.*

Er: *Du bist doch die, die den Wirbel macht,* entgegnet er.

Sie: *Willst du jetzt wissen, was sie gesagt hat, oder nicht?*

Er: *Ja, natürlich. Das weißt du doch.*

Sie: *Woher soll ich das wissen?*

Er: *Du brauchst nur zuzuhören.*

Sie: *Soll das heißen, dass ich dir nicht zuhöre?*

Er: *Jetzt sag mir einfach, was Saras Lehrerin wollte,* ruft er ungeduldig.

Sie: *Sie hat gesagt, dass Sara sich in letzter Zeit sehr merkwürdig benimmt.*

Er: *Und das ist ihr jetzt erst aufgefallen?* Er lächelt.

Sie: *Willst du eigentlich das ganze Gespräch ins Lächerliche ziehen?*

Er: *Jedenfalls werde ich mich deswegen bestimmt nicht aufregen.*

Sie: *Nein, du regst dich ja nie auf.*

Er: *Was soll das jetzt wieder heißen?*

Sie: *Das soll heißen, dass ich mir allmählich wie eine alleinerziehende Mutter vorkomme.*

Er: *Wie bitte? Würdest du das bitte etwas näher erklären?*

Sie: *Das heißt, dass du nie zu Hause bist.*

Er: *Ich bin nie zu Hause?*

Sie: *Du bist ständig auf dem Golfplatz.*

Er: *Ich bin ständig auf dem Golfplatz?*

Sie: Wenn du nicht gerade arbeitest, schränkt sie ein.

Er: *Ach so, ab und zu arbeite ich auch. Nett, dass du das bemerkst.*

Sie: *Macht es dir eigentlich gar nichts aus, dass unsere Tochter in der Schule versagt?*

Er: *Sie versagt?*

Sie: *In den letzten beiden Englischarbeiten hat sie völlig versagt.*

Er: *Und hast du das mit ihr besprochen?*

Sie: *Warum soll ich immer diejenige sein, die mit ihr über alles spricht?*

Er: *Na schön. Soll ich mit ihr reden?*

Sie: *Was willst du ihr denn sagen?*

Er steht auf.

Sie: *Keine Ahnung. Mit wird schon was einfallen.*

Er: *Ich finde, du solltest sie nicht in die Defensive drängen.*

Sie: *Ich hatte nicht vor, sie in die Defensive zu drängen.*

Er: *Sag ihr einfach, dass ihre Lehrerin angerufen hat und über ihr Verhalten ziemlich beunruhigt ist.*

Sie: *Wenn du mir vorschreiben willst, was ich ihr sagen soll, warum redest du dann nicht selbst mit ihr?*

Er: *Ich versuche ja nur, dir ein paar Tipps zu geben. Hast du so wenig Selbstbewusstsein, dass du's nicht aushalten kannst, wenn jemand dir einen Vorschlag macht?*

Sie: *Und dass ich deine Vorschläge vielleicht gar nicht brauche, kannst du dir wohl nicht vorstellen?*

Er: *Manchmal bist du wirklich unglaublich mies.*

Er schaltet den Fernsehapparat aus und geht.

Sie: *Wohin gehst du?*

Er: *Schlafen.*

Sie: *Ich dachte, wir reden miteinander.*

Er: *Das Gespräch ist beendet.*

Sie: *Wieso? Weil du es sagst?*

Er: *Ganz recht.*

Sie folgt ihm ins Schlafzimmer.

Sie: *Du benimmst dich ja sehr erwachsen.*

Er: *Einer muss es ja tun.*

Sie: *Was soll das heißen?*

Er tritt zum Bett und beginnt, die Kissen in die Luft zu schleudern.

Er: *Ich habe keine Lust, mit dir zu streiten. Ich bin hundemüde. Du drangsalierst mich schon die ganze Woche.*

Sie: *Ich drangsaliere dich?*

Er: *Ja.*

Sie: *Wie kann ich dich drangsalieren, wenn du nie zu Hause bist?*

Er: *Ich weiß es nicht, aber du schaffst es.*

Er fegt die restlichen Kissen zu Boden. Eins landet dicht vor ihren Füßen.

Sie: *Hey, pass auf!* schreit sie, als hätte sie ein Stein getroffen.

Er sieht sie verdutzt an. *Was ist denn?*

Sie: *Du hättest mich beinahe getroffen.*

Er: *Was redest du da? Das Ding ist doch nicht mal in deiner Nähe.*

Er zieht den Überwurf vom Bett und beginnt, sich auszuziehen.

Sie: *Unterstehe dich, jetzt zu schlafen,* sagt sie.

Er: *Karin, ich hab einen langen Tag gehabt. Du bist offensichtlich völlig aus dem Häuschen über irgendwas, und ich glaube nicht, dass es auch nur das Geringste mit Sara oder mit mir zu tun hat.*

Sie: *Ach, wirklich? Ich wusste gar nicht, dass du so ein großartiger Psychologe bist.*

Er: *Komm, hören wir auf, bevor wir etwas sagen, das uns hinterher leid tut.*

Sie: *Aber ich will nicht aufhören. Ich möchte wissen, worüber ich deiner Meinung nach so aus dem Häuschen sein soll.*

Er: *Das weiß ich nicht. Vielleicht wegen deiner Schwester, vielleicht wegen deiner Mutter, vielleicht wegen irgendwas, das mit deiner Arbeit zu tun hat.*

Sie: *Oder vielleicht deinetwegen!* schießt sie zurück.

Er: *Ja, vielleicht,* stimmt er zu. *Vielleicht hast du Recht, und ich bin das Problem. Du hast gesiegt. Ich bin ein verkommenes Subjekt.*

Sie: *Ich habe nie gesagt, dass du ein verkommenes Subjekt bist.*

Er: *Aber es lag dir schon auf der Zunge.*

Sie: *Dreh mir nicht das Wort im Mund herum.*

Er: *Ich würde dir am liebsten einen Knebel reinstopfen.*

Sie: *Was? Willst du mir vielleicht drohen?*

Er: *Ich schlage vor, dass wir jetzt schlafen.*

Sie: *Ich will aber nicht schlafen.*

Er seufzt und dreht sich um.

Sie beschuldigt ihn, für sein Golfspiel mehr übrig zu haben als für seine Familie.

Er klappt sich das Kissen über die Ohren.

Sie sagt, er wäre egoistisch, kindisch und gemein.

Er zieht sich die Decke über den Kopf.

Sie sagt, er wäre eine einzige passive Aggression.

Er täuscht Schlaf vor.

Sie sagt, er solle zur Hölle fahren.

Er beginnt zu schnarchen.

Sie stürmt aus dem Zimmer.

Sie sprechen drei Tage nicht miteinander.

Handout 32: Fragen zur Textanalyse

1. Wo werden grundlegende Gesprächsregeln missachtet?
2. Wodurch eskaliert das Gespräch?
3. Welche deeskalierenden Interventionen gibt es?
4. Was sind die bevorzugten Ichzustände der Beteiligten?
5. Wo finden sich Kreuzungstransaktionen?
6. Gibt es verdeckte Transaktionen? Wie wird darauf reagiert?
7. An welchen Stellen erfolgen Einladungen ins Dramadreieck?
8. Was werten die beiden ab?
9. Welche Aussagen werden in welcher Weise redefiniert?
10. Welche Grundüberzeugungen werden deutlich?
11. Wo werden Rabattmarken eingelöst?
12. Gibt es Hinweise auf Rackets? Welche und wo?
13. Wo gibt es Hinweise auf ein Spiel? Wie könnte es heißen?
14. Was ist vermutlich der verdeckte Kernkonflikt?
15. Was brauchten die Beteiligten, um den Konflikt zu lösen?

86 Interviews zu meinem Gesprächsverhalten

In einem Seminar haben die Teilnehmenden die Chance, ihr Selbstbild auf der Basis von Feedback in einer Laborsituation zu überprüfen. Was dabei naturgemäß zu kurz kommt, ist authentisches Feedback in der Alltagskommunikation. Die folgende Übung ist dazu gedacht, diese Feedbacklücke zu schließen. Sie regt an, private und berufliche Kommunikationspartner im Alltag gezielt um Feedback zu bitten.

1. Schritt: Einzelarbeit

Zunächst entscheiden sich die Teilnehmenden für drei bis fünf Personen aus ihrem beruflichen oder privaten Umfeld aus, die sie zum eigenen Kommunikationsverhalten interviewen wollen. Sie sollten Menschen auswählen, deren Urteil sie schätzen und denen sie zutrauen, auch kritisches Feedback zu geben.

Zur Vorbereitung der Interviews überlegen sich die Teilnehmenden in Einzelarbeit, was sie über ihr Kommunikationsverhalten erfahren wollen. Sie formulieren dazu einige konkrete Fragen. Als Anregung können Sie einige mögliche Fragen nennen, z. B.:

Wie äußere ich Lob und Kritik?

Wie reagiere ich selbst auf Lob und Kritik?

Bin ich eine gute Zuhörerin oder Ratgeberin?

Wie beziehe ich andere in Gesprächen mit ein?

Welche Stärken und Schwächen sehen Sie in meinem Gesprächsverhalten?

Wie erleben Sie mich in Arbeitsbesprechungen?

Diskutiere ich eher problem- oder lösungsorientiert?

Wie agiere ich in Konflikten?

Wie verlässlich erleben Sie meinen Umgang mit Vereinbarungen?

Was fällt Ihnen sonst noch an meinem Gesprächsverhalten auf?

Sie können die Reihenfolge im Vorgehen auch so gestalten, dass zuerst die Fragen formuliert und dann die Interviewpartner bestimmt werden.

2. Schritt: Dyaden oder Triaden

Die Partner stellen sich ihre Interviewfragen vor, beraten sich gegenseitig zu den Fragen und zur Auswahl der Interviewpartner und verabreden die konkrete Umsetzung der Interviews.

3. Schritt: Die Interviews

Die Interviews sollten innerhalb der folgenden zwei bis drei Wochen durchgeführt werden können. Bei der Vereinbarung der Interviews ist es meist unproblematisch, die Gesprächspartner über Sinn und Zweck des Interviews aufzuklären. Die vorbereiteten Fragen sollten als Optionen genutzt, aber nicht als feste Struktur abgehakt werden.

Bei den Interviews sind folgende Regeln zu beachten:

- zuhören statt zu diskutieren,
- nachfragen statt sich zu erklären
- paraphrasieren statt sich zu rechtfertigen,
- sich bedanken statt Vorwürfe zu machen.

4. Schritt: Auswertung

Die Auswertung sollte am besten wieder in den Dyaden oder Triaden stattfinden, in denen die Interviews vorbereitet worden sind. Dabei werden folgende Fragen bearbeitet:

Wie ging es mir während der Interviews?

Was habe ich Wichtiges über mein Gespeächsverhalten erfahren?

Was hatte ich erwartet? Was hat mich überrascht?

Gab es Übereinstimmungen bzw. Abweichungen im Feedback?

Wo will ich mein Kommunikationsverhalten verbessern?

Wann und wo werde ich damit praktisch beginnen?

Praxishinweise

Die Übung fördert erhellende Erkenntnisse zum eigenen Kommunikationsverhalten zu Tage, insbesondere dann, wenn die Teilnehmenden durch ein Training sensibilisiert und produktiv verunsichert sind.

Im Training oder Coaching von Führungskräften haben sich die Interviews als Hausaufgabe bewährt. Eine Option: Sie können die wichtigsten Rückmeldungen protokollieren und sich von den Interviewpartnern bestätigen oder korrigieren lassen.

Günstig ist die Einbettung in eine Trainingssequenz, da die Erfahrungen im vertrauten Rahmen ausgewertet und die Veränderungsvorhaben im Training begleitet werden können. Sehr ergiebig ist es, wenn dieselben Interviewpartner nach längerer Zeit noch einmal befragt werden.

87 Einem psychologischen Spiel auf der Spur

Mit der folgenden Übung können die Teilnehmenden einem eigenen Spielmuster auf die Spur kommen und es mit Hilfe des TA-Instrumentariums analysieren. Der Zeitbedarf für die Übung beträgt ca. zwei Stunden.

Theorie-Input

Das Konzept der Psychologischen Spiele ist ein sehr komplexes, aber auch besonders spannendes Gebiet in der TA. Die Entdeckung, dass scheinbar anarchische Gesprächsverläufe einem wiederkehrenden Muster folgen und wir das vermeintlich Schicksalhaft-Unabänderliche offenbar selbst inszenieren, ist verblüffend und faszinierend. Bei den Teilnehmenden erregt dieses Thema aufgrund des hohen Wiedererkennungswertes meist großes Interesse.

Psychologische Spiele im Sinne der TA sind eine Folge verdeckter Transaktionen mit einem vorhersagbaren Ergebnis, wodurch der Eindruck der Schicksalhaftigkeit entsteht.

Psychologische Spiele werden gespielt, um

- *den eigenen Bezugsrahmen bestätigt zu bekommen,*
- *Zuwendung zu bekommen und Intensität zu erleben,*
- *gefürchtete Situationen (Konflikte, Nähe, Verantwortung) zu vermeiden.*

Ein psychologisches Spiel

- *basiert auf einer ungelösten symbiotischen Beziehung,*
- *wird aus einer Position des Dramadreiecks heraus initiiert,*
- *beginnt stets mit einer Abwertung/Übertreibung,*
- *wird durch den Ausschluss des Erwachsenen-Ichs ermöglicht,*
- *endet mit einem vorhersagbaren Ergebnis, dem Payoff.*

Ich kann ein Spiel vermeiden bzw. beenden, indem ich

- *einen produktiven Ichzustand, vor allem mein ER, benutze,*
- *Spieleinladungen (wie: immer, nie, jedes Mal etc.) ablehne,*
- *verdeckte Botschaften offen lege,*
- *nur auf den offenen (verbalen) Stimulus reagiere,*
- *positive Zuwendung gebe und hole,*
- *aufhöre, eigene oder fremde Schwächen und Stärken zu übertreiben,*
- *meine Wahrnehmung der Situation mitteile,*
- *direkt und klar meine Bedürfnisse formuliere.*

Durchführung

1. Schritt: Plenum

Zu Beginn der Übung ist es sinnvoll, mit den Teilnehmenden das Konzept und die Einzelaspekte von psychologischen Spielen (siehe Theorie-Input) zu rekapitulieren.

Weisen Sie die Teilnehmenden dabei darauf hin, dass es wohl kaum jemanden geben wird, der sein Beziehungsleben völlig spielfrei gestaltet, und ermutigen Sie dazu, durch das Aufdecken eines eigenen Spiels ein Stück mehr Autonomie in der Lebensgestaltung zu gewinnen.

2. Schritt: Einzelarbeit

Die Teilnehmenden füllen den Fragebogen „Ablauf eines Spiels“ aus.

3. Schritt: Triaden

In Triaden stellen sie sich die Beispiele vor und arbeiten sie mit Hilfe der „Fragen zu psychologischen Spielen“ durch.

4. Schritt: Plenum

In der Regel ist im Anschluss an die Triaden eine längere Plenumsrunde erforderlich, um die auftauchenden Fragen und Reste zu besprechen.

Allein das Erkennen eines Spielmusters wirkt für viele Menschen bereits befreiend. Manche Menschen sind allerdings so stark auf den Spielgewinn angewiesen, dass es einige Zeit braucht, bis sie alternative, spielfreie Verhaltensoptionen entwickeln und nutzen können.

Praxishinweise

Diese Übung ist für fortgeschrittene Gruppen geeignet, die über gute TA-Kenntnisse verfügen. Ihnen bietet sich die Möglichkeit, die Konzepte zu rekapitulieren und auf ein eigenens lebenspraktisches Beispiel anzuwenden.

Die Analyse eines eigenen Spielmusters bewirkt meist eine beträchtliche Erlebnistiefe. Ist die Gruppe durch die Übung positiv angeregt, kann eine Fortsetzung mit dem Thema „Rackets“ sinnvoll sein.

Als Trainer sollten Sie über eine fundierte Beratungskompetenz verfügen, um gut mit einer möglichen persönlichen Betroffenheit bei den Teilnehmenden umgehen zu können.

Handout 33: Ablauf eines Spiels

1. Was passiert Dir immer wieder, womit du nicht glücklich bist?

....

....

2. Wie fängt es an?

....

....

3. Wie geht es weiter?

....

....

4. Wie endet es und wie geht es Dir dann?

....

....

5. Und wie vermutlich den anderen Beteiligten?

....

6. Was denkst du am Ende

- über Dich? ....

....

- über die anderen Menschen? ....

....

- über das Leben? ....

....

Handout 34: Fragen zu psychologischen Spielen

1. Welche (verdeckte) Transaktion führt ins Spiel?

Fast immer steht eine verdeckte verbale oder nonverbale Transaktion am Anfang eines Spiels: eine vermeintlich harmlose Frage, ein kaum hörbarer Seufzer oder eine dahin gemurmelte Bemerkung.

2. Welche Transaktionen folgen?

Zeichnen Sie die Diagramme zu denjenigen Transaktionen, die für den Gesprächsverlauf besonders charakteristisch sind.

3. In welchen DD-Rollen starten und enden die Beteiligten?

Psychologische Spiele werden aus einer Rolle des Dramadreiecks heraus gestartet, sei es durch eine dramatische Opferpose, einen verfolgerischen Frontalangriff oder einen vermeintlich guten Ratschlag. Meist kann der Spielverlauf mit Hilfe des Dramadreiecks beschrieben werden.

4. Was war der „Köder" und was die „schwache Stelle"?

Eine andere Betrachtung von Spielen stammt von Eric Berne. Sie geht davon aus, dass A einen „Köder" auslegt, zum Beispiel durch eine gezielte Vergesslichkeit, einen traurigen Gesichtsausdruck oder eine unverfänglich scheinenden Frage. Der Köder allein führt jedoch noch nicht ins Spiel, es muss jemanden geben, der ihn aufschnappt. Dazu ist der Mitspieler B nötig, der über eine passende „schwache Stelle" verfügt, z. B. einen passenden Antreiber, ein diffuses Schuldgefühl oder ein quicklebendiges rebellisches Kind. Meist ist der Köder identisch mit der verdeckten Botschaft einer doppelbödigen Transaktion und entspricht einer der Positionen im Dramadreieck (vergleiche 1 und 3).

5. Ist eine Abwertung oder Übertreibung zu beobachten?

Typisch für Spiele sind massive und unrealistische Abwertungen oder Übertreibungen eigenen oder fremden Verhaltens: *nie machst du ..., immer muss ich ..., alle sind sowieso ..., keiner will ...* etc.
Sie werden so vorgetragen, als sei es nun einmal so und man könne dagegen nichts machen: *Ich kann mich einfach nicht entscheiden.* Oder: *Was soll ich denn machen, wenn er immer wieder ...?* Oder: *Gegen diese Übermacht konnte ich mich einfach nicht wehren ...* etc.

6. Werden Rabattmarken gesammelt oder eingelöst?

Spiele werden gern dazu benutzt, alte Kamellen aufzuwärmen und Rabattmarken einzulösen, was meist an Gefühlseskalationen mit starken Verallgemeinerungen zu erkennen ist.

7. Welche Grundüberzeugungen werden bestätigt?

Innerhalb unseres Bezugsrahmens sind wir im Denken, Fühlen und Verhalten eingeschränkt. Wir nehmen bevorzugt alles wahr, was uns in unseren Grundüberzeugungen bestätigt. Auf diese Weise führen wir unbewusst immer wieder diejenigen Erfahrungen herbei, die unseren Bezugsrahmen bestätigen, wodurch wiederum unsere Wahrnehmungstrübung verstärkt wird usw.

8. Was ist am Ende der Nutzeffekt?

Am Ende von psychologischen Spiele gibt es für alle Seiten einen Spielgewinn. Dieser kann offensichtlich sein, wie z. B. ein erfolgreiches Ausweichen vor einem gefürchteten Thema oder eine erpresste Zuwendung. Manchmal jedoch ist der Spielgewinn nicht so leicht erkennbar, da die Spieler sich am Ende ja unglücklich fühlen und keinen Nutzen entdecken können: *Ich habe gar nichts davon, das ist doch alles nur zu meinem Nachteil.*
Doch schon die Bestätigung des eigenen Bezugsrahmens ist ein nicht zu unterschätzender Nutzeffekt: *Da habe ich es wieder einmal – das hätte ich doch gleich wissen müssen.*

9. Was kann ich tun, um dieses Spiel zu vermeiden?

Spiele können wir vermeiden, indem wir ...
- unser Erwachsenen-Ich benutzen und uns beobachten,
- auf Spieleinladungen (Köder) nicht anbeißen,
- verdeckte Botschaften offen legen oder ignorieren,
- nicht unrealistisch abwerten oder übertreiben,
- unsere Wahrnehmung mitteilen, d. h. die Meta-Ebene nutzen,
- unsere Bedürfnisse direkt und klar formulieren.

10. Welche Intervention wäre bei der Spieleinladung passend?

Um den Automatismus zu unterbrechen, müssen wir fähig sein, die Spieleinladung an uns abperlen zu lassen. Besonders günstig ist es, wenn wir uns geradezu auf die nächste Gelegenheit freuen, eine Spieleinladung zu bemerken und nicht wieder anzubeißen.

88 Selbstsupervision

Die Übung bietet Gelegenheit, ein Supervisionsanliegen zu strukturieren und in mehreren Auswertungsschritte durchzuarbeiten.

Es geht darum, unproduktive Kommunikations- und Verhaltensmuster aufzuspüren. Für die Analyse werden mehrere Konzepte herangezogen: Wahrnehmung vs. Interpretation, 3-Ebenen-Modell, Ichzustände, Dramadreieck, Antreiber-Konzept. Sie sollten die Übung nur einsetzen, wenn die Gruppe geübt ist in der Arbeit mit den erwähnten Konzepten. Die Auswertungsfragen können Sie je nach Wissenstand ausdünnen. Der Zeitbedarf beträgt zwei bis drei Stunden.

Die Übung lässt sich auch zur Selbstsupervision einsetzen, indem man nach dem Ausfüllen des Bogens einen Tag wartet, um ihn dann aus einer gewissen Distanz heraus durchzuarbeiten.

Durchführung

Die Teilnehmenden entscheiden sich für ein persönliches Supervisionsanliegen aus ihrem beruflichen oder privaten Kontext. Sie erhalten ein Exemplar des Arbeitsbogens und füllen ihn in Einzelarbeit aus. Mit den Auswertungsfragen können Sie unterschiedlich arbeiten:

Variante 1

Sie arbeiten zunächst einen Arbeitsbogen exemplarisch am Flipchart durch. Dann lassen die Teilnehmenden ihre Supervisionsanliegen in Kleingruppen mit den Auswertungsbögen durcharbeiten.

Variante 2

Sie teilen die Gruppe in Dyaden oder Triaden auf. Im Plenum schreiben Sie die Auswertungsaspekte 1 bis 7 Schritt für Schritt auf einem Flipchart auf und erläutern deren Sinn. Nach jedem Schritt lassen Sie die Kleingruppen ihre Notizen zu dem betreffenden Punkt bearbeiten. Danach findet jeweils ein kurzer Austausch im Plenum statt.

Bei beiden Alternativen können Sie entweder den vollständigen Auswertungsbogen einsetzen oder Frage für Frage auswerten. Den Bogen mit den Interventionsmöglichkeiten sollten Sie nur dann austeilen, wenn es sich um eine fortgeschrittene Lern- und Arbeitsgruppe handelt. Hier besteht auch die Chance, einige Interventionsmöglichkeiten in kurzen Rollenspielen zu erproben und ggf. zu variieren.

Handout 35: Selbstsupervision

1. Wenn ich erlebe bzw. wahrnehme, dass ....

....

....

2. dann fühle ich ....

....

3. und denke ....

....

....

4. und was ich darum mache, ist ....

....

....

5. um zu erreichen, dass ....

....

....

6. mit dem Ergebnis, dass ....

....

....

7. und am Ende denke / fühle / mache ich: ....

....

Die Punkte 1 bis 7 umschreiben in zeitlicher Abfolge einen Prozess von der auslösenden Wahrnehmung über eine innere und äußere Reaktion bis hin zu einem unbefriedigenden Ausgang.

Bei nahezu jedem Schritt können Ungereimtheiten und Verhakungen aufgedeckt werden, die die eigene Verstrickung deutlich machen.

Handout 36: Nachfragen zur Selbstsupervision

Zu Frage 1

Handelt es sich tatsächlich um eine Wahrnehmung oder um eine verdeckte Interpretation oder Bewertung?

Zu Frage 2

Wird hier tatsächlich ein echtes Gefühl benannt?

Zu Frage 2 und 3

Welcher Ichzustand wird besetzt? Wird eine Rolle im Dramadreieck eingenommen? Liegen Gefühle und Grundüberzeugungen aus dem Skript vor?

Zu Frage 4

Überprüfen Sie, ob hier Antreiberverhalten sichtbar wird.

Zu Frage 2, 3 und 4

Inwieweit sind Denken, Fühlen und Verhalten kongruent?

Zu Frage 5

Ist das Ziel realistisch?

Zu Frage 5 und 6

Was wird tatsächlich erreicht? Wie weit klaffen Ziel und Ergebnis auseinander?

Zu Frage 4 und 5

Sind die Maßnahmen aus 4 wirklich geeignet, das Ziel zu erreichen?

Zu Frage 7

Handelt es sich um ein typisches Reaktionsmuster am Ende von Konfliktsituationen?

Handout 37: Erläuterungen und Interventionen

Zu Frage 1: Handelt es sich tatsächlich um eine Wahrnehmung oder um eine verdeckte Interpretation oder Bewertung?

Eine wesentliche Quelle für Missverständnisse und fehlerhafte Weichenstellungen zu Beginn eines Gesprächs besteht darin, Interpretationen für Tatsachen zu nehmen und zur Grundlage der weiteren Kommunikation zu machen.

Achten Sie bei der Auswertung auch auf geringe interpretatorische Anteile (*NN provoziert, ärgert mich; lehnt mich ab ...*) und Einladungen ins Dramadreieck (NN *macht ständig..., immer ..., wieder mal ..., will ja sowieso nur ...* etc.).

Interventionen

Nach der zugrunde liegenden Wahrnehmung fragen. Gibt es noch andere Interpretationsmöglichkeiten als die genannten?

Interpretationen verifizieren. Nachfragen, was eine bestimmte Wahrnehmung zu bedeuten hat.

Zu Frage 2: Wird hier tatsächlich ein echtes Gefühl benannt?

Zur klaren Einschätzung einer Beziehungssituation gehört der Kontakt zum eigenen Gefühl. Gefühle wahrzunehmen, sie als relevant zu beurteilen und dazu zu stehen ist bei weitem keine Selbstverständlichkeit. Wenn jemand sagt: *Ich habe das Gefühl ...* so folgt in aller Regel ein Gedanke.

Interventionen

Kontakt zu den Gefühlen herstellen
Bei ungenauen Äußerungen zur Präzisierung auffordern
Auf ausweichende Redefinitionen achten

Zu Frage 3 und 5: Welcher Ichzustand wird besetzt? Wird eine Rolle im Dramadreieck eingenommen? Liegen Gefühle und Grundüberzeugungen aus dem Skript vor?

Die Wahrnehmungen aus 1 werden häufig im Sinne des persönlichen Bezugsrahmens interpretiert und mit entsprechenden Gedanken und Gefühlen besetzt. Die Wahrscheinlichkeit skriptgebundener Denk- und Gefühlsmuster besteht vor allem dann, wenn

- unter 1 ein hoher interpretativer Anteil deutlich geworden ist,
- eine Position des Dramadreiecks eingenommen wird,
- die Gedanken und Gefühle nicht zur Wahrnehmung passen.

In aller Regel handelt es sich dann um Übertragungen oder Projektionen. Bei Übertragungen begehen wir gewissermaßen einen Irrtum in Bezug auf Zeit, Ort und Person, bei einer Projektion bekämpfen wir in der anderen Person einen ungeliebten Persönlichkeitsaspekt von uns selbst. Wir entfernen uns aus der realen Situation und reagieren für andere nicht nachvollziehbar.

Interventionen

Produktive Ichzustände benutzen statt Dramadreieck
Sich Übertragungen und Projektionen bewusst machen
Möglicherweise eine therapeutische Aufarbeitung anraten

Zu Frage 4: Wird hier Antreiberverhalten sichtbar?

In Konfliktsituation versuchen wir oft, schwierige Situationen mit vertrauten Mustern in den Griff zu bekommen, ohne darauf zu achten, ob sie aktuell hilfreich sind. Es handelt sich um Antreiber. Sie lauten: *Sei perfekt! – Streng dich an! – Beeil dich! – Sei stark! – Mach's recht!* Das Problem: Die Antreiber sind tief in unserem Wertekonzept verankert, aber letztlich niemals erfüllbar. Sie scheinen quasi automatisch in uns „anzuspringen", wo distanzierte Wahrnehmung und gelassenes Vorgehen angemessen wären.

Intervention

Antreiber wahrnehmen lernen
Sich in einem Gespräch ggf. eine Auszeit nehmen

Zu Frage 2, 3, 4: Sind Denken, Fühlen und Verhalten kongruent?

Inkongruenzen in diesem Bereich verhindern in der Regel eine Problemlösung und führen dazu, dass die daraus resultierende Spannung nach innen verlagert wird. Dies birgt einerseits die Gefahr, dass schlechte Gefühle aufgestaut werden. Andererseits werden dem Gesprächspartner innere Prozesse vorenthalten und damit nicht kommunizier- und bearbeitbar gemacht. Inkongruenz äußert sich in diesem Zusammenhang auch darin, dass im inneren und äußeren Dialog unterschiedliche Ichzustände wirksam werden, z.B. nach außen Fürsorge und nach innen kritische Abwertung. Dadurch wird die Tendenz zu verdeckten Transaktionen und manipulativen Spielen verstärkt.

Interventionen

Denk- und Gefühlsmuster bewusst machen
Kongruente Verhaltensoptionen entwickeln

Zu Frage 5: Ist das Ziel realistisch?

Erfolg oder Misserfolg eines Verhaltens werden meist danach beurteilt, inwieweit es gelungen ist, ein bestimmtes Ziel zu erreichen. Häufig wird ein Verhalten deshalb als Misserfolg gesehen, weil die betreffende Person von einem unrealistischen Ziel ausgegangen ist. Dieses kann zu hoch gesteckt gewesen sein, es lag weit außerhalb der eigenen Einflussnahme oder es war einem selbst noch unklar. Mitunter liegt eine unbewusste Strategie vor, eigene Vorhaben auf diese Weise zum Scheitern zu bringen, um eigene Passivität zu rechtfertigen: *Ich habe es wirklich versucht, aber ...*

Interventionen

Sich vorher klar machen, was man erreichen will
Ziele konkret, positiv und erreichbar formulieren
Die Erreichbarkeit von Zielen realistisch einschätzen

Zu Frage 5 und 6: Was wird erreicht? Klaffen Ziel und Ergebnis auseinander?

Um die Wirksamkeit beurteilen zu können, kann es interessant sein zu untersuchen, ob ich mein Ziel teilweise erreicht habe, ob keinerlei Veränderung eingetreten ist oder ob gar das Gegenteil von dem passiert ist, was ich erreichen wollte. Sollte einer der beiden letztgenannten Fälle zutreffen, dann könnte der nächste Auswertungspunkt wichtige Erkenntnisse ermöglichen.

Zu Frage 4 und 5: Sind die Maßnahmen aus 4 geeignet, das Ziel zu erreichen?

Eine überraschend weit verbreitete, stets erfolglose Strategie besteht darin, völlig ungeeignete Mittel einzusetzen, um Ziele zu erreichen. So nörgeln manche Menschen, um Zuwendung zu bekommen. Manche schimpfen und maßregeln, um jemanden zur Mitarbeit zu motivieren. Wieder andere verstärken die Kontrolle, um zur Eigenverantwortung anzuregen, oder sie üben ständig Nachsicht, um Problembewusstsein zu erzeugen.

Interventionen

Die Kongruenz von Denken, Fühlen und Verhalten überprüfen
Maßnahmen gezielt mit dem Erwachsenen-Ich planen

Zu Frage 7: Ist es ein typisches Reaktionsmuster am Ende von Konflikten?

Viele Menschen reagieren auf Konfliktsituationen immer wieder mit dem gleichen Gefühls- und Verhaltensmuster: mit beleidigtem Rückzug, depressiver Verstimmung oder dem Gefühl, unzulänglich zu sein. Damit geht oft einher, dass sich die Person in einer vertrauten Grundüberzeugung bestätigt sieht (*Da sieht man es wieder mal ...!*) und eine Gefühlsrabattmarke sammelt. Vermutlich handelt es sich dann um ein manipulatives Spiel.

Interventionen

Überprüfen, auf welche Weise die Person selbst zum Zustandekommen der Situation beigetragen hat
Herausbekommen, was die echten Gefühle und Bedürfnisse sind, und Kongruenz im Verhalten herstellen

Praxishinweise

Die Übung wird meist als ergiebig erlebt, insbesondere wenn die Betreffenden bereits über TA-Kenntnisse verfügen oder mit Anregungen zur Selbsterfahrung vertraut sind. Das Verfahren ermöglicht ein hohes Maß an Selbststeuerung im Blick auf die Selbstoffenbarung im Plenum.

Achten Sie darauf, dass sich die Auswertung konsequent an den konkreten Formulierungen orientiert. Gern werden Vermeidungsstrategien verwendet wie: *Eigentlich habe ich etwas anderes gemeint* oder: *Ich kann mich eben nicht so gut ausdrücken.*

Wenn psychologische Spiele aufgedeckt oder Übertragungen bewusst gemacht werden, kommen die Betreffenden mit tieferen persönlichen Themen in Kontakt. Es ist wichtig, dass Sie diesbezüglich über ausreichende beraterische Kompetenz verfügen.

Kapitel 5

Strategien

Vorbemerkung

Die Übungen in diesem Kapitel beziehen sich nicht auf einzelne Gesprächsregeln oder Konzepte. Im Mittelpunkt stehen übergreifende Prinzipien zur Gesprächsführung (gute Fragen stellen, die Einheit von Denken, Fühlen und Handeln beachten, konstruktiv konfrontieren, schlagfertig reagieren) sowie Leitfäden für komplexe Gesprächssituationen (Beratungs-, Konflikt- und Verhandlungsgespräche).

Auch hier geht es uns nicht darum, Rezepte zu vermitteln, die, strikt eingehalten, quasi wie von selbst zum Erfolg führen würden. Viel mehr geht es darum, sich gesprächsstrategisches Know-How anzueignen, das Sie im konkreten Gespräch flexibel einsetzen und situativ abwandeln können. Die Gesprächsstrategien können Sie als roten Faden nutzen, der Ihnen helfen kann, nicht vom Weg abzukommen, selbst wenn Sie gelegentlich einen Umweg einschlagen oder in die Irre geführt werden.

Die Kraft guter Fragen nutzen

Wir sind starke Befürworter guter Fragen. Gute Fragen dienen dem Anliegen des Klienten. Sie regen ihn an, die produktiven Ichzustände mit Energie zu besetzen. Menschen mit einem Beratungsanliegen befinden sich zunächst häufig im angepassten Kind. Nach einer angemessenen Portion Mitgefühl und Verständnis aus dem fürsorglichen Eltern-Ich ist es sinnvoll, das Erwachsenen-Ich zu stimulieren.

Gute Fragen dienen dazu,

- Kontakt herzustellen,
- Interesse am Gesprächspartner zu signalisieren,
- wesentliche Informationen zu gewinnen.

Sie regen dazu an,

- eigene Motive und Bedürfnisse genauer wahrzunehmen,
- eingeschränkte Sichtweisen zu überprüfen,
- verborgene Ressourcen zutage zu fördern,
- den Blick gestaltend in die Zukunft statt rekonstruierend in die Vergangenheit zu richten.

Ob ein Mensch klug ist, erkennt man an seinen Antworten. Ob ein Mensch weise ist, erkennt man an seinen Fragen. Nagib Mahfuz

Handout 38: Vor- und Nachteile wichtiger Frageformen

Offene Fragen

aktivieren das Erwachsenen-Ich, geben Spielraum und regen an zur Mitverantwortung für den Prozess.

Geschlossene Fragen

unterstützen klare Entscheidungen, können aber auch deaktivieren oder zu rebellischen Reaktionen führen.

Konjunktiv- oder Wunderfragen

regen an, bisherige Sichtweisen zu erweitern und neue Handlungsoptionen zu entwickeln.

Alternativfragen

lassen wenig Raum für Optionen. Vorteile: Fokussierung und Zeitersparnis.

Gegenfragen

dienen der Rückgewinnung der Gesprächskontrolle. Gefahr: sie führen häufig zu Machtspielen.

Motivationsfragen

laden durch eine positive Zuschreibung dazu ein, Kompetenz zu zeigen. Wichtig: nicht zu dick auftragen.

Provokationsfragen

locken durch humorvolle Überspitzung aus der Reserve. Voraussetzung ist eine tragfähige Beziehung.

Verständnisfragen

dienen der Konkretion und helfen, gegenseitiges Verstehen zu sichern.

Wozu-Fragen

helfen, in die Zukunft gerichtete Motive, Werte und Gründe für Entscheidungen bewusst zu machen.

Zirkuläre Fragen

legen innere Assoziationsketten offen und regen an, den Blickwinkel zu wechseln und sich mögliche Fremdwahrnehmungen zu vergegenwärtigen.

Interpretierende Fragen

bieten eine weiterführende Betrachtung des Problems an.

Positionierende Fragen

fordern auf, zu einer zugespitzten Aussage Stellung zu beziehen.

Ratschlag-Fragen

richten den Fokus auf neue, möglicherweise bisher ausgeblendete Optionen. Gefahr: Förderung der Passivität oder Ja-aber-Spiele.

Skalierungsfragen

helfen, durch eine fokussierte Einschätzung auf den Punkt zu kommen.

Manipulative Fragen,

wie suggestive oder rhetorische Fragen, haben in einer konstruktiven Gesprächsführung nichts zu suchen. Im übrigen verlieren auch alle „guten" Fragen ihre positive Kraft, wenn sie ohne Empathie als bloße Techniken eingesetzt werden.

Eine vollständige Liste der verschiedenen Frageformen mit einer differenzierten Darstellung ihrer Vor- und Nachteile finden Sie bei Gührs und Nowak 2014, S. 199–208.

Mit den folgenden Übungen beschränken wir uns auf Fragetypen, die wir für den Einsatz in professionellen Gesprächen als besonders wichtig erachten.

89 Offen oder geschlossen

Die Entscheidung, ob wir in einem Gespräch offene, alternative oder geschlossene Fragen stellen, ist nicht nur für den Informationsgewinn maßgeblich, sondern auch für das Ergebnis eines Gesprächs. Es ist wichtig, ein Gespür für deren Wirkungsweise und Angemessenheit zu bekommen.

Die folgende Übung wird in Triaden durchgeführt. Sie können den Teilnehmenden vorher das Handout aushändigen und einige Beispiele für die hier relevanten Fragetypen geben.

1. Runde

A überlegt sich ein persönliches Thema, das er bereit ist, mit B in diesem Setting zu erörtern. C ist Beobachter.

A beginnt, über das Thema zu sprechen. B stellt ausschließlich geschlossene oder alternative Fragen. Nach ca. 5 Minuten signalisiert C das Gesprächsende.

In der Auswertung schildert zunächst A, was sie oder er während des Gesprächs gedanklich und gefühlsmäßig erlebt hat. Danach teilt B mit, wie es ihr oder ihm während des Gesprächs gegangen ist. Anschließend teilt C die Beobachtungen zur verbalen und nonverbalen Kommunikation mit. Die wichtigsten Erkenntnisse werden auf Karten notiert.

2. Runde

B überlegt sich ein Thema, C führt das Gespräch, A beobachtet. C darf ausschließlich offene Fragen stellen. Nach ca. 5 Minuten signalisiert A das Gesprächsende. Auswertung wie oben.

3. Runde

Die Rollen werden ein letztes Mal gewechselt. A darf situativ zwischen offenen, alternativen und geschlossenen Fragen wählen.

Auswertung

Die Erkenntnisse werden im Plenum präsentiert und unter folgenden Fragestellungen diskutiert:

- Für welche Gesprächssituationen eigenen sich die Frageformen?
- Wann wirken sie kontraproduktiv?
- Was sind die Konsequenzen für das eigene Gesprächsverhalten?

90 Vergangenheit – Gegenwart – Zukunft

Wer fragt, führt. Er lenkt die Aufmerksamkeit der befragten Person in eine bestimmte Richtung. Eine zentrale Richtungsentscheidung betrifft die zeitliche Dimension. Es macht einen erheblichen Unterschied, ob meinen Frage dazu anregen, die Vergangenheit zu erkunden, das Hier und Jetzt auszuleuchten oder die Zukunft zu planen. Oft gibt schon ein einzelnes Fragewort die Richtung vor: *warum (hast du, machst du ...)?* ist vergangenheitsbezogen, *wozu (dient das, nützt das ...)?* ist zukunftsbezogen. Weisen Sie darauf hin, dass die Gespräche nicht zu Ende geführt werden müssen, sondern dem Training dienen.

Durchführung

Es werden Gesprächstriaden gebildet. Die Teilnehmenden überlegen sich anhand des Handouts „Vor- und Nachteile", welche drei bis fünf Frageformen überwiegend auf eine der drei zeitlichen Dimensionen hin fokussieren (ca. 15 Minuten). Ggf. können Sie als Zwischenschritt die Ergebnisse aus den Triaden im Plenum zusammentragen lassen.

Die Mitglieder der Triaden überlegen sich ein in die Zukunft gerichtetes Thema, das sie bereit sind, in diesem Setting anzusprechen. In wechselnden Rollen (Fallbringerin, Fragende, Beobachterin) werden die Themen in drei Gesprächsrunden nach folgendem Muster besprochen:

Der jeweils Fragende fokussiert in der ersten Runde in die Vergangenheit, in der zweiten in die Gegenwart und in der dritten in die Zukunft. Jede Runde sollte einschließlich Feedback ca. 20 Min. dauern.

Auswertung

Feedback gibt zunächst der Fallbringer. Danach äußern sich Fragender und Beobachter. Der Beobachter gibt ausschließlich dem Fragenden Feedback, sowohl zur Qualität der Fragen und der Reihenfolge als auch zum angemessenen Einsatz geschlossener und offener Fragen.

Der abschießende Erfahrungsaustausch gilt folgenden Fragen:

- Welche zeitliche Dimension passt für welche Gesprächssituation?
- Was bedeutet das für Beratungs- und Konfliktgespräche?
- Welche Konsequenz hat das für das eigene Gesprächsverhalten?

91 Zirkulär und imaginär

Zu einer professionellen Beratung gehört es, auch hypothetische Fragen zu stellen. Diese helfen, mentale Muster aufzudecken, ungewohnte Perspektiven einzunehmen und kreative Lösungen zu entwickeln.

Die beiden häufigsten Vertreter dieses Fragetyps sind zirkuläre und imaginäre Fragen.

Theorie-Input

Zirkuläre Fragen laden zum Perspektivwechsel ein, stellen ungewohnte Zusammenhänge her und fordern zu Antizipationen auf. Sie können genutzt werden, um festgefahrene Kommunikations- und Verhaltensmuster aufzulockern.

Beispiele

- Was würde in Ihrem Umfeld passieren, wenn Sie drei Monate nicht anwesend wären?
- Was – glauben Sie – reden Ihre Kollegen oder Mitarbeiter in der Kantine über Sie?
- Woran würde/n … merken, dass Sie sich verändert haben?
- Woran würden Sie erkennen, dass man Ihnen gegenüber ehrlich ist?
- Was sollte nach unserem Gespräch anders sein als vorher?

Bei imaginären Fragen werden Probleme oder wichtige Beschränkungen als nicht mehr vorhanden angenommen. In einem problembelasteten Kontext wird dadurch der Fokus auf bisher nicht gesehene Lösungsmöglichkeiten gerichtet.

Beispiele

- Was konkret wäre anders, wenn das Problem eines Morgens plötzlich verschwunden wäre?
- Was würden Sie tun, wenn Sie sich mittels eines Zauberstabs einen Wunsch erfüllen könnten?
- Stellen Sie sich vor, der Tag hätte 30 Stunden? Wie würde sich Ihr Tagesablauf ändern?

Durchführung

Fordern Sie zunächst alle Teilnehmenden auf, sich ein persönliches Anliegen – eine Frage, ein Problem, einen aktuellen Konflikt – zu überlegen, das sie bereit sind, für ein interessantes Experiment zur Verfügung zu stellen.

Danach werden Kleingruppen mit drei bis fünf Personen gebildet.

In jeder Gruppe stellt ein Teilnehmer – der Fallbringer – sein Anliegen vor, ohne von den anderen unterbrochen oder zusätzlich befragt zu werden. Danach verlässt er den Raum.

Die übrigen Gruppenmitglieder haben 10 Minuten Zeit, um zu überlegen, welche drei zirkulären oder imaginären Fragen sie dem Fallbringer bezogen auf sein Anliegen stellen könnten.

Dann wird der Fallbringer zurück in die Gruppe gebeten. Ihm werden die verabredeten Fragen gestellt und er beantwortet sie. Zu jeder Frage sind wiederum maximal drei Nachfragen erlaubt.

Auswertung

In der Auswertung beschreibt der Fallbringer zunächst die Wirkung der Fragen und erläutert, ob und wie sich dadurch seine Sicht auf das Anliegen verändert hat.

Anschließend kann erörtert werden, welche anderen oder zusätzlichen Fragen möglicherweise zielführender gewesen wären.

Entsprechend stellen auch die anderen Gruppenmitglied ihr Anliegen vor und werden dazu befragt.

Das 3-Ebenen-Modell

Ein Aspekt, der in jeder zwischenmenschlichen Kommunikation eine wichtige Rolle spielt, betrifft die Frage, wie es um die Einheit von Denken, Fühlen und Handeln steht. Bei jedem persönlichen Thema, sei es privat oder beruflich, spielen diese drei Ebenen eine bedeutende Rolle. Kompliziert wird es immer dann, wenn wir

- aus dem Bauch heraus eine Entscheidung treffen, gegen die Vernunft und bar jeder Umsetzungsmöglichkeit,
- unsere Gefühle ignorieren und gute Miene zum bösen Spiel machen,
- immer wieder auf dieselbe Weise etwas zu erreichen versuchen, ohne aus den vergeblichen Versuchen die nahe liegenden Schlussfolgerungen zu ziehen,

Derartige Inkongruenzen führen zu inneren Spannungen, da wir Konflikte nicht austragen, sondern nach innen verlagern, verbunden mit Beeinträchtigungen unseres Wohlbefindens.

Vor allem in der Anfangsphase von Beratungssituationen ist es wichtig, durch gute – in der Regel offene – Fragen zu erfahren, was der Ratsuchende in Bezug auf sein Problem

denkt:

was deutlich wird in Reflexionen, Analysen, Einschätzungen, Interpretationen, Schlussfolgerungen, Planungen oder Antizipationen

fühlt:

was deutlich wird durch Äußerung von emotionalem und körperlichem Empfinden, Bedürfnissen, Empathie, Abneigung, Sympathie;

handelt:

was deutlich wird in der Schilderung von Aktivitäten, Ereignisabläufen, Vorgehensweisen, Lösungsversuchen und konkreten Vorhaben.

Erst wenn wir darüber Klarheit haben, verfügen beide, Berater und Ratsuchender; über die notwendigen Informationen als Basis für eine angemessene Begleitung bei der Problemlösung.

Die folgenden Übungen helfen, den Blick dafür zu schärfen, wie es um die Einheit von Denken, Fühlen und Verhalten steht.

92 Mir fehlen die Worte

Diese Übung bietet eine Orientierung, wie die drei Ebenen bei den Teilnehmenden in ihrer Kommunikation repräsentiert sind. Dabei gehen wir von der Beobachtung aus, dass unsere Möglichkeiten, uns differenziert auszudrücken, auf derjenigen Ebene am größten sind, die uns am vertrautesten ist und die wir am meisten einsetzen. Umgekehrt fehlen uns auf der am wenigsten repräsentierten Ebene häufig die Worte.

Durchführung

Die Teilnehmenden schreiben auf einen quer liegenden DIN-A4-Bogen die Begriffe Denken, Fühlen und Verhalten als Überschriften. Anschließend notieren sie innerhalb von zwei Minuten alle Verben und Adjektive, die ihnen zu den drei Aspekten einfallen, in beliebiger Reihenfolge unter den entsprechenden Überschriften.

Auswertungsfragen im Plenum

- Zu welcher Ebene ist mir am meisten eingefallen, zu welcher am wenigsten?
- Was wird mir daran deutlich im Blick auf mein Kommunikationsverhalten?

Sie können den Teilnehmenden die Möglichkeit geben, zur Ergänzung die andern Gruppenmitglieder um Feedback zu bitten: *Wie erlebt ihr mein Kommunikationsverhalten hinsichtlich der drei Ebenen?*

93 Mit den Ebenen spielen

Im Setting einer Gesprächstriade werden Beratungsgespräche geführt. Dabei wird der Umgang mit den Ebenen des Denkens, Fühlens und Handelns trainiert.

Durchführung

Es werden Triaden gebildet, die in mehreren Runden unterschiedlich instruiert werden.

Die Teilnehmenden werden darüber informiert, dass A gleich ein Anliegen präsentieren und dabei die Ebenen des Denkens, Fühlens und Verhaltens ungleichgewichtig einsetzen wird.

1. Runde

Dazu werden alle A nach draußen gebeten und aufgefordert, sich an ein eigenes berufliches oder privates Problem zu erinnern, das inzwischen gelöst ist und für das folgende Rollenspiel verwendet wird.

In einer gestellten Beratungssituation soll A sein Problem zunächst nur auf der Ebene des Denkens schildern. Die Verhaltensebene ist auf Nachfrage ebenfalls zugänglich, die Gefühlsebene soll A – auch wenn B nachfragt – vermeiden oder geschickt umgehen.

Durch geschicktes Fragen soll B herausfinden, welche Ebene A vermutlich vermeidet. Wenn sich B sicher ist, kann er das Gespräch beenden und seine Erkenntnis aufdecken oder das Rollenspiel fortsetzen und hartnäckig nach der Gefühlsebene nachfragen. Wenn B zum dritten Mal nachgefragt bzw. das Ausweichen konfrontiert, soll A das Gespräch beenden.

C gibt Rückmeldung über seine Beobachtungen.

2. Runde

Die Rollen werden gewechselt. Die Instruktion lautet: B berichtet auf der Verhaltensebene, das Fühlen ist zugänglich, das Denken wird vermieden.

3. Runde

C berichtet auf der Gefühlsebene, das Denken ist zugänglich, die Verhaltensebene wird vermieden.

Auswertung

Im Plenum werden folgende Fragen besprochen:

- aus der Perspektive des Berichtenden: Welche Ebene zu spielen fiel mir leicht, welche war schwierig für mich?
- aus der Perspektive des Nachfragenden: Zu welcher Ebene fielen mir leicht entsprechende Fragen ein, wo fehlten mir eher die Worte?

94 Die drei Ebenen im eigenen Erleben

In dieser Übung können die Teilnehmenden eine Einschätzung gewinnen, ob und in welcher Reihenfolge sie bei der Auseinandersetzung mit persönlichen Themen ihr Denken, Fühlen und Verhalten verwenden. Das Mittel des Briefes erlaubt dabei – schwarz auf weiß – eine gute Überprüfung.

Durchführung

1. Schritt: Einzelarbeit

Die Teilnehmenden werden aufgefordert, sich an eine persönliche Begebenheit zu erinnern, die sie berührt hat und noch beschäftigt.

Diese Begebenheit schreiben sie in Form eines Briefes auf, der an eine vertraute Person adressiert ist. Sie können den Brief mit einer konkreten Frage bzw. Bitte abschließen. Der Brief soll einen DinA4-Bogen füllen.

2. Schritt: Triaden

In Triaden lesen sich die Teilnehmenden ihre Briefe gegenseitig vor und analysieren sie nach fwolgenden Gesichtspunkten.

1. Welches ist die Kontaktebene, die als erste präsentiert wird?
2. Welche weitere Ebene kommt hinzu?
3. Kommt eine Ebene gar nicht vor?
4. Welche Ebene überwiegt, welche ist am wenigsten vertreten?

Bei der Analyse soll vor allem auf Verben und Adjektive geachtet werden. Die Beschreibung von Rahmenbedingungen soll nicht berücksichtigt werden. Nur das, was tatsächlich aufgeschrieben wurde, soll in die Analyse einfließen. So geht es z. B. nicht darum, ob ein Gefühl gemeint sein könnte, sondern ob es formuliert wurde. Nur dann wird es bewusst und damit kommunizierbar gemacht.

3. Schritt: Plenum

Schreiben Sie die Begriffe Denken, Fühlen und Verhalten auf drei Karten und legen Sie diese in einem Dreieck auf dem Fußboden aus. Die Teilnehmenden positionieren sich innerhalb des Dreiecks nacheinander anhand folgender Fragen:

- Welches war meine Kontaktebene?

- Welche Ebene brachte ich als zweite zum Ausdruck?
- Welche Ebene überwog?
- Welche Ebene war unterrepräsentiert?
- Auf welcher Ebene liegt vermutlich der Schlüssel zur Lösung?

In der Regel bleiben die Teilnehmenden nach der letzten Frage bei der unterrepräsentierten Ebene stehen, womit deutlich wird, dass auf der Kontaktebene selten die Lösung zu finden ist.

Anschließend findet ein Gespräch zu folgenden Fragen statt:

- Was ist mir deutlich geworden?
- Auf welcher Ebene fällt mir die Kommunikation leicht?
- Mit welcher Ebene tue ich mich eher schwer?
- Wird hier ein Muster deutlich, wie ich an Probleme herangehe?

4. Schritt: Triaden – das Vermiedene stärken

Danach setzen sich die Teilnehmenden wieder in ihren Triaden zusammen und helfen sich gegenseitig, durch gutes Nachfragen die unterrepräsentierte oder vermiedene Ebene aufzuhellen. Ziel ist es, Denken, Fühlen und Verhalten – bezogen auf das im Brief angesprochene Thema – in größere Übereinstimmung zu bringen.

5. Schritt: Bilanz im Plenum

In der abschließenden Runde steht die Frage im Mittelpunkt, welche Konsequenzen für die Gesprächsführung in Beratungs- und Konfliktgesprächen sich daraus ergeben.

Praxishinweise

Die Vorgehensweise mit dem Brief unterscheidet sich zwar vom gesprochenen Wort. Doch werden auch beim Niederschreiben eines Problems die persönlichen Vorlieben sichtbar.

Wichtig ist es, dass nur das in die Analyse einfließt, was tatsächlich aufgeschrieben wurde. Die Teilnehmenden neigen dazu, die nicht benannten Aspekte hinein zu interpretieren (*Damit hat er doch gemeint, …*). Es geht aber darum, Schlussfolgerungen aus dem zu ziehen, was benannt wurde und konkret wahrnehmbar ist.

In der Regel halten die Teilnehmenden ihre individuelle Herangehensweise zunächst für die einzig richtige Sichtweise nach dem Motto: *So ist es nun einmal – das ist doch klar.* Doch die sehr unterschiedliche Verteilung bei der Stellübung im Dreieck macht deutlich, dass es sehr wohl unterschiedliche Ausprägungen gibt. Dadurch fühlen sich die Teilnehmenden angeregt, ihre bevorzugten Muster zu überprüfen und zu erweitern.

Genau besehen wird bei der dieser Übung ein kompletter Beratungsprozess durchlaufen: Von der Diagnose der drei Ebenen über deren Erschließung bis hin zur Erzielung einer größeren Stimmigkeit im Denken, Fühlen und Handeln und die daraus folgenden Konsequenzen für künftiges Verhalten.

Das Beratungsgespräch

Bei Beratungsgesprächen handelt es sich um ein komplexes Geschehen, für dessen professionelle Handhabung man üblicherweise eine gründliche Ausbildung benötigt. Gleichwohl kann es insbesondere für Menschen, die mit Menschen in andern Kontexten arbeiten, hilfreich sein, über Grundkenntnisse der Phasen und Fallen von Beratungsgesprächen zu verfügen. Was die Fallen betrifft, verweisen wir an dieser Stelle auf den Abschnitt zum Dramadreieck.

Da die Teilnehmenden üben sollen, grundlegende Aspekte produktiver Beratung anzuwenden, ist es sinnvoll, sie durch einen Theorie-Input oder mit Hilfe des folgenden Handouts mit den Phasen eines Beratungsgespächs vertraut zu machen.

Handout 39: Phasen eines Beratungsgesprächs

Grundsätzlich lässt sich ein Beratungsgespräch in folgende Phasen untergliedern:

1. Kontraktphase

Beratung setzt stets ein Anliegen voraus. So dient diese Phase zunächst dazu, das Anliegen und die Erwartungen des Ratsuchenden zu klären, bevor Sie mit der eigentlichen Beratung beginnen können.

- Worum geht es?
- Was ist Ihre Frage?
- Was erwarten Sie bzw. wünschen Sie sich dazu von mir?

2. Explorationsphase

Hier geht es darum, mit Hilfe offener Fragen und unter Berücksichtigung von Aspekten des Denkens, Fühlens und Verhaltens mehr über die Problemlage, ihre Hintergründe und Entstehungsgeschichte zu erfahren sowie die genaue Fragestellung herauszuarbeiten.

- Worin konkret und spezifisch besteht das Problem für Sie?
- Wie ist es dazu gekommen?
- Wann tritt es auf und wann nicht?
- Wozu müssen bzw. möchten Sie das Problem lösen?

3. Lösungsphase

In dieser Phase werden konkrete Lösungsideen entwickelt und, wenn möglich, Entscheidungen getroffen. Um unnötige Schleifen zu vermeiden, ist zu klären, was bereits an Lösungsversuchen unternommen wurde und was dabei herausgekommen ist.

- Was haben Sie bereits zur Lösung des Problems unternommen?
- Mit welchem Ergebnis?
- Welche Schlussfolgerungen haben Sie daraus gezogen?
- Wie verhält sich jemand, der dieses Problem nicht hat bzw. leichter damit umgehen kann?
- Wie würden Sie in Ihrer Lage gerne anders denken, fühlen und handeln können?
- Welche Erlaubnis müssten Sie sich dafür ggf. geben?
- Welche konkreten Möglichkeiten sehen Sie, das Problem zu lösen bzw. besser damit umzugehen?
- Wie würde sich das für Sie lohnen?
- Was davon wollen Sie ausprobieren?

4. Umsetzungsphase

Diese Phase beginnt mit der Planung des Praxistransfers noch während des Beratungsgesprächs und reicht bis zur konkreten Umsetzung in der Realität.

- In welchen konkreten Situationen werden Sie sich künftig anders verhalten?
- Was genau werden Sie anders machen?
- Woran werden Sie / werden andere den Erfolg bemerken?
- Welche Art der Unterstützung können Sie sich ggf. holen?
- Wie werden Sie sich für den Erfolg belohnen?

95 Praxisübung Beratung

Die Übung bietet Gelegenheit, grundlegende Aspekte produktiver Beratung zu trainieren. Der Zeitbedarf beträgt ca. 45 Minuten pro Beratungseinheit.

Durchführung

Es werden Triaden gebildet. A entscheidet sich für ein persönliches Anliegen, d. h. ein reales, bisher nicht gelöstes Problem mittlerer Schwere. B ist Beraterin, C beobachtet.

B achtet während der Beratung auf die Einhaltung der oben vorgestellten vier Phasen und orientiert sich dabei an den dort genannten Fragen.

C achtet auf Klarheit und Angemessenheit der Fragen sowie ggf. auf Redefinitionen und andere Ausweichmanöver seitens A.

Auswertung

Zunächst gibt die Rat suchende Person Rückmeldung darüber, wie sie das Beratungsgespräch erlebt hat. Danach teilt C seine Beobachtungen mit. Daran kann sich eine methodische Reflexion aller drei Beteiligten anschließen. Vermieden werden sollte allerdings eine gemeinsame „Nachberatung" von A.

Anschließend werden zweimal die Rollen gewechselt, so dass alle Beteiligten einmal in jeder Rolle agieren.

Abschließend sollten die Erfahrungen im Plenum zusammengetragen, vertiefend diskutiert und theoretisch ergänzt werden.

Praxishinweise

Da diese Übung eine gewisse Interventionstiefe beinhaltet, sollte sie nur mit Teilnehmenden durchgeführt werden, die sich mit professioneller Gesprächsführung auskennen und in Selbstreflexion geübt sind.

Probleme ansprechen

Der Beginn eines Konfliktgesprächs, also die Art und Weise, wie ich ein Problem anspreche, entscheidet wesentlich über den weiteren Verlauf. Verheddere ich mich gleich zu Beginn in Vorwürfen und Unterstellungen? Oder gelingt es, die Weichen für eine produktive Konfliktbearbeitung zu stellen und den eigenen roten Faden zu verfolgen?

Theorie-Input

Eine konstruktive Problemansprache sollte

- **Kurz und klar formuliert sein:**
  Konjunktive (*könnte, würde, wäre)* und andere Einschränkungen (*eigentlich* u. ä.) vermeiden.
- **Das eigene Erleben des Problems transparent machen:**
  Ich-Botschaften verwenden.
- **Unterstellungen und Interpretationen vermeiden:**
  Sie wollen doch nur ...
  Ich habe das Gefühl, Sie ...
- **Keine persönlichen Angriffe und Abwertungen beinhalten:**
  Sie sind ...
  Sie machen ständig ...

Diese Bedingungen erfüllt die einprägsame 3-W-Strategie: drei aufeinander aufbauende Schritte, die mit Begriffen benannt sind, die jeweils mit einem W beginnen.

Eine Problemansprache kann hart oder weich formuliert werden. In jedem Fall sollte sie klar sein und möglichst nicht länger als zwei Minuten dauern. Auch hier gilt: Weniger ist mehr. Je mehr Sie an Argumenten und alten Geschichten anhäufen, umso eher hat Ihr Gegenüber das Gefühl, sich vor einem Zuviel an Vorwürfen schützen zu müssen, und wird deshalb mit hoher Wahrscheinlichkeit abblocken.

Zugleich bieten Sie ihm viele Möglichkeiten, um einzuhaken: *Also bei Ihrem zweiten Beispiel war es aber ganz anders, und zwar ...* So besteht die Gefahr, dass Sie sich auf Nebenschauplätzen verheddern und aus dem Auge verlieren, um was es Ihnen eigentlich geht.

Handout 40: 3-W-Strategie zur Konfliktansprache

1. Schritt: Wahrnehmung

Beschreiben Sie das konkrete Verhalten der anderen Person anhand von konkreten und nachvollziehbaren Fakten und Informationen:

Ich nehme wahr...
Ich habe beobachtet...
Mir ist aufgefallen…

2. Schritt: Wirkung

Benennen Sie die sich daraus ergebenden inhaltlich-sachlich Folgen, wozu übrigens auch die (Arbeits-) Beziehung gehört:

Das kann zur Folge haben ...
Ich befürchte …
Ich mache mir Sorgen, dass ...
Unsere gute Beziehung wird dadurch …

sowie Ihre persönlich-emotionale Reaktion:

Ich bin (ärgerlich, enttäuscht, irritiert, unzufrieden, traurig ...)
Mir geht es damit ...
Ich spüre, wie ich …

3. Schritt: Wunsch

Formulieren Sie Ihr Anliegen kurz und konkret auf der Basis der ersten beiden Schritte. Vermeiden Sie Rechtfertigungen oder weitere Erklärungsversuche. Ein Anliegen kann auch darin bestehen, eine Frage beantwortet zu bekommen oder eine Entscheidung mitzuteilen:

Ich wünsche mir von Ihnen …
Ich erwarte, dass Sie …
Ich frage mich, ob …
Meine Entscheidung lautet …

Ein Beispiel

(1) Sie haben in unserer letzten Teambesprechung gefehlt und es hat mir keine Nachricht darüber vorgelegen.
(2) Das hatte zur Folge, dass wir wichtige Punkte nicht erledigen konnten. Ich habe mich anschließend darüber geärgert, weil ich befürchte, dass wir dadurch in Termindruck geraten.
(3) Ich erwarte von Ihnen, dass Sie bis zum nächsten Treffen Ihre Arbeiten so weit vorbereiten, dass wir die verlorene Zeit wieder aufholen.

96 Entwurf einer Problemansprache

Anwendung der 3-W-Strategie auf ein reales Beispiel

Durchführung

Die Teilnehmenden wählen aus ihrem beruflichen oder privaten Umfeld eine Person aus, die sie auf ein Problem ansprechen oder an die sie eine Kritik adressieren wollen. Sie stellen schrittweise die 3-W-Strategie vor. Dabei sollten Sie jeweils auch die im Handout genannten Satzanfänge als Formulierungsmöglichkeit anbieten.

Nach dem ersten Schritt fordern Sie die Teilnehmenden auf, sich Notizen zum konkreten, wahrnehmbaren Verhalten der gewählten Person zu machen.

Nach dem zweiten Schritt schreiben sie auf, was das gezeigte Verhalten emotional und sachbezogen bei Ihnen und ggf. im organisationalen Kontext bewirkt.

Nach dem dritten Schritt formulieren sie ein konkretes, klar benanntes Anliegen.

Anschließend werden Dyaden gebildet, in denen die Beispiele nebst Notizen vorgestellt und anhand der folgenden Fragen auf ihre Stimmigkeit hin überprüft werden:

- Handelt es sich beim ersten Schritt um reine Wahrnehmungen?
- Sind die benannten Wirkungen und Folgen nachvollziehbar? Wird auch die emotionale Reaktion mit Ich-Botschaften benannt?
- Ist das Anliegen nachvollziehbar und angemessen?

In einer zweiten Einzelarbeit arbeiten die Teilnehmenden die Hinweise ihrer Dyadenpartner in ihre Notizen so ein, dass sie ein stimmige Grundlage für eine reale Problemansprache mitnehmen.

Die abschließende Plenumsrunde gilt den Fragen:

- Was ist mir deutlich geworden?
- Welche Frage habe ich noch?

97 Problemansprache üben

Vertiefendes Training der 3-W-Strategie mit Hilfe eines Antagonisten

Durchführung

Wie in der vorangegangenen Übung wählt sich jeder Teilnehmende aus seinem beruflichen oder privaten Umfeld eine Person, die er gerne einmal auf ein Problem ansprechen oder kritisieren möchte.

Es werden Triaden gebildet. Die Teilnehmenden bekommen einen Bogen mit den folgenden Übungsschritten:

A ist Fallbringerin und spricht das angedachte Problem an, als würde die betreffende Person ihr gegenüber sitzen.

B fungiert als Antagonist, nimmt also die Rolle der Person ein, die in der Realität angesprochen oder kritisiert werden soll. B bietet sich als eine Art lebendiger Projektionswand an, agiert jedoch nicht selbst.

C achtet auf die Zeit und moderiert die einzelnen Übungsschritte:

1. B setzt sich A gegenüber. A gibt B eine kurze Rolleninstruktion zu Person, Rolle, typischem Verhalten, Art der Beziehung etc.
2. A benennt das Thema und formuliert konkret und realistisch das Ziel, das sie mit dieser Problemansprache bezweckt.
3. A spricht B mit der 3-W-Strategie auf das Problem hin an, indem sie nacheinander das wahrgenommene Verhalten, die persönliche Reaktion sowie erkennbare oder absehbare Folgen und schließlich auch ihr Anliegen formuliert. B hört zu und lässt die Kritik in der Rolle auf sich wirken, wird aber nicht selbst aktiv.
4. B gibt Feedback aus der Rolle des Antagonisten: Was hat mich erreicht, was nicht? Was war jeweils der Grund dafür?
5. C gibt A Feedback. Dabei liegt der Fokus darauf, ob die Problemansprache von A zum genannten Ziel passte und wirksam war.
6. Ggf. kann A die Problemansprache unter Berücksichtigung des erhaltenen Feedbacks wiederholen.

Anschließend werden zwei weitere Runden durchgeführt, so dass alle einmal in jeder Rolle agieren konnten.

Im Plenum werden die Erfahrungen ausgewertet und ggf. inhaltlich ergänzt. Vermieden werden sollte eine „Nachberatung" der Fallbringer.

Praxishinweise

Diese Übung ist recht anspruchsvoll. Daher kann es angebracht sein, zunächst ein Beispiel im Plenum durchzuspielen, bevor in Triaden ohne Anleitung geübt wird.

Bei der 3-Schritte-Strategie handelt es sich nicht um ein vollständiges Konfliktgespräch, sondern um einen konstruktiven Einstieg und eine wichtige Weichenstellung am Beginn einer Konfliktbearbeitung.

Probleme in der Praxis

Manchen Teilnehmenden fällt es schwer, sich an die drei Schritte zu halten, sie fallen in vertraute Gesprächsmuster zurück. In solchen Fällen sollten die Beobachter intervenieren und auf der vorgegebenen Reihenfolge bestehen, gemäß der Devise: Zuerst muss man etwas können, bevor man es wieder lassen bzw. abwandeln darf.

Verbreitete Fehler sind darüber hinaus: keinen Blickkontakt zu halten, nicht prägnant und klar zu formulieren, Schleifen zu drehen, Weichspüler zu verwenden oder gar in Rechtfertigungen zu verfallen.

Hilfreich kann es daher sein, eine Kurzfassung der Anwendungsregeln sichtbar auf einem Flipchart im Seminarraum auzuhängen:

- Kurz und prägnant formulieren
- Ich-Botschaften verwenden
- Eigenes Erleben des Problems transparent machen
- Vorwürfe und Angriffe vermeiden
- Keine Unterstellungen und Interpretationen
- Auf „Weichspüler“ verzichten: *könnte, würde, wäre, eigentlich, vielleicht, ein wenig, manchmal, versuchen* ... u. ä.

Häufig wird die Frage gestellt: *Was kann ich tun, wenn ich gleich zu Beginn von meinem Gegenüber unterbrochen werde?*

Unsere Antwort lautet: *Sorgen Sie dafür, dass Sie ausreden und das Problem zusammenhängend darstellen können. Gerade deshalb ist es wichtig, die drei Schritte kurz und prägnant zu formulieren.*

Umgang mit Kritik

Selbst konstruktiv mit Kritik umzugehen gehört zu den besonders anspruchsvollen Aufgaben in der Gesprächsführung. Kritisiert zu werden erleben die meisten Menschen als unangenehm, und das wird sich auch nach einem Training nicht grundlegend ändern.

Was Sie jedoch erreichen können, ist: gelassenerer auf Kritik zu reagieren, aufmerksam zuzuhören und sich mit den geäußerten Punkten inhaltlich auseinanderzusetzen – ohne allerdings völlig unempfindlich zu werden.

Beim Umgang mit Kritik kommt es darauf an,

- zwischen Inhalt und Form der Kritik zu unterscheiden,
- das Anliegen der Kritik zur Kenntnis zu nehmen,
- das Zutreffende und Konstruktive an der Kritik anzuerkennen,
- das Unzutreffende und Destruktive zurückzuweisen,
- Emotionen zuzulassen, ohne in eine Eskalation zu geraten
- und vor allem ein gutes Modell im Umgang mit Kritik abzugeben.

Eine bewährte Strategie im Umgang mit Kritik

1. die Kritik anhören,
2. den Inhalt der Kritik paraphrasieren,
3. Zutreffendes anerkennen,
4. Unzutreffendes zurückweisen,
5. evt. das eigene Verhalten transparent machen,
6. ggf. eine Verabredung über eine Konsquenz treffen.

98 Strukturiertes Feedback

Auf Basis einer vorausgegangenen Gruppenerfahrung geben sich die Teilnehmenden in Kleingruppen zu vier bis fünf Personen gegenseitig Feedback. Dabei wird die oben beschriebenen Strategie eingeübt.

Durchführung

Eine Person beginnt mit der Bitte um Feedback. Die anderen Gruppenmitglieder geben Rückmeldung zu folgenden Fragen:

- Wie habe ich Sie / Dich bisher in unserer Gruppe erlebt?
- Was hat mir an Ihnen / Dir gefallen?
- Was sehe ich kritisch bzw. wo sehe ich Veränderungsbedarf?

Die Feedback-Empfängerin geht nach folgenden Schritten vor:

1. das Feedback anhören,
2. ggf. Verständnisfragen stellen,
3. das Gehörte paraphrasieren (ohne personale Zuordnung),
4. anerkennen und annehmen, was zutreffend ist (auch Positives!),
5. nicht Nachvollziehbares zurückweisen (ohne Vorwürfe zu machen),
6. ggf. eigenes Verhalten erläutern (ohne sich zu rechtfertigen)
7. resümieren: Was kann und will ich verändern?

Wenn alle in der Kleingruppe Feedback bekommen haben, findet ein Erfahrungaaustausch im Plenum statt. In einer konzentrierten Runde ziehen die Gruppenmitglieder ihre persönliche Bilanz. Dabei können Reste geklärt und inhaltliche Ergänzungen gegeben werden.

Praxishinweis

Als hilfreich erwiesen hat sich der Hinweis auf die „Korb-Metapher“. Die Feedbacknehmer können sich vorstellen, dass die anderen ihr Feedback „in einen Korb legen“. Sie können entscheiden, was sie sich aus dem Korb nehmen und was sie drin liegen lassen. Mitunter hilft die Anregung, beim Resumee entsprechende Worte zu verwenden: *Was ich mir nehme, ist …. Was ich mir nicht nehme, ist…*

99 Eine Kritik, die mich berührt hat

In dieser Übung geht es darum, sich mit einer realen Kritik aus dem beruflichen oder privaten Kontext auseinanderzusetzen.

Durchführung

Wir empfehlen, die Übung mit einer gelenkten Reflexion einzuleiten:

Erinnern Sie sich an eine Kritik aus der jüngeren Vergangenheit, die Sie emotional berührt hat und noch beschäftigt. Gehen Sie dann folgenden Fragen nach:

- Worin genau bestand der Inhalt der Kritik?
- Welche Aspekte davon treffen zu? Was können Sie anerkennen?
- Was finden Sie unzutreffend? Was möchten Sie zurückweisen?
- Was sind Sie bereit zu verändern? Was können Sie zusagen?
- Haben Sie noch Klärungsbedarf mit dem Feedbackgeber?

Auswertung

In Dyaden stellen sich die Teilnehmenden ihre Beispiele und ihre Antworten auf die Fragen vor. Die zuhörende Person soll dabei darauf achten, dass die Antworten keine Abwertungen oder Unterstellungen enthalten, sondern von der Absicht geprägt sind, sich der Kritik wirklich zu stellen und sich ernsthaft damit auseinanderzusetzen.

Abschließend erfolgt im Plenum ein Erfahrungensaustausch.

Konfliktgespräche moderieren

Konfliktgespräche zu moderieren gehört zum Anspruchsvollsten in der Gesprächsführung. Es bedarf einiges mehr als dieser Strategie, um kompetent mit Konflikten Dritter umzugehen.

Theorie-Input

Ein Konflikt besteht aus einem offenen oder verborgenen Gegensatzpaar, das für mindestens eine Seite von Bedeutung ist. Bei diesem Gegensatzpaar kann es sich um unvereinbare Ziele, Methoden, Werte oder Bedürfnisse handeln. Inwieweit ein Gegensatzpaar relevant wird und damit zum Konflikt führt, hängt wesentlich von Art und Dichte der Beziehung zwischen den Beteiligten ab. Für eine Konfliktmoderation ergeben sich daraus folgende Konsequenzen:

- Möglicherweise muss zunächst das dem Konflikt zugrunde liegende Gegensatzpaar herausgearbeitet werden, da es unerkannt, verdrängt oder tabuisiert ist.
- Sobald ein Gegensatzpaar für eine Partei relevant ist, befindet sich auch die andere Seite in einem Konflikt. Bleibt dieser ungelöst besteht die Gefahr, dass die Gesamtbeziehung belastet wird und weitere Konflikte entstehen.
- Der Konflikt ist gelöst, wenn es gelingt, dem Gegensatzpaar die Relevanz zu nehmen. Dies kann durch Kompromisse, einen Burgfrieden, eine Vermeidung der Konflikt auslösenden Berührungspunkte, aber auch durch eine veränderte innere Einstellung zum Konfliktgegenstand oder Konfliktpartner erreicht werden.

Praxishinweis

Sie sollten diese Strategie nur mit Teilnehmenden trainieren, die beruflich regelmäßig mit der Schlichtung von Konflikten zu tun haben, wie Lehrer, Sozialarbeiter, Juristen oder Führungskräfte.

Als Grundlage für das Training sollten Sie

- die Phasen bzw. Schritte einer Konfliktmoderation vorstellen (oder erarbeiten lassen) und
- auf die wichtigsten Prozess- und Beraterfallen, die es zu vermeiden gilt, hinweisen.

Zu beidem können Sie auch die Handouts zur Verfügung stellen.

Handout 41: Schritte in der Konfliktmoderation

1. **Fragen Sie, worum es geht,**
   ohne jedoch schon in die Konfliktbearbeitung einzusteigen.
2. **Klären Sie Ihren Auftrag und Ihre Rolle,**
   also den Vertrag der Konfliktparteien und mit der Moderatorin.
3. **Lassen Sie die Parteien ein gemeinsames Ziel formulieren,**
   also den Vertrag der Konfliktparteien untereinander aushandeln.
4. **Fordern Sie die Parteien auf, mit der 3-W-Strategie**
   die eigenen Wahrnehmungen mitzuteilen,
   die persönliche Reaktion und erkennbare Folgen zu benennen,
   das konkrete Anliegen zum Ausdruck zu bringen.
5. **Fordern Sie auf, das Gehörte zu paraphrasieren**
   um sicherzustellen, dass der Angesprochene verstanden hat, worum es dem anderen geht.
6. **Lassen Sie die Parteien benennen, was sie gegenseitig anerkennen können.**
   Hier zeigt sich, ob die Parteien bereit sind, aufeinander zuzugehen.
7. **Lassen Sie Lösungen entwickeln und vereinbaren:**
   Was können und wollen die Parteien vereinbaruen?
   Wann und mit wem werden sie die Vereinbarungen überprüfen?
8. **Fordern Sie zu Resümee und Feedback auf:**
   Wie ging es den Beteiligten im Prozess?
   In welchen Punkten haben sie Konsens erzielt?
   Worin besteht nach wie vor ein Dissens?
   Wie wollen die Parteien mit dem Dissens umgehen?

Achten Sie als Moderatorin in allen Phasen auf

- die Verwendung von Ich-Botschaften,
- konkrete, spezifische Aussagen statt Deutungen und Wertungen,
- lösungsorientiertes Arbeiten auf das gemeinsame Ziel hin statt Rekonstruktion des Vergangenen, Rechthaberei und Schuldsuche.

Handout 42: Fallen in der Konfliktmoderation

Prozessfallen

Unklare Motivation

Die Beteiligten sind nicht freiwillig da, stehen einer Moderation skeptisch gegenüber oder haben Vorbehalte gegen die Person der Moderatorin. Eine belastbare Vereinbarung zwischen den Konfliktparteien und der Moderatorin (Schritt 2) kommt nicht zustande.

Es wäre verhängnisvoll, auf dieser brüchigen Basis mit einer Moderation fortzufahren. Stattdessen sollten Sie die Konfliktparteien auffordern, ihre Motivation zu überprüfen und klare Entscheidungen zu treffen, auch was die Mandatierung der Moderatorin betrifft.

> *Merke: ein Moderator hat nur so viel Macht, wie die Konfliktparteien bereit sind, an ihn zu übertragen.*

Divergierende Ziele

Die Konfliktparteien können sich nicht auf ein gemeinsames Ziel einigen, sondern beharren auf ihren gegensätzlichen Positionen. Der Ausgangsvertrag zwischen den Parteien (Schritt 3) kommt nicht zustande.

Eine Moderation auf dieser Basis ist schwierig. Hier kann die Frage an beide Parteien helfen, wofür es sich für sie lohnen wird, das Gespräch fortzusetzen. Mögliche Basisziele sind: die Zusammenarbeit zu verbessern, sicher zu stellen, dass die Beziehung nicht nachhaltig beschädigt wird, oder herauszufinden, ob eine Einigung überhaupt möglich ist.

> *Merke: Das gemeinsame Ziel ist der erste Einigungsschritt und wichtiger Anknüpfungspunkt für die Moderation.*

Mangelnde Bereitschaft zum Perspektivwechsel

Bei den Schritten 4 und 5 kommt es darauf an, dass sich die Konfliktparteien auf die Struktur des kontrollierten Dialogs einlassen:

> Aussage A – Paraphrase durch B – Bestätigung durch A.
> Aussage B – Paraphrase durch A – Bestätigung durch B
> und so fort.

Wird der mit der Paraphrase verbundene kurze Perspektivwechsel verweigert oder durch Nichteinhaltung der Regeln verhindert, so ist eine Einigung momentan nicht möglich. Mitunter hilft es, den Konfliktparteien diesen Zusammenhang deutlich zu machen.

Ggf. kann in getrennten Gesprächen mit den Parteien erkundet werden, inwieweit die Bereitschaft besteht, auch die Argumente und Bedürfnisse der Gegenseite als relevant anzuerkennen.

Merke: Die Fähigkeit zum Perspektivenwechsel ist ein Indiz für die aktuelle Konfliktfähigkeit einer Person.

Beraterfallen

Friedensengel

Die Moderatorin ist nur zufrieden, wenn die Beteiligten sich anschließend vertragen. Alles andere wertet sie als Niederlage oder nimmt es den Kontrahenten übel.

Merke: Gehen Sie stets ergebnisoffen in eine Moderation.

Richter

Die Moderatorin lässt sich von den Parteien in eine Richterrolle manövrieren und soll entscheiden, wer im Recht ist: *Mal ehrlich, wie finden Sie das denn?*

Merke: Moderatoren sind keine Richter.

Sympathisant

Die Moderatorin kann die Argumente der einen Seite besser verstehen oder findet einen Beteiligten sympathischer. Das ist so lange okay, wie sie keine Seite benachteiligt.

Merke: Jenseits aller Sympathie Unparteilichkeit wahren.

100 Konfliktmoderation üben

Ein Training zur Konfliktmoderation sollte immer auf der Basis von Freiwilligkeit erfolgen. Die Moderation können Sie sowohl im Plenum als auch in Kleingruppen durchführen lassen. Im letzten Fall empfehlen wir, dass die Moderatoren sich einen Unterstützer wählen dürfen.

Durchführung

In Kleingruppen mit vier bis sechs Personen übernimmt A die Konfliktmoderation, B und C bilden die Konfliktparteien und erhalten ihre Instruktionen als Handout. A erhält die Information für den Moderator.

D kann während der Moderation von A als Unterstützer zu Rate gezogen werden. In diesem Fall sagt A „Stop", die Szene wird „eingefroren" und A kann sich offen, also auch vor B und C, mit D beraten. Anschließend signalisiert A die Fortsetzung des Rollenspiels.

Die übrigen Kleingruppenmitglieder beobachten den Prozess, evt. mit unterschiedlichen Beobachtungsaufgaben.

Auswertung

Nach Abschluss der Moderation (30 bis 45 Minuten) findet zunächst ein Auswertungsgespräch in den Kleingruppen statt.

Anschließend können Sie als Trainerin mit jeder Kleingruppe die vorangegangene Moderation im Fishbowl auswerten. Achten Sie darauf, dass die Beteiligten den Prozess auf der Metaebene reflektieren.

Praxishinweise

Mit der Moderation eines Konfliktgesprächs nehmen die Akteure eine exponierte Stellung ein. Sie setzen sich sehr dem Feedback der anderen aus. Durch folgende Maßnahmen können Sie den Schutz verstärken:

- Die Moderatoren wählen zunächst Berater ihres Vertrauens aus, bevor die Kleingruppen gebildet werden.
- Weisen Sie die Kleingruppen darauf hin, dass es wichtig ist, neben dem nicht Gelungenen auch die gelungenen Passagen der Moderation zu erörtern.
- Im Fishbowl können Sie stabilisierende, weiter führende Hinweise geben, wenn eine Moderation misslungen ist.
- Danken Sie den Moderatoren für ihren Mut und ihre Bereitschaft.

Handout 43: Konfiktmoderation Fall 1

Herr Emsig

Sie sind seit gut drei Monaten Mitarbeiter für Personalentwicklung in einem kleinen, rasch wachsenden Software-Unternehmen. Sie haben die Stelle angenommen, weil Sie gern im Team arbeiten. Sie haben aber noch immer keine klare Aufgabenbeschreibung und wissen nicht so recht, was Sie eigentlich tun sollen. Im Einstellungsgespräch war davon die Rede, dass sie sich an der Entwicklung von Aus- und Fortbildungskonzepten und an Neuanstellungen beteiligen sollten.

Ihre Personalleiterin Frau Frey, die Sie menschlich durchaus sympathisch finden, ist immer sehr beschäftigt. Sie haben seit einem kurzen Einführungsgespräch nicht mehr mit ihr sprechen können. Sie spüren, wie Ihre Motivation zu schwinden beginnt, und Sie brauchen und wünschen sich erheblich mehr Anleitung und Austausch.

Sie haben um die Moderation nachgesucht, als Sie merkten, dass Einstellungsgespräche stattgefunden haben, ohne dass Sie dabei eingebunden worden sind.

Frau Frey

Sie sind Personalleiterin in einem kleinen rasch wachsenden Software-Unternehmen. Sie haben alle Hände voll zu tun mit Einstellungen und Organisationsfragen. Ihre Geschäftsführung fordert ein Konzept für Fort- und Weiterbildung und Sie selbst wünschen sich Entlastung, tun sich aber schwer damit, zu delegieren und loszulassen.

Sie hatten sich vorgestellt, dass Herr Emsig als neu eingestellter Personalentwickler sofort eigenständig loslegt und sich den Arbeitsplatz selbst organisiert und vor allem: Sie entlastet, indem er Ideen und Konzepte einbringt und umsetzt. Statt dessen merken Sie, dass er ständig mit Ihnen sprechen möchte und nach Orientierung fragt. Sie haben schlicht vergessen, ihn über geplante Neueinstellungen zu informieren.

Nun hat Herr Emsig Sie um ein extern moderiertes Gespräch gebeten. Sie haben zugestimmt, um ihn nicht gleich wieder zu verlieren.

Information für den Moderatorin / die Moderatorin

Frau Frey ist Personalleitein in einem kleinen, rasch wachsenden Software-Unternehmen und hat Sie gebeten, ein Gespräch zwischen ihr und ihrem Mitarbeiter für Personalentwicklung zu moderieren.

Handout 44: Konfiktmoderation Fall 2

Frau Stilling

Sie arbeiten mit Herrn Unruh zusammen in einem Büro. Herr Unruh hat die unangenehme Angewohnheit, alle Verrichtungen zu kommentieren, über verlegte Unterlagen zu fluchen, sich über Kunden und Kollegen zu beschweren und bei Telefongesprächen sehr laut zu sprechen. Sie fühlen sich gestört, weil Ihre Arbeit oft hohe Konzentration erfordert, was bei dieser Unruhe kaum möglich ist.

Ansonsten haben Sie zu Herrn Unruh eine gute Arbeitsbeziehung, die sich allerdings einzutrüben beginnt, da er die eigene Lautstärke nicht zu bemerken scheint. Vorsichtige Hinweise Ihrerseits haben bisher keine Wirkung gezeigt. Außerdem wurde Ihnen von Herrn Unruh gesagt, dass Sie ja weghören könnten, worüber Sie sich sehr geärgert haben, ohne dies allerdings zu sagen.

Sie haben deshalb ein Mitglied der Personalvertretung um eine Moderation gebeten.

Herr Unruh

Sie arbeiten mit Frau Stilling zusammen in einem Büro. Sie finden sie eher schweigsam und hätten gerne mehr Gespräch. Sie kommunizieren gern und kommentieren auch manchmal Ihre Arbeit, wenn Sie sich über etwas ärgern, aber das ist aus Ihrer Sicht völlig normal. Dass Sie damit jemanden stören könnten, kommt Ihnen nicht in den Sinn.

Gelegentliche Unmutsäußerungen von Frau Stilling führen Sie auf eine vorübergehende Überempfindlichkeit oder Gereiztheit zurück. In letzter Zeit haben Sie aber gemerkt, dass sich Frau Stilling immer mehr zurückzieht, was Sie schade und auch ein bisschen sonderbar finden.

Sie sind ziemlich überrascht, als Frau Stilling eine Konfliktmoderation durch ein Mitglied der Personalvertretung vorschlägt. Sie finden das übertrieben, sind aber einverstanden, da Ihnen an einer guten Beziehung zu Frau Stilling gelegen ist.

Information für den/die Moderator/in

Sie sind Mitglied der Personalvertretung und wurden von Frau Stilling gebeten, in einem Konflikt mit Herrn Unruh zu vermitteln, der die Zusammenarbeit im gemeinsamen Büro betrifft.

Konstruktiv verhandeln

Jeder Verhandlung liegt ein Konflikt zugrunde und fast jede konstruktive Konfliktlösung endet mit einem Aushandlungsprozess. Da der Verhandlungsgegenstand in aller Regel vorher bekannt ist, besteht – anders als in vielen Konflikten – die Möglichkeit und Notwendigkeit einer gründlichen Vorbereitung. Wer unvorbereitet in Verhandlungen geht, hat leicht das Nachsehen. Steht bei Verhandlungen vor allem der Konflikt im Vordergrund, empfiehlt sich eine externe Moderation.

Menschen werden nur dann verhandeln, wenn die andere Seite etwas hat, das sie legal nicht auf andere Weise bekommen können. Und das gilt wechselseitig. Wer in diesem Sinne nichts anzubieten hat, kann auch nicht verhandeln.

Voraussetzungen

- Die Verhandlungspartner haben ein entsprechendes Mandat.
- Sie haben das Interesse, gemeinsam zu einer Lösung zu kommen.
- Sie haben Spielräume, um Kompromisse eingehen zu können.

Prinzipien

- Verhandelt werden vor allem Interessen und nicht Positionen.
  Positionen sind vorweg genommene Ergebnisse (Diktate).
- Hart in der Sache – aber weich zu den Menschen.
  Die Beziehungen dürfen nicht beschädigt werden (Gesichtsverlust).
- Ergebnisse müssen Vorteile für beide Seiten enthalten.
  Übervorteilung erschwert Kompromisse (Sieger und Besiegte).

Handout 45: Vorbereitung und Ablauf einer Verhandlung

Vorbereitung

Der Erfolg von Verhandlungen steht und fällt mit der Qualität der Vorbereitung und mit der richtigen Balance zwischen Festigkeit und Flexibilität. Drei Aspekte sind von zentraler Bedeutung:

- Das **Ziel**: *Was will ich erreichen?*
- Die **Strategie**: *Auf welchem Weg will ich es erreichen?*
- Die **Taktik**: *Welche Mittel kann / will ich dafür einsetzen?*

Bei der Feinabstimmung können die folgenden Fragen helfen. Bei manchen davon sind wir allerdings auf Hypothesen angewiesen.

- **Worin besteht unser gemeinsames Interesse?**
  Und sei es nur, dass keiner am Ende als Verlierer dastehen möchte.
- **Wie lauten unsere unterschiedlichen Interessen?**
  Insbesondere was die Ziele und Bedürfnisse meines Verhandlungspartners in Abgrenzung zu meinen eigenen betrifft.
- **Welche Interessen der Gegenseite kann ich nachvollziehen?**
  Was nicht heißt, mich danach zu richten.
- **Welche davon bin ich bereit zu berücksichtigen?**
  Welcher erste (Kompromiss-) Vorschlag ergibt sich daraus?
  Welche weiteren eigenen Spielräume möchte ich dazu öffnen?
- **Mögliche Einwände und wie ich ihnen begegnen kann.**
  Manche Einwände werde ich entkräften können, manche nicht.
  Letztere fließen in Kompromisse ein.
- **Mein Limit (zumindest was diese Verhandlungsrunde betrifft).**
  Als Sicherung, um nicht „über den Tisch gezogen" zu werden.
- **Welche Optionen bestehen, falls wir uns nicht einigen?**
  Es gilt, auch in diesem Fall handlungsfähig zu bleiben.

Ablauf

1. Den Gegenstand der Verhandlung klären (Inhalte, Agenda)
2. Das Interesse an einer einvernehmlichen Lösung erklären.
3. Das Ziel der Verhandlung bzw. Verhandlungsrunde definieren: Sondierung, Positionsklärung, Zwischenergebnis oder Abschluss.
4. Unterschiedliche Positionen, Interessen, Ziele transparent machen.
5. Lösungsmöglichkeiten zu gegenseitigem Nutzen erarbeiten.
6. Einwände behandeln und Kompromisse schließen.
7. (Teil-) Vereinbarungen treffen und dokumentieren.
8. Überprüfung bzw. weiteres Vorgehen verabreden.

Für den Fall, dass Sie zu zweit oder zu mehreren verhandelt, sollten Sie zuvor die Rollen verteilen und Signale vereinbaren.

101 Verhandeln

Diese Übung bietet die Möglichkeit, den Ablauf einer vollständigen Verhandlung im Rollenspiel zu erproen. Die Parteien können sowohl aus einzelnen (Fall 1) als auch mehreren Personen (Fall 2) bestehen.

Günstig ist es, eine konkrete Verhandlungssituation aus dem Praxisfeld der Teilnehmenden als Fall zu nehmen. Entsprechend müssen die Konfliktparteien instruiert werden. Innerhalb der Instruktion können die Teilnehmenden jedoch frei agieren.

Durchführung

Nachdem Sie den Theorie-Input gegeben, sich für einen Fall entschieden, die Parteien benannt und die Instruktionen verteilt haben, bekommen die Verhandlungsparteien ca. 30 Minuten Zeit, um ein Verhandlungskonzept zu entwickeln und sich anhand des Fragebogens (s.o.) vorzubereiten.

Die übrigen Teilnehmer ordnen sich den jeweiligen Parteien zu, können sich beratend in die Vorbereitung einbringen und nach Abschluss der Verhandlung Feedback geben. Vor Beginn der Verhandlung sollte der idealtypische Ablauf einer Verhandlung mit seinen Phasen auf einem Flip visualisiert werden.

Dann beginnt die Verhandlung, in deren Verlauf jede Partei 3 x 5 Minuten Auszeit nehmen kann (auf strikte Einhaltung achten!), um sich mit ihrer Vorbereitungsgruppe zwischendurch zu beraten. Die Verhandlung selbst sollte maximal 45 Minuten dauern.

Auswertung

Jede Verhandlung wird im Plenum unter Ihrer Moderation ausgewertet. Zunächst beschreiben die Verhandlungsführer den Prozess aus ihrer Sicht. Leitfragen:

- Wie zufrieden bin ich mit dem Ergebnis?
- Was war leicht bzw. was war schwierig für mich / uns?
- Inwieweit ist meine / unsere Strategie aufgegangen?
- Was würde ich nächstes Mal anders machen?

Die übrigen Gruppenmitglieder teilen ihre Beobachtungen mit.

Praxishinweise

Es hat sich bewährt, wenn nach jeder Auswertung eine bis drei „Lessons learnt" formuliert und aufgeschrieben werden. Häufig entsteht dabei ein ergänzender, an den konkreten Erfahrungen der Teilnehmenden orientierter Leitfaden.

Achten Sie ferner darauf, dass die Verhandlungen plausibel bleiben und nicht unrealistisch eskalieren. An diesen Stellen hilft eine kurze Auszeit mit Realitätscheck.

Weiterführung

Sie können die Instruktionen dahingehend anreichern, dass jede Seite ein oder zwei unfaire Verhandlungstechniken einsetzen soll. Eine entsprechende Liste nebst Abwehrmöglichkeiten finden Sie bei Gührs und Nowak, Seite 268–272.

Handout 46: Verhandeln Fall 1

Martin

Sie leben mit Karla zusammen in einer schönen großen Wohnung, die Sie zu gleichen Teilen finanzieren. Es geht um die Aufteilung der häuslichen Aufgaben. Sie haben sich kürzlich dafür entschieden, nur halbtags zu arbeiten, da Sie noch Ihren musischen Hobbys (Malerei, Musik, Gedichte schreiben) nachgehen wollen. Sie müssen deshalb aufs Geld achten. Ordnung und Sauberkeit ist Ihnen nicht so wichtig. Gerne benutzen Sie für Malarbeiten hin und wieder auch die Küche.

Karla arbeitet dagegen mit voller Stelle und fordert von Ihnen, dass Sie einen höheren Anteil an den häuslichen Aufgaben wie Reinigung, Garten, Einkaufen, Reparaturen etc. übernehmen. Sie finden Karlas Anspruch an Ordnung und Sauberkeit reichlich übertrieben. Sie sehen es daher überhaupt nicht ein, dass Sie Ihr Hobby einschränken sollen, um den Hausmann zu spielen. Grundsätzlich wohnen Sie aus wirtschaftlichen und persönlichen Gründen gerne mit Karla zusammen.

Karla hat nun um ein Gespräch gebeten, was die Aufgabenverteilung im gemeinsamen Haushalt betrifft.

Karla

Sie leben mit Martin zusammen in einer schönen großen Wohnung, die Sie zu gleichen Teilen finanzieren. Es geht um die Aufteilung der häuslichen Aufgaben zwischen Ihnen. Martin hat sich entschieden, nur halbtags zu arbeiten, weil er seinen Hobbies (Malerei, Musik, Gedichte schreiben) nachgehen will. Sie arbeiten mit voller Stelle und fordern deshalb, dass er einen höheren Anteil an den häuslichen Aufgaben wie Reinigung, Garten, Einkaufen, Reparaturen etc. übernimmt, was wegen Ihrer beruflichen Belastung immer schon schwer zu regeln war.

Ordnung und Sauberkeit ist Ihnen wichtig. Es ist für Sie ein Graus, abends nach Hause zu kommen und eine unaufgeräumte Wohnung, einen leeren Kühlschrank oder ein volles Spülbecken vorzufinden. Vor allem stört Sie, dass die Küche als Atelier für künstlerische „Nassarbeiten" verwendet wird. Sie sind enttäuscht und ärgerlich, aber Sie wollen das Zusammenleben nicht gefährden, das Sie aus persönlichen und wirtschaftlichen Gründen schätzen.

Deshalb haben Sie nun um ein ausführliches Gespräch zur Aufgabenverteilung im gemeinsamen Haushalt gebeten.

Handout 47: Verhandeln Fall 2

Ausbildungsleiter Herr Lind und Frau Meister

Sie beide sind Ausbildungsleiter in einem mittelständischen Industriebetrieb und haben gerade eine Trainerausbildung absolviert. Nun möchten Sie, dass auch Ihre Ausbilder / innen verstärkt teilnehmerzentrierte Verfahren wie Gruppenarbeit, Lerncoaching und kleinere Lernprojekte in die Ausbildung von AZUBIs integrieren. Sie wollen dadurch Eigenverantwortung und Initiative bei künftigen Mitarbeitern fördern.

Unter den Ausbilder / innen gibt es Vorbehalte dagegen, die sich vorwiegend auf das hohe Arbeits- und Ausbildungspensum beziehen, zumal das Unternehmen entschieden hat, über Bedarf auszubilden. Insbesondere zwei ältere, erfahrene technische Ausbilder meinen, über klare Instruktionen und kurzschrittige Kontrollen bessere Ergebnisse erzielen zu können, insbesondere bei immer schwächeren Schulabgängern.

Da Sie beide überzeugt sind, dass in diesem Fall hierarchische Vorgaben kontraproduktiv wären, streben Sie eine einvernehmliche Lösung an und haben um ein Gespräch mit den beiden Ausbildervertretern gebeten.

Ausbildervertreter Frau Schlichting und Herr Zorn

Sie sind seit 20 Jahren Ausbildungsmeister in einem mittelständischen Industriebetrieb und haben aus Ihrer Sicht erfolgreich ausgebildet. Ihre Ausbildungsleiter Herr Lind und Frau Meister wollen neue Methoden wie Gruppenarbeit, Lerncoaching und Projektarbeit einführen. Vorbehalte unter Ihren Kolleginnen und Kollegen gibt es besonders bezüglich der Arbeitsbelastung – das Unternehmen bildet über Bedarf aus – und der Bewältigung des inhaltlichen Pensums. Schließlich müssen Sie auf eine staatliche Prüfung hin ausbilden.

Insbesondere zwei erfahrene ältere technische Mitausbilder / innen wollen an ihrer „bewährten" Form der kurzschrittigen klaren Instruktion mit darauf folgenden Kontrollen festhalten. Sie sind überzeugt, dass nur auf diese Weise in der zur Verfügung stehenden Zeit das umfangreiche Lernpensum zu schaffen ist, zumal die Schulabgänger zunehmend schlechtere Voraussetzungen mitbringen.

Frau Meister und Frau Lind haben Sie zu einem Gespräch gebeten, um zu einer möglichst einvernehmlichen Lösung zu kommen.

Konfrontieren

Das Wort Konfrontation klingt nach Streit und wirkt auf viele Menschen eher abschreckend. Dagegen ist mit einer Konfrontation nach unserem Verständnis gemeint, die Betreffenden auf einen problematischen Aspekt ihres Kommunikationsverhaltens aufmerksam zu machen.

Zu konfrontieren heißt, den Gesprächspartner zu stoppen und zur Selbstüberprüfung zu veranlassen, um das Gespräch anschließend konstruktiv fortsetzen zu können. Konfrontation in diesem Sinn ist eine prinzipiell produktive, oftmals sogar notwendige Intervention. Die Betreffenden werden aufmerksam gemacht auf ein typisches unproduktives Verhaltensmuster, mit dem sie sich im Kontakt mit anderen Menschen selbst behindern. Die konfrontierte Person hat die Chance, ein problematisches Verhalten zu überprüfen und ggf. zu ändern.

Da es sich bei Konfrontationen häufig um eine gekreuzte Transaktion handelt, entsteht die für Kreuzungstransaktionen typische Irritation, bisweilen auch Ablehnung oder Verärgerung. Wer das nicht oder nur schlecht ertragen kann, sollte mit Konfrontationen sparsam umgehen.

Ein Zuviel an Konfrontation kann Abwehr erzeugen und kontraproduktiv wirken. Die Kunst besteht darin, den entscheidenden Aspekt zur richtigen Zeit zu konfrontieren. Nicht der Inhalt einer Intervention ist entscheidend für die Wirkung, sondern der Kontext, in der sie erfolgt.

Konfrontation unangemessenen Verhaltens sollte zeitnah immer dort erfolgen, wo sich Arbeitsstrukturen konstituieren. Manche Menschen versuchen, in der unstrukturierten Anfangsphase von Kooperationsprozessen ihre schlechten kommunikativen Gewohnheiten als Regeln zu etablieren und dadurch die Gruppenkultur so zu prägen, dass sie eine Art "Gewohnheitsrecht" für ihren Stil beanspruchen können.

Wenn irgend möglich, sollten Konfrontationen auf der Basis eines wohlwollenden Interesses an der anderen Person erfolgen. Hilfreich ist ein Vertrag, der Konfrontation ausdrücklich einschließt wie im Coaching, Training oder im Rahmen einvernehmlich definierter Rollen.

Entscheidend für das Gelingen einer Konfrontation ist die strikte Trennung von Person und Verhalten: *Du bist okay, auch wenn ich dein aktuelles Verhalten kritisiere*. Zu empfehlen ist es, für Konfrontationen vor allem die produktiven Ichzustände zu nutzen.

Handout 48: Konfrontieren – Anlässe und Interventionen

Anlässe

- Das Brechen von Absprachen und Verträgen
- Redefinitionen
- Verdeckte Transaktionen
- Passivität
- Abwertungen und unangemessene Übertreibungen
- Einladungen ins Dramadreieck und in manipulative Spiele
- Das Sammeln und Einlösen von Rabattmarken
- Diskrepanzen in der Kommunikation (z. B. verbal – nonverbal)
- (Selbst-) Destruktives Verhalten
- Redeschwall bzw. Agitation
- Übertragungen und Projektionen

Interventionen

- Stoppen
- Insistieren
- Schweigen
- Um Konkretion bitten
- Feedback geben (z.B. mithilfe der 3-W-Strategie)
- Hypothesen und Interpretationen anbieten
- Zur Metareflexion einladen
- Zur Übernahme von Verantwortung auffordern
- Konsequenzen deutlich machen
- Auf Regeln hinweisen
- Mit Paradoxien und Übertreibungen arbeiten
- Negatives positiv umdeuten (lassen)

Handout 49: Drei Ebenen der Konfrontation

In der Praxis der Gesprächsführung hat sich die Beachtung von drei Konfrontationsebenen als wirksam erwiesen. Insbesondere in Beratungs- und Besprechungssituationen erlaubt dieses Konzept einen sehr variablen Einsatz konfrontierender Interventionen. Bei den Ebenen handelt es sich um:

1. Die Themen-Ebene

Beim Gesprächsgegenstand bleiben, widersprechen, um Konkretion bitten, Redefinitionen konfrontieren oder nach der inhaltliche Aussage hinter verdeckten Transaktionen fragen.

Beispiele:

In diesem Punkt stimme ich Ihnen nicht zu!
Das habe ich so nicht gesagt!
Ich möchte noch einmal auf meine Frage zurückkommen!
Ich würde den Gedanken gerne fortführen, ohne unterbrochen zu werden.
Ich möchte gerne bei diesem Thema bleiben.
Wie wollen Sie das Problem konkret lösen?
Wofür argumentieren Sie gerade?
Was ist der Hintergrund Ihrer Frage?
Was ist es, was Sie mir/uns damit sagen wollen?
Inwiefern bringt uns das näher an unser Ziel?

2. Die Meta-Ebene

Die inhaltliche Ebene verlassen und den Kommunikationsstil bzw. das Verhalten der Beteiligten ansprechen.

Beispiele:

Ich würde gerne Ihren Diskussionsstil zum Thema machen.
Mir fällt auf, dass die Redeanteile sehr ungleich verteilt sind.
Ich bin für Argumente offen, aber nicht für persönliche Angriffe.
Ich möchte nicht, dass Sie die Kompetenzen der Anwesenden abwerten.
Ich weiß nicht wie es Ihnen geht, aber ich merke, dass ich mich zunehmend langweile / ärgere / ungeduldig werde ... etc.
Bitte helfen Sie mir, die Heftigkeit Ihrer Reaktion zu verstehen.
Möchten Sie noch einmal hören / sehen, wie Sie ...?
Vergegenwärtigen Sie sich bitte noch einmal, wie Sie ...

3. Die Vertrags-Ebene (Metaebene 2. Ordnung)

Um sich nicht immer wieder an denselben Einzelfragen oder Verhaltensweisen abzuarbeiten, kann es sinnvoll sein, Auftrag, Rollen und Spielregeln grundsätzlich zu klären. Dies ist vor allem im Kontext von Arbeitszusammenhängen sinnvoll.

Beispiele:

Was ist eigentlich unser Ziel / unser Auftrag?
Wie wollen wir die Rollen und Aufgaben verteilen?
Wer hat hier die Gesprächsleitung?
Mit welchem Thema wollen wir uns zuerst beschäftigen?
Welche Regeln für die Zusammenarbeit sollen hier gelten?
Ich möchte Sie bitten, sich an unsere Absprachen zu halten.

Wenn Sie auf einer der drei Konfrontationsebenen eine grundlegende Klärung und Problemlösung anstreben, so ist es sinnvoll, die 3-Schritte-Strategie zum Ansprechen von Problemen einzusetzen (Seite 222).

Wichtig ist es, zu beobachten, ob mein Gegenüber die Konfrontation annimmt. Ist ein Moment des Innehaltens und Nachdenkens erkennbar? Fängt die Person etwas mit meinen Hinweisen an?

Wenn ich merke, dass die Konfrontation folgenlos bleibt, ist es besser, diese Beobachtung auf der Metaebene anzusprechen, als immer neue Konfrontationen nachzulegen:

Ich fällt auf, dass Sie über meine Bemerkung hinweggegangen sind. Wie kommt das?
Oder: *In diesem Stil habe ich keine Lust, mich weiter mit Ihnen zu unterhalten.*

102 Konfrontieren: Anlässe und Beispiele

Eine Möglichkeit, die oben aufgeführten Anlässe und Beispiele für Konfrontationen zu konkretisieren. Hierzu werden die Listen mit Anlässen und Beispielen für Konfrontation aufgehängt oder ausgehändigt.

Durchführung

Es werden Kleingruppen gebildet. Jede Gruppe sucht sich aus dem Handout drei bis fünf Anlässe heraus, die auf konkrete eigene Erfahrungen bezogen werden können. In Anlehnung an die Beispiele im Handout werden für jeden gewählten Anlass einige unterschiedliche Konfrontationen entwickelt und in kurzen Rollenspielen erprobt.

Im Plenum stellen die Gruppen ihre Ergebnisse vor und präsentieren eines der Beispiele als Rollenspiel.

Auswertung

Der Austausch im Plenum erfolgt zu folgenden Fragen:

- Was ist mir deutlich geworden?
- Was fällt mir leicht, was eher schwer?
- Welche Konfrontation werde ich bei welchem Anlass ausprobieren?

103 Konfrontieren: Textanalyse

Als Grundlage für diese Übung gilt der Text auf Seite 183. Das Ziel besteht darin, Anlässe für Konfrontationen zu identifizieren und eine passende Reaktion darauf zu finden.

Durchführung

Es werden Kleingruppen gebildet. Jede Gruppe wählt sich aus dem Text fünf aus unterschiedlichen Gründen konfrontationswürdige Situationen aus. Die Beispiele werden im Plenum vorgestellt.

In einer zweiten Gruppenphase werden folgende Aufgaben bearbeitet:

- Mit welchen Interventionen bzw. Konfrontationen versuchen die Beteiligten, den Prozess produktiv zu wenden?
- Mit welchem Muster wird darauf reagiert?

- Wie könnten Erfolg versprechende Konfrontationen aussehen?
- Wie könnten Erfolg versprechende Konfrontationen seitens eines (gedachten) Moderators lauten?

Variante und mögliche Weiterarbeit

Eine andere Aufgabe kann lauten: Formulieren Sie für jedes gewählte Beispiel je eine Konfrontation auf jeder der drei Konfrontationsebenen (Thema, Metaebene, Vertrag).

Dieselben Kleingruppen können auch an folgenden Fragen arbeiten:

- Wo erlebe ich selbst in beruflichen / privaten Kontexten konfrontationswürdige Situationen?
- Wie könnte ich angemessener darauf reagieren?

Die Ergebnisse werden als Bericht oder im Rollenspiel vorgestellt.

104 Konfrontationsebenen

Die Übung bietet die Möglichkeit, ein Gespür für Angemessenheit und Wirkung der Konfrontationsebenen zu entwickeln. Als Material dient die Liste mit den Konfrontationsbeispielen auf den drei Ebenen.

Durchführung

In Kleingruppen vervollständigen die Teilnehmenden die gegebene Tabelle, indem sie für die vorgegebenen Anlässe Konfrontationen auf den drei Ebenen finden und eintragen. Die freien Felder bei den Anlässen können mit eigenen Praxisbeispielen gefüllt werden. Die Beispiele werden im Plenum vorgestellt und auf einer Stellwand dokumentiert.

Praxishinweise

Achten Sie darauf, dass bei den Konfrontationen die produktiven Ichzustände überwiegen. In einzelnen Fällen kann es in Ordnung sein, mit dem kritischen Eltern-Ich zu konfrontieren, insbesondere bei destruktivem, abwertendem oder die Regeln missachtendem Verhalten. Dabei darf jedoch die Grenze des Respekts nicht verletzt werden.

Beispiele ohne genauen Kontext nutzen manche Teilnehmenden zu „Ja, aber"-Spielen. Weisen Sie auf den Beispielscharakter hin und gestatten Sie, andere Lösungen zu bevorzugen.

Handout 50: Konfrontationsebenen anwenden

Anlass	Konfrontation auf der Ebene T = Thema, M = Metaebene, V = Vertrag	
Vielredner in einer Sitzung	T M V	
Weitschweifige überdetaillierte Ausführungen	T M V	
Persönliche Angriffe gegen meine Person	T M V	
Jemand unterbricht mich und andere ständig	T M V	
Eigenes Beispiel	T M V	
Eigenes Beispiel	T M V	

Schlagfertigkeit

Schlagfertigkeit ist eine humorvolle Form der Konfrontation. Sie erfolgt eher reaktiv auf verbale Attacken, konfrontationswürdiges Verhalten und andere unangenehme Überraschungen. Sie hat zum Ziel, die Gesprächsinitiative (zurück-) zu gewinnen und beinhaltet meist einen Wortwitz, eine überraschende Wendung oder eine Dosis (Selbst-) Ironie. Das freie Kind agiert unter der Regie des Erwachsenen-Ichs und stimuliert zugleich das freie Kind der anderen Beteiligten.

Wie bei jeder erfolgreichen (humorvollen) Konfrontation folgt dem Moment der Irritation einen kurze Phase der Selbstreflexion. Da die Grenzen zur Bloßstellung oft fließend sind, sollte Schlagfertigkeit wohl dosiert und niemals grundlos eingesetzt werden.

Leider lässt sich Schlagfertigkeit ähnlich wie Spontaneität nur bedingt trainieren. Zwar kann man bestimmte als schlagfertig geltende Formulierungen auswendig lernen und bei passender Gelegenheit einsetzen.

Entscheidender jedoch sind mentale Stärke auf der Basis von Selbstachtung und Selbstbewusstsein sowie Sprachgefühl, Kreativität und innere Beweglichkeit, was Assoziationen und Verfremdungen betrifft.

Betrachtet man schlagfertige Interventionen genauer, so basieren sie in der Regel auf zwei einfachen rhetorischen Figuren, denen das Überraschungsmoment gemeinsam ist.

1. Kreuzungstransaktionen, wie

- **unerwartet zustimmen:**
  Sie sind aber empfindlich.
  Reaktion: *Gut beobachtet!*

- **verdeckte Transaktionen ignorieren:**
  Das Geschirr ist nicht abgewaschen.
  Reaktion: *Stimmt!*

- **andere beim Wort nehmen:**
  Gleich gehe ich.
  Reaktion: *Gerne, wann denn genau?*

2. Redefinitionen, wie z.B.

- **Positive Umdeutungen:**
  Danken Sie dem Schicksal dafür, dass es Ihnen dieses Problem (Chef, Team) als einmalige Lernchance zur Verfügung gestellt hat!

- **Paradoxien:**
  Wenn ich Ihnen zustimmte, hätten wir ja beide Unrecht.
  Lassen Sie auf keinen Fall andere zu Wort kommen!
- **Wortspiele:**
  Wer selbstlos ist, ist sich irgendwann selbst los.
  Wie man weiß, leitet sich „wichtig" von „Wicht" ab.

Letztlich geht es bei all diesen Beispielen um die Rückgewinnung der Deutungshoheit nach der Devise: *Sie sagen … Ich nenne es …*

Nehmen Sie die Beispiele als Anregung, sich in der Kunst der Schlagfertigkeit zu üben. Versuchen Sie vor allem, Kontakt zu Ihrer humorvollen Seite zu bekommen. Humor hat viele Gesichter und Ausprägungen. Finden Sie die Form, die zu Ihnen als Persönlichkeit am besten passt und versuchen Sie keinesfalls, andere zu kopieren.

105 Selbsttraining in Humor

Hierbei handelt es sich eher um ein mittelfristiges Programm, um Kontakt zur eigenen humorvollen Seite zu bekommen.

Durchführung

Wählen Sie aus der Liste drei Punkte aus, die sie in den kommenden vier Wochen umsetzen wollen.

1. Hören, sehen oder lesen Sie regelmäßig, mindestens drei mal wöchentlich eine Stunde lang, etwas Komisches. Gerne auch zum zweiten, dritten oder xten Mal.
2. Betrachten Sie Straßenszenen und malen Sie sich komische Verläufe aus.
3. Üben Sie sich in Wortspielen, während Sie Gesprächen lauschen.
4. Sammeln Sie humorvoll-nachdenkliche Zitate und Sprichwörter.
5. Überlegen Sie nach schwierigen Gesprächen, wie Sie hätten schlagfertiger reagieren können.
6. Stellen Sie eine Hitliste der besten schlagfertigen Reaktionen von Ihnen oder anderen zusammen.
7. Bringen Sie sich einmal täglich zum Lachen, auch über sich selbst.

8. Bauen Sie eine vertrauensvolle Beziehung zu einem humorvollen Menschen auf.

Ziehen Sie anschließend ein Resümee. Was hat sich verändert? Wie wollen Sie Ihr Training fortsetzen?

Variante

Aspekte und Beispiele zu den Punkten 4, 5 und 6 lassen sich auch gut in Kleingruppen zusammentragen.

106 Marsianische Sichtweise

In diesem Experiment wird das Verfremden von Wirklichkeit eingeübt, indem alltägliche Situationen aus der Sicht eines Außerirdischen beschrieben werden, der zum ersten Mal die Erde besucht. Nicht unähnlich den ersten Ethnologen bei ihren Reisen in fremde Kontinente und Kulturen. Die Verfremdung wird dadurch erreicht, dass Beobachtungen von ihrem Bezugsrahmen mit seinen Interpretationsmustern getrennt werden.

Hervorragendes Anschauungsmaterial für marsianische Sichtweise in Kombination mit Schlagfertigkeit bietet übrigens die Fernsehserie ALF.

Durchführung

Jeder Teilnehmer wählt sich eine Alltagssituation heraus, wie z.B. Fußball, Autostau, Bundestag, Schlussverkauf, Schule, Fortbildung, Urlaub, Familienalltag etc....

Nach einer kurzen Vorbereitungszeit schildert jedes Gruppenmitglied seine „marsianischen" Beobachtungen, ohne jedoch die zugrundeliegende Alltagssituation offen zu legen.

Auswertung

Kurzer Austausch zu folgenden Aspekten:

- Was ist mir leicht, was ist mir schwer gefallen?
- In welchen Situationen kann eine marsianischen Sichtweise hilfreich sein?
- Marsianische Sichtweise und Schlagfertigkeit.

Praxishinweise

Neben dem Unterhaltungswert der Übung birgt die marsianische Perspektive einen hohen Trainingseffekt, was die Infragestellung gängiger Bezugsrahmen und Vorannahmen betrifft. Dadurch wird die Absurdität des Alltags bewusster, auch als Voraussetzung überraschender bzw. schlagfertiger Interventionen.

Variante: Paradoxe Vorträge

Hierbei werden Vorträge u.a. zu folgenden Themen gehalten:

- Dramadreieck leicht gemacht!
- Kreativ leiden oder Anleitung zum Unglücklichsein.
- Wie spinne ich Gold zu Stroh?
- Variationen des Ja, aber ...
- Freude an der Hypochondrie.
- etc.

Nach jedem Vortrag können von den Zuhörern noch Fragen zur Sache gestellt werden.

Auch Paradoxien öffnen einen humorvollen Weg zu ungewohnten Perspektiven. Auf diese Weise werden Wortwitz, Kreativität und assoziatives Denken trainiert.

107 Killerphrasen kontern

In dieser Übung werden schlagfertige Antworten zu gängigen Einwänden im Trainings-, Beratungs- und Arbeitskontext entwickelt.

Durchführung

In Kleingruppen werden schlagfertige Antworten zu den folgenden Killerphrasen entwickelt. Es dürfen gern weitere Beispiele aus der Praxis der Teilnehmenden verwendet werden. Entweder wählt sich jede Gruppe fünf Phrasen aus oder die Liste wird arbeitsteilig an verschiedene Gruppen aufgeteilt.

Handout 51: Killerphrasen:

Das haben wir schon immer so gemacht.

Wenn das alle machen würden!

Da wird ja eh wieder nichts draus.

Das klingt ja in der Theorie immer ganz gut.

Das hat mir alles nichts gebracht.

Das müsste ja erstmal bewiesen werden.

Da könnte ja jeder kommen.

Das haben wir doch alles längst probiert.

Wie war denn der Fortbildungsurlaub so?

Sie haben leicht reden.

Wozu soll das denn gut sein?

Da wäre schon früher jemand drauf gekommen, wenn das so leicht wäre.

Macht nur einen Haufen Arbeit.

Was für ein Phantast ist denn darauf gekommen?

Warten wir doch erstmal die weitere Entwicklung ab.

Klingt ja ganz gut, aber ich glaube nicht, dass das funktioniert.

Nach 30 Minuten werden die Ergebnisse präsentiert und diskutiert.

Weiterführung

In einer zweiten Runde in den gleichen Gruppen bekommt jeder in der Gruppe der Reihe nach von jedem Gruppenmitglied eine Killerphrase gesagt, auf die er spontan und schlagfertig reagieren soll. Dabei können auch Aussagen gewählt werden, die nicht auf der Liste stehen.

Variante

Zusätzlich können die Beispiele in den Übungen zum Thema „Konfrontation" zum Training schlagfertiger Antworten genutzt werden.

Praxishinweise

Bei jedem Training zu Humor und Schlagfertigkeit ist zu beachten, dass der situative Kontext als wichtige Quelle für schlagfertige Reaktionen nur unzureichend hergestellt werden kann. Er existiert oft nur in den von den Teilnehmenden erinnerten Praxisbeispielen, die deshalb in den Auswertungen genügend Raum bekommen sollten.

Zielvereinbarungsgespräche

Zielvereinbarungsgespräche können ein wirkungsvolles Instrument der Personalentwicklung sein. Sie tragen dazu bei, dass die Mitarbeitenden ihr Potenzial zur Entfaltung bringen und die Qualifikation für ihre Aufgaben erhöhen können. Sie können den Mitarbeitenden wie auch dem Unternehmen eine herausfordernde Perspektive geben.

Zielvereinbarungsgespräche produktiv zu gestalten, stellt allerdings hohe Anforderungen an Führungskräfte. Sie müssen zwischen Zielvorgabe und Zielvereinbarung unterscheiden können und über eine professionelle Gesprächsführungskompetenz verfügen. Eine gekonnte Anwendung von Modellen der Transaktionsanalyse (wie Vertragsarbeit, produktive Ichzustände, Zuwendung, Umgang mit Dramadreieck und Passivität) ist besonders gut geeignet, Zielvereinbarungsgespräche produktiv zu gestalten.

Die Orientierung an Zielen ist eine der Grundvoraussetzungen für eine wirkungsvolle Selbststeuerung von Mitarbeitenden. Ziele festzulegen ist angebracht, wenn ein angestrebtes Soll und das tatsächliche Ist nicht oder noch nicht übereinstimmen und der Weg zum erwünschten Sollzustand nicht von vornherein klar auf der Hand liegt.

Folgende Zielarten können Gegenstand von Zielvereinbarungen sein:

- **Leistungsziele** benennen die angestrebten Resultate. Dabei geht es um Aspekte wie geringere Kosten, bessere Qualität und höheren Output. Leistungsziele sind in der Regel quantitative Ziele.
- **Verhaltensziele** beschreiben die Qualität eines angestrebten Verhaltens. Sie betreffen insbesondere eine stärkere Serviceorientierung, ein verbessertes Kommunikations- und Konfliktverhalten und gegebenenfalls ein angemessenes Führungsverhalten.
- **Entwicklungsziele** betreffen angestrebte Kompetenzen im Blick auf die berufliche Zukunft. Dabei geht es vor allem um Aus- und Weiterbildung, Job-Enrichment sowie Karriereplanung. Entwicklungsziele sind in der Regel ebenfalls qualitative Ziele.

Mit der präzisen Formulierung von Zielen steht und fällt die Wirksamkeit des Führens mit Zielen. Einige Aspekte dazu haben wir bereits im Kapitel über Verträge dargelegt. In verdichteter Form signalisiert das Wort „**smart**“ die Hauptaspekte einer guten Zielformulierung.

Gute Ziele sind

S spezifisch	Welche spezifische Veränderung soll erreicht werden? Welches konkrete Ergebnis wird angestrebt?
M messbar	Mit welchen Kriterien ist zu messen, ob und inwieweit das Ziel erreicht wurde?
A akzeptiert	Ist das Ziel akzeptiert im Blick auf die Unternehmensziele? A kann auch stehen für: Ist es für den Mitarbeiter anspruchsvoll & attraktiv, das Ziel zu erreichen?
R realistisch	Steht es in der Macht des Mitarbeiters, das Ziel zu erreichen? Sind die erforderlichen Mittel und die nötige Unterstützung gesichert?
T terminiert	Bis wann soll das Ziel erreicht sein? Wann soll ggf. eine Zwischenbilanz erfolgen?

Außerdem sollten gute Ziele positiv, in eigener Verantwortung stehend und als bereits erreichte Veränderung formuliert werden.

Zielvereinbarungen sind Verträge

Ein gutes Zielvereinbarungsgespräch ähnelt einer Vertragsarbeit: Mitarbeiterin und Führungskraft haben Gelegenheit, die Aufgabenstellung, die Wirksamkeit und die Entwicklungsperspektiven der Mitarbeiterin zu besprechen, ihre gegenseitigen Erwartungen zu klären und ihre künftige Zusammenarbeit aufeinander abzustimmen. Der Nutzen einer Vertragsarbeit kommt in einem guten Zielvereinbarungsgespräch zur Geltung: Es wird darauf geachtet, manipulative Spiele zu vermeiden, die produktiven Ichzustände zu nutzen und eine für beide Seiten stimmige Entscheidung zu finden. Die Selbstverantwortung und Verbindlichkeit der Mitarbeitenden wird gestärkt. Die Führungskraft gewährt Planungssicherheit, stellt Ressourcen bereit und gibt nach Absprache angemessene Unterstützung.

Konstruktives Feedback ist die wichtigste Voraussetzung für eine realistische Selbsteinschätzung, und zwar im Blick auf die Stärken ebenso wie im Blick auf mögliche Defizite und Schwächen. Eine gute Feedbackkultur zu entwickeln ist deshalb unabdingbar für effektive Zielvereinbarungsgespräche. Wenn die Mitarbeitenden ihr Selbstbild mit dem

Fremdbild aus der Perspektive der Führungskraft stimmig abgleichen, so verringert dies die Gefahr enttäuschter Erwartungen, destruktiver Spiele und eskalierender Konflikte.

Ein ZVG sollte allerdings in Sachen Feedback keine Einbahnstraße sein. Es dient Mitarbeitern und Führungskräften zu gegenseitigem Feedback über ihre Zusammenarbeit. Das ist mitunter die größte Herausforderung für Führungskräfte im Umgang mit diesem Instrument.

Bisweilen werden im Feedback sehr unterschiedliche Sichtweisen und Einschätzungen deutlich. Diese zu benennen und zu besprechen ist ein elementar wichtiger Bestandteil eines wirksamen Zielvereinbarungsgesprächs. Gleichwohl sollte dadurch nicht der geregelte Ablauf des Gesprächs ausgehebelt werden. Wenn gewichtige Kontroversen und Konfliktthemen deutlich werden, ist es oft nicht möglich, diese sofort an Ort und Stelle zu lösen. Vielmehr sollte dann vereinbart werden, wann und in welchem Rahmen eine Klärung herbeigeführt werden soll.

Über die Art und Weise, wie Konflikte konstruktiv angesprochen werden können und wie ein sinnvoller Umgang mit Kritik zu gestalten ist, haben wir in den vorangehenden Kapiteln informiert.

108 Ein Ziel entwerfen

Die Teilnehmenden haben Gelegenheit, zu einem eigenen Lebensthema ein smartes Ziel zu entwerfen und Feedback zu bekommen.

Durchführung

Fordern Sie die Teilnehmenden nach einem kurzen Theorie-Input auf, sich zu einem realen Lebensthema ein Ziel zu überlegen, an dem ihnen tatsächlich etwas liegt. Aufgabe ist es, sich in Einzelarbeit eine Formulierung zu überlegen, die den Kriterien des Smart-Konzepts entspricht.

Im Plenum lesen die Autoren ihre Zielformulierung vor. Die übrigen Gruppenmitglieder haben die Aufgabe, beim Zuhören zu überprüfen, ob es sich um ein smart formuliertes Ziel handelt, und Feedback sowie Hinweise zur Verfeinerung zu geben.

Praxishinweis

Für das Üben vor smarten Zielformulierungen ist es sinnvoll, zunächst ein Ziel für ein Lebensthema als Probelauf zu wählen. Dabei ist es sinnvoll, das „A“ im Smart-Konzept für „attraktiv“ stehen zu lassen.

109 Gute Ziele formulieren

Die Teilnehmenden formulieren im Blick auf das eigene Arbeitsfeld ein smartes Ziel und bekommen Feedback zur Feinjustierung.

Durchführung

Nachdem Sie den Theorie-Input gegeben haben, fordern Sie die Teilnehmenden auf, sich ein reales Ziel zu überlegen, vorzugsweise ein qualitatives Ziel. Ggf. ist auch ein privates Ziel möglich. Es muss sich um ein Ziel handeln, an dem den Betreffenden tatsächlich etwas liegt.

In Einzelarbeit erarbeiten sie eine Formulierung anhand der Kriterien des Smart-Konzepts. Sie schreiben ihr Ziel auf eine gelbe Karte und pinnen diese an eine Metaplan-Wand, und zwar so, dass um die Karte herum ausreichend Platz für mehrere weitere Karten zur Verfügung steht.

Der nächste Schritt findet in einer Marktplatz-Situation statt, die je nach Gruppengröße 15 bis 30 Minuten dauert. Die Teilnehmenden wandern um die Metaplan-Wände herum, verweilen bei den Zielformulierungen der anderen, schreiben auf eine blaue Karte ihr Feedback, gemessen an den Kriterien des Smart-Konzepts, und pinnen die Karte an. Als Kriterien für das Feedback können Sie nennen:

- *Das ... finde ich stimmig*
- *Das ... bleibt mir unklar*
- *Mir fehlt ...*
- *Meine Anregung ist: ...*

Wenn dieser Prozess abgeschlossen ist, kehren die Autoren zu ihren Ziel-Karten zurück, sammeln die erhaltenen Feedback-Karten ein und präzisieren in einer zweiten Einzelarbeit ihre Zielformulierungen.

Auswertung

Im Plenum lesen die Autoren ihre verfeinerte Zielformulierung vor. Sie als Leitung und die übrigen Gruppenmitglieder überprüfen, ob es sich jetzt um ein „sauber" formuliertes smartes Ziele handelt, und geben – falls nötig – einen letzten Hinweis zur Vervollkommnung.

Praxishinweis

Das Feilen an Zielen ist für den Eigengebrauch wie für die Führungspraxis lohnend. Smarte Ziele entfalten eine hohe Motivationskraft.

110 Ein Zielvereinbarungsgespräch üben

In dieser Übung haben die Teilnehmenden Gelegenheit, das Vereinbaren von Zielen in einem Rollenspiel zu erproben. Der Zeitbedarf ist erheblich, insbesondere, wenn drei Durchgänge stattfinden sollen.

Durchführung

Sie informieren die Teilnehmenden anhand der Handouts 52 und 53 über die Phasen und Themenfelder von Zielvereinbarungsgesprächen (ZVG).

Alle Teilnehmenden fertigen dann in Einzelarbeit eine kurze Skizze ihrer gegenwärtigen beruflichen Situation an:

- Meine aktuelle Potenzialentfaltung: *Nutze ich meine Stärken – welche Schwächen sind mir deutlich?*
- Mein Entwicklungsstand im Unternehmen: *Wo stehe ich? Welche Anforderungen kommen voraussichtlich auf mich zu? Wo will ich hin?*

Dabei benennen sie auch, wie sie von ihrer Führungskraft vermutlich wahrgenommen und eingeschätzt werden.

Anschließend werden Triaden gebildet: Mitarbeiter, Führungskraft, Beobachter. In einer ersten Runde informieren die Mitarbeiter ihre Führungskraft anhand der Skizze realitätsnah über ihre reale Arbeitssituation. Mitarbeiter, Führungskraft und Beobachter formulieren dann je für sich ein oder zwei Ziele für den Mitarbeiter.

Aufgabe der Führungskraft ist es nun, möglichst realitätsnah ein ZVG mit dem Mitarbeiter zu führen, an dessen Ende ein oder zwei „echte" Ziele des Mitarbeiters stehen sollten. Dafür stehen 30 Minuten zur Verfügung. Daher können nicht alle Phasen und Aspekte gleich intensiv bearbeitet werden.

Anschließend findet zweimal ein Rollenwechel statt. Dafür können jeweils neue Triaden gebildet werden.

Auswertung

Die Auswertung in der Triade findet zu folgenden Aspekten statt:

- Der **Mitarbeiter** gibt Feedback, was er für sich herausgefunden hat und wie er die Gesprächsführung der Führungskraft erlebt hat.
- Der **Beobachter** gibt dem Mitarbeiter Feedback, was er überzeu-

gend fand und wo er ggf. offene Punkte sieht, und gibt der Führungskraft Feedback, welche Interventionen er besonders zielführend fand.

- Die **Führungskraft** resümiert, welche Erkenntnisse und Impule sie für ihre Gesprächsführung bekommen hat.

Im Plenum können Sie einen zweifachen Fokus setzen:

- Welches konkrete Ziel habe ich für mich gefunden und vereinbart?
- Was habe ich über Zielvereinbarungsgespäche gelernt und wie werde ich das in meiner Praxis umsetzen?

Handout 52*: Phasen eines Zielvereinbarungsgesprächs

Vorbereitung

Information über Sinn und Zweck des ZVG, Terminvereinbarung, Absprache, welche Themenbereiche besprochen werden sollen.

Gesprächseröffnung und Kontrakt

Herstellung eines entspannten Klimas (die produktiven Ichzustände einsetzen), aktuelle Vereinbarung der Themen für das heutige Gespräch, Festlegung des Zeitrahmens.

Analyse der Stärken und Schwächen

Ggf. Bilanzierung bisheriger Ziele, Besprechung der Stärken und Schwächen, speziell in den vereinbarten Themenfeldern.

Zielfindung

Formulierung von maximal drei Zielen, z. B. je ein Leistungs-, Verhaltens- und Entwicklungsziel. Der Mitarbeiter beginnt, dann nennt die Führungskraft die Ziele, die sie für angemessen hält. Der Mitarbeiter schreibt am Ende die vereinbarten Ziele handschriftlich auf, die Führungskraft bekommt eine Kopie davon.

Maßnahmenplanung (optional)

Falls nötig, werden im Anschluss an die eigentliche Zielvereinbarung unterstützende Maßnahmen besprochen.

Abschluss und Bilanzierung

Gegenseitiges Feedback zum Verlauf und zu den Ergebnissen des Gesprächs.

Handout 53*: Themen für Zielvereinbarungsgespräche

Rückblick

Was waren Ihre persönlichen Ziele? Inwieweit haben Sie die Ziele erreicht?

Wo waren Sie besonders erfolgreich? Wodurch?

Welche Ziele haben Sie nicht erreicht? Was sind die Gründe?

Fachliche Qualifikation

Inwieweit passt Ihre Qualifikation zu den Anforderungen?

Wie schätzen Sie die Qualität Ihrer Arbeit ein?

Wie effizient sind Sie bei der Organisation Ihrer Arbeit?

Welchen Qualifizierungsbedarf sehen Sie für sich?

Zusammenarbeit mit Kollegen / mit der Führungskraft

Wie erleben Sie Ihre Zusammenarbeit mit Kollegen / mit Ihrer Führungskraft?

Wie schätzen Sie Ihre Kritikfähigkeit ein – im Geben und Nehmen?

Fühlen Sie sich angemessen gesehen und wertgeschätzt?

Wie verhalten Sie sich bei Konflikten?

Wie praktizieren Sie Delegation und Kontrolle?

Wie fördern Sie die Entwicklung Ihrer Mitarbeitenden?

Unternehmensziele und Innovationen

Wie passen Ihre persönlichen Ziele zu den Unternehmenszielen?

Wie tragen Sie zum Unternehmenserfolgbei?

Welche Anregungen und Ideen für das Unternehmen haben Sie?

Berufliche Weiterentwicklung

Wie sehen Sie Ihre beruflichen Perspektiven?

Welche Entwicklung im Unternehmen wünschen Sie sich?

Halten Sie eine Aufgabenveränderung für sinnvoll?

* Die Handouts sind Kurzfassungen der im „Konstruktiven Gespräch" (7. Auflage) auf Seite 291 bis 294 enthaltenen ausführlichen Übersichten.

Kapitel 6

Zur Nachhaltigkeit von Trainings

Bedingungsfaktoren für Verhaltensänderung

Ein Problem von Trainings besteht häufig darin, dass die Wirkung aus der Sicht der Teilnehmenden mehr oder weniger rasch verfliegt und der Alltagstrott wieder die Oberhand gewinnt. Die Frustration über die Flüchtigkeit der Trainingswirkung überdeckt mitunter sogar die guten Trainingseindrücke und die anfängliche Begeisterung darüber. Diesen Effekt gilt es ernst zu nehmen und ihm entgegen zu wirken.

Betrachten wir zu diesem Zweck einmal die Bedingungsfaktoren für Verhaltensänderungen, wie sie von Lutz von Rosenstiel (Rosenstiel und Nerdinger 2011) benannt wurden:

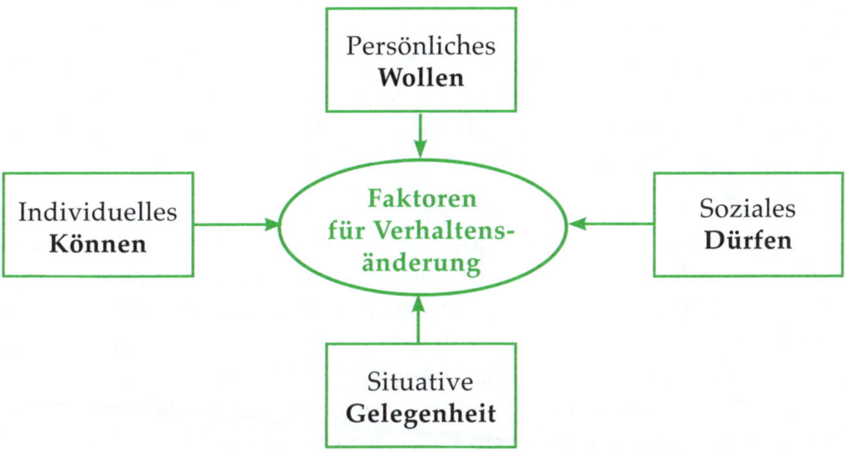

Individuelles Können

Theoretische Kenntnisse sowie das Handwerkszeug für die praktische Umsetzung professionell zu vermitteln, gehört zu den zentralen Aufgaben eines Trainings. Zur Festigung von Trainingsinhalten dienen Fortbildungsreihen, eingestreute Transfertage, ergänzende Peergruppenarbeit und trainingsbegleitende Hausaufgaben.

Klagen die Teilnehmenden über die Schwierigkeit, sich neue Fähigkeiten durch ein Training anzueignen, so kann das verschiedene Ursachen haben: Zum einen eine schlechte methodisch-didaktische Vermittlung durch den Trainer, zum anderen unterschiedliche Lernhindernisse wie z.B. Spannungen innerhalb der Trainingsgruppe. Die Teilnehmenden haben dann Angst, sich zu öffnen, alte Muster aufzugeben und neues Verhalten auszuprobieren. Weitere Lernwiderstände haben häufig mit unklaren Rahmenbedingungen zu tun. Gerade bei Inhouse-Trainings trifft man des öfteren auf Teilnehmende, deren Seminarziel es ist, nichts an sich heranzulassen was eine Verhaltensänderung nach sich ziehen könnte. Eine derartige Haltung hängt eng mit dem zweiten Faktor zusammen, dem persönlichen Wollen.

Persönliches Wollen

Die Motivation kann von Anfang an fehlen, was häufig mit unzulänglichen Vertrags- bzw. Rahmenbedingungen eines Trainings zu tun hat. Mangelnde Freiwilligkeit, unaufgearbeitete Spannungen in der Lerngruppe oder fehlende Transparenz über Sinn und Zweck des Trainings sind weit verbreitete Motivationshemmer. Sinkt die Motivation während des Trainings ab, so liegt das meist an der Art der Vermittlung, unpassenden Themen, mangelnder Prozessorientierung oder einer ungeeigneten Lernumgebung. Auf all diese Aspekte kann vor oder während des Trainings Einfluss genommen werden.

Anders sieht es aus, wenn die Motivation erst im Nachhinein bei der Umsetzung des Gelernten verloren geht. Dies kann daran liegen, dass die Betreffenden im entscheidenden Moment der Mut verlässt, sie sich keinen persönlichen Nutzen von einer Verhaltensänderung versprechen oder das Gelernte nicht als zu sich gehörig betrachten und deshalb um ihre Authentizität (*Das bin ich einfach nicht!*) fürchten. Gegen mangelnden Mut helfen Ermutigung und Verbindlichkeit. Als Maßnahmen sind Lernpartnerschaften, Peergroups und Verträge mit sich selbst geeignet. Den persönlichen Nutzen können die Teilnehmenden allerdings nur für sich allein definieren. Trainer haben lediglich die Möglichkeit, während des Trainings beratend zu intervenieren und mögliche Vorteile des neuen Verhaltens zu verdeutlichen. Dies gelingt umso besser, wenn die betreffenden Personen einen konkreten Problemdruck haben und den Wunsch nach Veränderung haben.

Wenn Teilnehmende bei Verhaltensänderungen um ihre Authentizität fürchten, gilt es, sie dazu zu ermutigen, mit kleinen Umsetzungsschritten zu beginnen oder mit der Umsetzung noch eine Weile zu warten. Dies sollte auf der Basis einer eigenen klaren Entscheidung erfolgen.

Soziales Dürfen

Das Problem vieler Trainings besteht darin, dass die Teilnehmenden bestimmte Verhaltensweisen zwar im Training als sinnvoll erkennen und auch umsetzen wollen, diese aber bei der zuständigen Führungskraft, im Team oder in der Organisationskultur nicht wirklich erwünscht sind. So trifft nicht selten ein im Training gelerntes kooperatives Führungsverhalten in der Organisation auf einen patriarchal-autoritären Führungsstil, was zur Folge hat, dass dann die Erlaubnis zur Umsetzung fehlt. In diesem Fall ist noch im Training mit den Teilnehmenden abzuwägen, zu welchen Auseinandersetzungen sie bereit sind und was sie sich unter den gegebenen Bedingungen davon versprechen.

Für den Fall, dass es sich um ein generelles Problem der Organisation handelt, ist es sinnvoll, die Teilnehmenden auf diesen Widerspruch aufmerksam zu machen und beim Auftraggeber zu intervenieren, um eine größere Stimmigkeit zwischen Trainingsinhalten und Unternehmenskultur zu erreichen. Ist eine solche Intervention erfolgreich, zieht sie oftmals eine Organisationsveränderung nach sich.

Anders ist es, wenn sich jemand selbst die Erlaubnis zu neuem Verhalten verweigert als Folge einer innere Barriere, ein vertrautes Bezugssystem zu verlassen. Diese Schwelle zu überschreiten kann für den Betreffenden eine wichtige Erfahrung im Rahmen eines Trainings darstellen. Die Aufgabe der Trainerin besteht dann darin, diese innere Hemmschwelle durch ein geeignetes Trainingssetting überschreitbar zu machen. Anregungen zur Steuerung von Lernprozessen finden Sie bei Gührs und Nowak 2011. Bisweilen ist das innere Verbot allerdings so stark, dass tiefer gehende Persönlichkeitsarbeit erforderlich ist.

Situative Gelegenheit

Ein Sachbearbeiter befindet sich auf einem Führungstraining, lernt Konflikte zu moderieren oder Mitarbeitergespräche zu führen, ohne in absehbarer Zeit jemals die Möglichkeit zu bekommen, das neu erworbene Wissen anzuwenden. Führungskräfte lernen Beteiligungsinstrumente in Changeprozessen kennen, obwohl die Geschäftsführung hierarchisch und autoritär entscheidet. Eine Lehrerin wird zur Beraterin ausgebildet, ohne dass die Schule ernsthaft plant, sie für Beratung einzusetzen. Ein Unternehmen schickt Mitarbeiter auf ein Projektmanagementtraining, obwohl gar nicht in Projekten gearbeitet wird. Mitarbeiter werden in Moderationsverfahren ausgebildet, ohne dass ihnen am Arbeitsplatz Moderationsmaterial zur Verfügung gestellt wird.

Hier ist der Sinn von Fortbildungsmaßnahmen in Frage zu stellen und mit dem Auftraggeber zu klären, ob überhaupt eine ernsthafte Absicht besteht, das erworbene Wissen für die Organisation zu nutzen.

Neben den genannten Faktoren beobachten wir noch zwei weitere Phänomene, die das Training aus der Sicht der Betreffenden heraus manchmal als wirkungslos erscheinen lassen:

Lernen in vier Stufen

Lernen erfolgt über vier Lernstufen: von unbewusstem Nichtwissen über bewusstes Nichtwissen und bewusstes Wissen bis hin zum unbewussten Wissen. Wirksame Trainingseffekte vollziehen sich somit oft unbewusst. Den Teilnehmenden ist im Nachhinein nicht immer klar, dass ihr verändertes Verhalten ursächlich mit dem Training zusammenhängt. Sie wenden ihr Wissen an, ohne bewusst zu realisieren, dass sie dabei sind, Trainingsinhalte umzusetzen.

Abfallende Lernkurve

Der größte Wissenstand existiert zumeist unmittelbar nach dem Training. Danach gibt es üblicherweise ein Abfallen der Lernkurve, ohne dass die Betreffenden jedoch auf das Ausgangsniveau zurückfallen. Ein gewisser veränderter Wissenslevel bleibt erhalten. Da die Betreffenden aber nicht die Gesamtheit des Gelernten sogleich umsetzen können, werten manche von ihnen den gesamten Inhalt als irrelevant ab. Dies mag mit einer vorgefassten Skepsis gegenüber dem Training zu tun haben (*War doch eh klar, dass das nicht wirklich für die Praxis taugt!*) oder mit der unrealistischen Ungeduld, möglichst schnell die eigenen Kommunikationsprobleme umfassend lösen zu wollen.

Vom individuellen zum organisationalen Wissen

Hinsichtlich der Nachhaltigkeit von Seminarinhalten geht es um die Frage, wie individuelles Lernen in organisationales Wissen umgewandelt werden kann. Eine nützliche Anregung, wie dies in mehreren Schritten erreicht werden kann, fanden wir in der Dissertation von Martina Schott (2003).

1. Vorbereitung durch die entsendende Organisation

Der Seminarteilnehmer wird auf der Basis einer Bedarfsanalyse von seiner Organisationseinheit nach Entwicklungs- oder Eignungskriterien ausgewählt. Mit der zuständigen Führungskraft oder dem Team werden Lernziele entwickelt und ein konkreter Auftrag erteilt.

2. Individueller Wissenserwerb

Der Betreffende weiss nun, welche Fähigkeiten und Fertigkeiten er sich aneignen soll, sei es durch Literaturstudium, eine Fortbildung oder im Rahmen einer Hospitation. Er kann gezielt lernen und eigene Anliegen konkret formulieren.

3. Externalisierung individuellen Wissens

Nach Abschluss des Trainings kehrt der Teilnehmer in seine Organisation zurück. Er zieht Schlussfolgerungen für sein eigenes Verhalten, berichtet über die neu erworbenen Kenntnisse, hält vielleicht einen Vortrag, vermittelt anderen die erlernten Fertigkeiten etc.

4. Selektion von nützlichem Wissen und Praxistransfer

Mit Vorgesetzten, Kollegen oder Projektgruppen wird diskutiert, welche Lerninhalte, möglicherweise in Kombination mit bereits Bewährtem, in die konkrete berufliche Praxis übernommen werden sollen.

5. Kollektive Erprobung neuen Wissens

Nach einer definierten Erprobungszeit wird beschlossen, was in die Praxis übernommen und von allen als neues Verfahren bzw. Verhalten künftig angewendet werden soll. Erst von diesem Moment an ist das neu Erlernte Teil der organisationalen Wissensbasis geworden.

6. Dokumentation des neuen organisationalen Wissens

Die Veränderungen werden im Rahmen eines professionellen Wissensmanagements dokumentiert, beispielsweise in fachlichen Handbüchern oder Leitfäden für Führung oder Service. Auf diese Weise wird für Handlungssicherheit der Organisationsmitglieder gesorgt. Der Rückfall in alte Verhaltensweisen wird erschwert.

Individuell Gelerntes, das auf diese Weise Teil der organisationalen Wissensbasis geworden ist, kann nun anderen vermittelt werden. Der Kreis ist geschlossen.

Übungen und Verfahren zur Transfersicherung

Das zentrale Problem von Trainings ist also die Nachhaltigkeit, sei es die tatsächliche oder auch nur die subjektiv empfundene. Aus diesem Grund erscheint es uns sinnvoll, einige Verfahren vorzustellen, die der Transfersicherung dienen, wobei, wie bereits erwähnt, Sie als Trainerin nicht alle genannten Faktoren beeinflussen können.

Bei den folgenden Übungen ist zu beachten, ob es sich um ein organisationsinternes oder offenes Training handelt. Die Verbindlichkeit ist bei internen Trainings leichter herzustellen, doch sind hier Störungen hinsichtlich Motivation und Gruppendynamik eher zu erwarten.

111 Die Bedingungsfaktoren klären

Am Ende eines Trainings bearbeiten die Teilnehmenden zunächst in Einzelarbeit die folgenden Fragen, wenn möglich bezogen auf ein konkretes Veränderungsvorhaben.

Fragen zum Können

- Fühle ich mich ausreichend kompetent?
- Habe ich von meinem neuen Verhalten ein konkretes Bild?
- Habe ich dafür ausreichend Handlungssicherheit erlangt?

Fragen zum Wollen

- Verspreche ich mir vom neuem Verhalten eine echte Verbesserung?
- Bin ich bereit, mein bisheriges Verhalten dafür aufzugeben?
- Bin ich bereit, inneren und äußeren Widerständen entgegenzuwirken?

Fragen zum Dürfen

- Wie offen kann ich in meinem Team über das Gelernte berichten?
- Wird meine Umgebung das neue Verhalten unterstützen?
- Wie weit weicht es von den organsationalen Normen ab?

Fragen zur Umsetzungsmöglichkeit

- Hat meine Organisation mich beauftragt, das Gelernte umzusetzen?
- Sind die nötigen Rahmenbedingungen dafür gegeben?
- Werde ich in absehbarer Zeit konkrete Gelegenheit dazu haben?

Anschließend findet ein Austausch in Dyaden oder Triaden statt mit dem Ziel gegenseitiger Klärungshilfe. Zur weiteren Unterstützung können kollegiale Lernpartnerschaften gebildet werden.

112 Lernpartnerschaften

In der Schlussphase eines Trainings entwerfen die Teilnehmenden in Einzelarbeit ein konkretes Transfervorhaben. Planungskriterien sind: klein, konkret, positiv beschrieben, überprüfbar, in der eigenen Macht stehend. Die Umsetzung sollte innerhalb von vier Wochen möglich sein.

In Dyaden – Wahlkriterien sind Vertrautheit und regionale Nähe – stellen die Teilnehmenden ihr Vorhaben vor, konkretisieren es mit Hilfe des Partners und halten die endgültige Formulierung schriftlich fest. Sie vereinbaren ein Treffen, bei dem sie über ihre Erfahrungen mit dem Vorhaben berichten und sich gegenseitig Supervision geben werden.

Lernpartner kann auch eine Peergruppe sein, in der kollegiale Beratung, Erfahrungsaustausch und Supervision für berufliche Probleme möglich sind. Oder die Teilnehmenden wählen eine Person aus ihrem Umfeld, die in das persönliche Vorhaben eingeweiht wird und Gelegenheit hat, die Umsetzung im Alltag zu beobachten.

Zur Methodik siehe Seite 31f.

113 Feedback der Betroffenen

Die Teilnehmenden suchen sich ein oder zwei Personen aus, denen gegenüber sie das neue Verhalten praktizieren wollen – z. B. mehr Anerkennung zu äußern oder konstruktiver mit Kritik umzugehen durch mehr Erwachsenen-Ich, weniger kritisches Eltern-Ich oder rebellisches Kind.

Sie informieren die Betreffenden direkt nach dem Training über ihre Erkenntnisse und das daraus resultierende Vorhaben. Sie vereinbaren einen Zeitraum zur Erprobung und ein anschließendes Feedback.

Dies ist ein anspruchsvolles Vorhaben. Dafür sollten nur Personen ausgewählt werden, mit denen eine tragfähige Beziehung besteht.

114 Hausaufgaben

Die Trainingsgruppe bekommt in Absprache mit der Trainerin eine Hausaufgabe. In einer kleineren Trainingsgruppe kann die Aufgabe für jede Person individuell formuliert werden. Eine beliebte und lohnende Hausaufgabe ist es, einen Kreis ausgewählter Personen zum eigenen Kommunikationsverhalten zu befragen.

Eine andere gute Möglichkeit ist die gezielte Selbstbeobachtung, entweder mit Hilfe eines Bogens zum Selbstcoaching (z. B. wie auf den Seiten 196 ff.) oder mittels eines Tonbandmitschnitts. Wie in der Schule ist es wichtig, die vereinbarten Hausaufgaben zu überprüfen. Deshalb eignet sich dieses Verfahren nur dann, wenn eine verbindliche Rückkopplung mit der Trainerin möglich ist.

115 Telegramm

Eine besonders griffige Form, Erlerntes zu fokussieren. Die Teilnehmenden formulieren am Ende des Trainings ein fiktives Telegramm bzw. eine SMS an eine ihnen vertraute Person. In Kurzform sollen die wichtigsten persönlichen Erfahrungen und Erkenntnisse auf den Punkt gebracht werden. Das Telegramm bzw. die SMS kann in der Folgezeit als Erinnerungshilfe dienen.

Eine interessante Variante: Die Teilnehmenden schreiben nur ein einziges Wort auf, quasi als Motto für die Gestaltung ihrer künftigen Kommunikation. Was dieses Wort bedeutet, müssen sie weder der Gruppe noch der Trainerin erläutern, Hauptsache, es macht für sie selbst Sinn und erreicht sie in den produktiven Ichzuständen.

116 Gestern – heute – morgen

Eine Methode des kreativen Schreibens, mit der ein wichtiger Entwicklungsschritt in einem Zeitkontinuum dargestellt werden kann.

Die Teilnehmenden vergegenwärtigen sich eine Erfahrung aus dem Training, die bei ihnen einen persönlichen Fortschritt bewirkt hat. Diese Erfahrung beschreiben sie in drei Sätzen. Der erste beginnt mit *Gestern ...*, der zweite mit *Heute ...*, der dritte mit *Morgen ...* Ein Beispiel:

***Gestern** habe ich auf jede Kritik mit heftiger Abwehr reagiert.*

***Heute** kann ich es aushalten, Kritik anzuhören, ohne sofort zu reagieren.*

***Morgen** werde ich Kritik als Chance sehen und mich konstruktiv damit auseinandersetzen.*

Diese Übung ist besonders gut nach einer Folge von Trainings als verdichtende Gesamtbilanz geeignet.

117 Vertrag zu einem Veränderungsvorhaben

Ein gut durchdachter Vertrag mit sich selbst kann die Erfolgswahrscheinlichkeit bei der Umsetzung eines Vorhabens erheblich erhöhen.

Die Teilnehmenden bearbeiten ihr Vorhaben mit Hilfe eines Arbeitsbogens (siehe Seite 84 f.) und tauschen sich in Dyaden aus. Die Dyadenpartner fungieren als kritisch-konstruktives Gegenüber. Sie achten darauf, ob der Vertrag von den produktiven Ichzuständen getragen ist, und helfen, an unklaren Stellen nachzubessern. Im Plenum werden die Veränderungsvorhaben – gewissermaßen vor Zeugen – vorgestellt.

Um die Verbindlichkeit zu erhöhen, kann eine Bilanzierung des Vertrags vereinbart werden – im Rahmen einer Lernpartnerschaft, eines Folgetrainings oder eines Transfertags.

Weitere Aspekte finden Sie in der Übung 29 auf Seite 84.

118 Brief aus der Zukunft

Ein besonders kreatives Verfahren besteht darin, an sich selbst einen fiktiven Brief aus der Zukunft zu schreiben. Der Brief enthält Anrede und Abschiedsgruß und ist konkret datiert.

In dieser Zukunft ist eine gewünschte Veränderung bereits eingetreten. Man berichtet sich selbst von den guten Erfahrungen und den möglicherweise schwierigen Schritten auf dem Weg dorthin. Es ist erlaubt und erwünscht, sich selbst aus der Zukunft heraus einen Rat zu geben, wie das Vorhaben am besten zu verwirklichen ist und wie etwaige Schwierigkeiten überwunden werden können. Diese Form der Dissoziation ermöglicht den Kontakt mit dem inneren Ratgeber.

Die Briefe werden anschließend in adressierte Briefumschläge gesteckt, eingesammelt und zu einem späteren Zeitpunkt vom Trainer abgeschickt.

119 Baby-Steps

Die Teilnehmenden planen die Umsetzung eines Vorhabens in mehreren Schritten, sei es eine Verhaltensänderung oder ein Projekt.

Zunächst formulieren sie ein konkretes Ziel anhand der Kriterien für gute Ziele (siehe Seite 256). Dann planen sie drei Umsetzungsschritte:

- Was ich bis übermorgen getan haben werde: ...
- Was ich bis nächste Woche getan haben werde: ...
- Was ich bis in 4 Wochen getan haben werde: ...

Die Baby-Steps werden in Triaden vorgestellt und konkretisiert.

Diese Übung eignet sich auch in Verbindung mit Lernpartnerschaften oder einem Vertrag mit sich selbst.

120 Integrierte Praxisprojekte

Die vermutlich nachhaltigste Strategie zur Transfersicherung ist die Einbindung eines Praxisprojekts in eine Trainingsmaßnahme. Sie eignet sich naturgemäß am besten für längerfristige, mehrschrittige Trainings.

Nach der Einführungsphase entwerfen die Teilnehmenden ein Projekt, das ihnen die Möglichkeit bietet, die im Training vermittelten Konzepte oder ausgewählte Aspekte davon unter realen Bedingungen anzuwenden. Sie klären, ob sie das Okay dafür im eigenen Arbeitsfeld oder im Arbeitsfeld einer anderen Trainingsteilnehmerin bekommen können.

Die wesentliche Lernchance besteht darin, dass sie Schritt für Schritt Supervision durch den Trainer und die Gruppe, ggf. ergänzend durch die Peergruppe, bekommen können: für die Planung, für die Durchführung – je nach Laufzeit und Bedarf in mehreren Schritten – sowie für die Auswertung und Reflexion.

Oftmals reagieren die Teilnehmenden zunächst mit Widerstand, wenn die Projektphase eingeläutet werden soll: *Wir sind noch nicht so weit, wir brauchen noch viel mehr Stoff und Methoden, wir müssen erst mal noch an uns selbst arbeiten …* etc. Geben Sie diesem Widerstand nicht nach! Wir haben seit fast 40 Jahren in Weiterbildungsprogrammen die Erfahrung gemacht, dass ein längerfristiges Training umso lohnender ist, je engagierter und konsequenter die Teilnehmenden ein passendes Praxisprojekt realisieren.

Folgende Aspekte sind bei Praxisprojekten zu berücksichtigen:

- Es ist wichtig, mit den Zielgruppen, um die es im Projekt geht, einen sauberen Vertrag zu machen. An einem fehlenden oder unklaren Vertrag kann das ganze Vorhaben scheitern, nach dem Motto: *Du magst dir da etwas Schönes ausgedacht haben, aber wir haben dich gar nicht darum gebeten.*
- Das Projekt und die Ziele sollten nicht zu hoch gesteckt sein. Relativ viele Trainingsteilnehmer neigen dazu, sich mit einem Schuss Grandiosität zu überschätzen und sich dadurch eine Abfuhr von denen einzuholen, mit denen sie arbeiten wollen.
- Praxisprojekte sind eine gute Übungsmöglichkeit für kollegiale Kooperation. Die Teilnehmenden können sich einen Partner aus ihrer Peergruppe wählen. Zudem bietet gegenseitige Kooperation die Chance, durch die Mitarbeit in einem anderen organisationalen Kontext die eigene Feldkompetenz zu erweitern.

Weitere Möglichkeiten zur Transfersicherung

Neben den genannten Übungen und Maßnahmen zur Transfersicherung nennen wir einige weitere Möglichkeiten, die allerdings nicht oder kaum in Ihrem Einflussbereich als Trainer oder Trainerin liegen. Sie sind – abgesehen vom ersten Punkt – eher als Empfehlungen gedacht, die Sie der betreffenden Organisation geben können.

Die produktiven Ichzustände einbeziehen

Die Chance, Erfahrungen aus einem Training in den beruflichen oder privaten Alltag erfolgreich zu übertragen, ist besonders hoch, wenn sowohl während des Probehandelns im Training als auch bei der Entscheidung zur Umsetzung die produktiven Ichzustände beteiligt sind.

Mit ihrem Erwachsenen-Ich überprüfen die Teilnehmenden Ziel und Zweck und entscheiden über die angemessene Strategie. Mit dem fürsorglichen Eltern-Ich ermutigen sie sich und achten darauf, dass sie keinen Stolperstein übersehen. Ihr freies Kind dient ihnen als Indikator, ob sie genügend Lust und Energie zur Umsetzung haben und schon ein wenig Vorfreude über die zu erwartende Entlastung spüren können.

Gespräche zur Vor- und Nachbereitung

In einigen Institutionen finden zur Vor- und Nachbereitung eines Trainings Gespräche statt, in denen zunächst der Entwicklungsbedarf benannt und nach Beendigung die konkrete Umsetzung geplant wird.

Interne Multiplikatoren

Eine weitere Möglichkeit besteht darin, Trainingsteilnehmer intern als Multiplikatoren zu nutzen. Erstens lernt man am besten durch Lehren und zweitens werden auf diese Weise Fortbildungsmittel effektiver genutzt. Wenn dies beabsichtigt ist, werden natürlich vor allem die Mitarbeiter auf Seminare geschickt, die am besten vermitteln können.

Nachbefragungen

Bei Inhouse-Trainings führen inzwischen viele Organisationen Nachbefragungen durch, mit denen das Feedback am Ende eines Trainings ergänzt wird. Auf diese Weise soll der tatsächliche Transfer von Trainingsinhalten in den Arbeitsalltag festgestellt werden.

Die Ergebnisse sind für Sie als Trainer vielfach aufschlussreich. Allerdings werden dabei nur selten diejenigen Veränderungen erfasst, die sich – wie oben erwähnt – bisweilen eher unbewusst vollziehen.

Coaching

Coaching – eine kontinuierliche und individuelle Begleitung während der Umsetzung des neu Gelernten, also „learning on the job“ – bietet die größte Gewähr zur Sicherung der Nachhaltigkeit. Coaching erscheint zwar relativ aufwändig, zeitigt aber unter dem Strich die besten Ergebnisse. Es kann extern, intern oder im Rahmen eines Mentoring erfolgen. Der Einsatz lohnt sich dort, wo Menschen sich im Rahmen einer neuen Aufgabe gezielt weiterentwickeln sollen.

Eine für die betreffende Organisation günstigere Variante: Als Trainerin halten Sie für eine gewisse Zeit eine Hotline vor, um in der Umsetzungsphase Unterstützung anzubieten.

Anhang

Übersicht über die Übungen

Kapitel 2: Grundregeln der Gesprächsführung

Kapitel 3: Gesprächsregeln mit TA-Aspekten

Kapitel 4: Komplexe Übungen

Kapitel 5: Strategien

Kapitel 6: Zur Nachhaltigkeit von Trainings

Übersicht über die Handouts

Literatur

Berne, E.: Spiele der Erwachsenen. Rowohlt, Reinbek 1967

Bosselmann, R.; Lüffe-Leonhardt, M.; Gellert, M.: Variationen des Psychodramas. Meezen 1996

Gellert, M. und Nowak, C.: Teamarbeit, Teamentwicklung, Teamberatung. Ein Praxisbuch für die Arbeit in und mit Teams. 5. Auflage Limmer, Meezen 2014.

Gührs, M. und Nowak, C.: Das konstruktive Gespräch. Ein Leitfaden für Beratung, Unterricht und Mitarbeiterführung mit Konzepten der Transaktionsanalyse. 7. Auflage Limmer, Meezen 2014.

Gührs, M. und Nowak, C.: Kompass Interaktionspädagogik. Limmer, Meezen 2011.

Kälin, K.; Müri, P.: Sich und andere führen. 11. Aufllage Thun 1999

Nowak, C.: Geometrien der Veränderung, 70 Modelle für Führung, Coaching und Change-Management. Meezen 2015

Rauen, C. (Hrsg.): Coaching-Tools. Bonn 2004

von Rosenstiel, L.; Nerdinger, F.W.: Grundlagen der Organisationspsychologie. 7. Auflage Stuttgart 2011

Schulz von Thun, F.: Miteinander reden. Band 1-3. Reinbek 2003

Vogelauer, W.: Methoden-ABC im Coaching. 4. Aufl. Neuwied 2005

Die Autoren

Manfred Gührs

Literaturwissenschaftler,
Pädagoge und Theologe
Ausbildung in TA, TZI und NLP
Beratung, Training, Coaching

Kontaktadresse: m.guehrs@me.com

Prof. Dr. Claus Nowak

Biologe und Pädagoge
Lehrt Personal- und
Organisationsentwicklung
an der Universität Hamburg
Trainer und Berater in freier Praxis

Kontaktadresse: nowakoffice@lino-cc.de

Kompass Interaktionspädagogik

Sicher navigieren in interaktionellen Lernpozessen

mit 77 Lernexperimenten

Manfred Gührs und
Claus Nowak

2011 | 174 Seiten | € 26
ISBN 978-3-928922-20-3

Die Autoren greifen auf mehr als 30 Jahre Erfahrung mit schulischem und universitärem Unterricht sowie Trainings und Workshops in Organisationen und Unternehmen zurück. Ihre These: Mit Phantasie und didaktisch-methodischem Geschick können auch „trockene" Themen prozessorientiert und ganzheitlich erschlossen werden. Durch die kreative Arbeit mit interaktionellen Lernexperimenten gewinnt das Lernen an Relevanz, Intensität und Tiefe. Das Erlernte wird nachhaltig in die eigene Lebenswirklichkeit integriert.

Die Autoren präsentieren eine Auswahl vielfach erprobter, praxisbewährter Lernexperimente („Übungen"). Sie stellen einen Kompass als Navigationshilfe zur Verfügung, mit dem Sie die Lernexperimente passend auswählen und auf die speziellen Belange Ihrer jeweiligen Gruppe zuschneiden können.

Themenbereiche der Lernexperimente sind u. a.

- Diagnose der Gruppensituation
- Orientierung, Kontakt und Beziehung
- Auseinandersetzung und Positionsfindung
- Konstruktive Zusammenarbeit
- (Berufs-) Biografie und Lebensplanung
- Identität, Rolle, Werte
- Feedback, Bilanz und Transfer

Erhätllich über den Verlag Christa Limmer, Hörnweg 2, 24594 Meezen,
Fon: 04383 999 576, Fax: - 578, info@limmer-verlag.de, www.limmer-verlag.de
oder über Ihre Buchhandlung.

Teamarbeit
Teamentwicklung
Teamberatung

Ein Praxisbuch für die Arbeit in und mit Teams

Manfred Gellert und
Claus Nowak

4. erweiterte Auflage | 2010
444 Seiten | € 36
ISBN 3-928922-13-0

Bei den beiden Autoren handelt es sich um erfahrene Praktiker, die seit mehr als 30 Jahren in Teamentwicklungs- und Teamberatungsprozessen von Unternehmen und Organisationen als Trainer oder Berater tätig sind.

Sie greifen die Erfahrungen mit Teams praxisnah auf und bieten durch gut verständliche Modelle, Übungen und Checklisten konkrete Arbeitshilfen. Bewährtes wird mit neuen Verfahren sinnvoll verknüpft. Zwei Fragen stehen im Vordergrund:

- Was ist hilfreich, um Teamprozesse zu verstehen?
- Was ist nützlich für die konkrete Arbeit in und mit Teams?

Das Praxisbuch wendet sich an interne wie externe Kolleginnen und Kollegen aus der Trainings- und Beratungsbranche, an Führungskräfte sowie an alle, deren Aufgabe es ist, Arbeits- und Projektgruppen zu leiten oder Zusammenarbeit zu moderieren. Aus dem Inhalt:

- Auftragsklärung und Kontrakt
- Grundlagen der Kooperation
- Teamrollen
- Entscheidung, Delegation und Kontrolle
- Effektive Teambesprechungen
- Diagnose der Teamsituation
- Konfliktmanagement
- Fallen in der Teamberatung
- Outdoor-Aktivitäten
- Arbeit mit interkulturellen Teams

Zum Teambuch ist auch eine CD-ROM erschienen: ISBN 3-928922-27-0

Beides ist erhältlich über den Verlag Christa Limmer, Hörnweg 2, 24594 Meezen, Fon: 04383 999 576, Fax: - 578, info@limmer-verlag.de, www.limmer-verlag.de oder über Ihre Buchhandlung.

Geometrien der Veränderung

70 Modelle für Führung, Coaching und Change-Management

Claus Nowak

1. Auflage | 2015
ca. 400 Seiten | € 42
ISBN 978-3-928922-33-3

Modelle sind kein originäres Abbild von Wirklichkeit und damit auch nicht im eigentlchen Sinne „wahr", sondern sie legitimieren sich vor allem über ihren spezischen Nutzen für bestimmte Anwendungsfelder. So erfüllen gute Modelle vor allem drei Funktionen:

1. Sie reduzieren als Abstraktionen von Wirklichkeit deren Komplexität auf eine nachvollziehbare und anschauliche Art und Weise.
2. Sie erhöhen die Handlungsfähigkeit im Umgang mit dieser Komplexität in der Praxis
3. Sie unterstützen durch die Kombination von Wort und Bild die Einprägsamkeit und damit die situative Verfügbarkeit.

Geleitet von diesen Prinzipien enthält das Buch 70 Modelle zur Initiierung und Begleitung individueller und kollektiver Veränderungsprozesse. Darunter ndet sich manch Altbekanntes und Wiederentdecktes, das für die Praxis neu aufbereitet und ergänzt wurde, aber auch vieles, was aus der Arbeit mit Kunden heraus entwickelt und bisher noch nicht systematisch aufbereitet und publiziert wurde.

Claus Nowak und die Kolleginnen und Kollegen aus dem Beraternetzwerk „Piergarten" sind erfahrene Praktiker aus den Bereichen Training, Beratung und Organisationsentwicklung, die prägnant und plastisch darlegen, was diese Modelle tatsächlich leisten und wie sie in der Praxis konkret eingesetzt werden können. Zudem wird Claus Nowak als Autor für seine verständliche und praxisnahe Darstellungsweise geschätzt.

Erhältlich über den Verlag Christa Limmer, Hörnweg 2, 24594 Meezen,

Fon: 04383 999 576, Fax: - 578, info@limmer-verlag.de, www.limmer-verlag.de oder über Ihre Buchhandlung.